社会福祉—新しい地平を拓く

山田知子

社会福祉—新しい地平を拓く（'22）

装丁・ブックデザイン：畑中　猛

s-25

まえがき

本書は放送大学の導入科目「社会福祉—新しい地平を拓く」(TV 科目)の印刷教材として作成したものです。社会福祉というと，皆さんは何をイメージするでしょうか。慈善事業，それとも介護サービスでしょうか。子どもの貧困や生活保護制度を思い浮かべる人もいるでしょう。現代社会において社会福祉が担うテリトリーはきわめて広範であり，またその果たす役割は重要です。戦前のわが国には恤救規則や救護法といった公的救済制度がありましたが，その対象はきわめて選別的，パターナリスティック（温情主義）なものですべての人に開かれたものではありませんでした。第2次世界大戦を経てイギリスなどの先進国を中心に福祉国家の建設がめざされました。それぞれの社会経済，文化等に基づいて社会保障，社会福祉の制度は構築されています。

さて，2019 年秋から広まった新型コロナウイルスの世界的流行は世界の人々にとっていかに保健医療福祉等の制度とサービス，そこで働く人々の仕事が重要であるかを我々に突きつけました。ウイルスの脅威は，グローバリゼーションのなかで拡大されつづけ，社会的格差を露呈，社会的に弱い立場の人々に強いダメージを与え，社会そのものの脆さを顕在化させました。With Corona の時代だからこそ，「社会福祉」を体系的に学び，それを通してこれからどのような社会をめざすべきか，差別や偏見のない社会，病気や障害をもっても高齢になっても生涯安心できる社会システムとはどのようなものなのか，考えるべきでしょう。こういう時代にはこれまでの方法は通用しません。現実を直視し，我々自身の頭で考え行動できる力，そして常に斬新さが求められているのではないでしょうか。社会福祉を学ぶ事は社会を強者ではなく，「社会的弱者」の視点から，よりよい社会システムを考えることを意味します。

社会福祉はそもそも経済的困窮などで生活困難に陥っている人々に誰かが気づいて手を差しのべる事からはじまりました。一人では困難な事でもたくさんの人が手をたずさえることによって新たな力を生み出し，それらが原動力になって慈善事業がはじまり，社会事業に発展し，その後，今日の社会福祉に至りました。そこに流れているのは他者を気遣う利他，分かちあう，そこから編み出される連帯の大切さです。この講義をきっかけに多くの人が社会福祉の制度や実践に興味をもって参加し，新しいトレンドをつくる力になってくだされればと思います。本書がそのための小さな試金石になればこれほどうれしい事はありません。

最後に分担講師として４人の多彩な先生方のご協力を得た事は幸運でした。それぞれ本務があり，また，学会の仕事などで中心的役割を担い多忙を極めるなかでも，放送大学におけるこの講義の社会的意義と責任をご理解くださり玉稿をお寄せくださいました。最後になりましたがこの場を借りて心よりお礼申しあげます。

2021 年 12 月

山田　知子

GLOUCESTER
Let the superfluous and lust-dieted man,
That slaves your ordinance, that will not see
Because he doth not feel, feel your power
quickly! So distribution should undo excess
And each man have enough.
King Lear, Act 4, SCENE 1. The heath.

グロスター
「……過度に物を持ち，欲望に突き動かされ，助け合うことを忘れて，人の辛さがわからぬがゆえに人の不幸に目を向けぬ者に，どうか天の力を感じさせたまえ。そうすれば不公平な富の分配はなくなり，それぞれが十分に持てるだろう。」
W. シェークスピア，野島訳（2000）『リア王』第４幕－第１場，ヒースの荒野，岩波文庫，p.195

目次

1　社会福祉をはじめる

山田知子

《ねらい》 社会福祉の定義，思想，対象などの基本的視点について述べる。福祉国家はどのような社会的背景から生まれ発達してきたのか，産業革命との関連から述べる。福祉国家の諸類型について紹介する。

《キーワード》 慈善事業，貧困調査，生存権，福祉国家の諸類型，社会福祉の思想

1．社会福祉を定義する

(1) 社会福祉の多義性

これから15回にわたって，社会福祉について論じる。論じる以上，社会福祉とはなにか，その定義についてまず述べなければならないだろう。しかし，この定義ほど多様で難しいものはない。社会がついている以上，社会福祉は単なる「福祉」ではないはずである。また，福祉国家という言葉もよく使われる。

「福祉」について『社会福祉辞典』[1)]は次のように説明している。

「通常，さいわい，幸福の同義語とされている。福祉の『祉』にはさいわいを地上にとどめるという意味が含まれている。……英語ではwelfareである。これはwellとfareが合わさったもので，健康で快い人生航路やその状況を意味する。現代においては，日常生活上の物的・経済的欲求の充足にとどまらず，社会的・文化的欲求の充足状況を含め総合的にまた積極的にとらえるようになっている。……福祉国家（Welfare State）

1）仲村優一，一番ヶ瀬康子，重田信一，吉田久一編（1974）『社会福祉辞典』誠信書房，p.311

とは，国民の福祉増進をうたう国家一般をさすが，今日では社会保障と完全雇用の政策によって国民の福祉の増大を図ることを目的に掲げた資本主義国をいう。」

他方，Social Policy のエンサイクロペディア2) では Welfare は次のように説明されている。

「“Welfare” は社会政策のコア概念の一つである。とはいうもののその時々で把握しにくく，あいまいで扱いにくい概念で，これまできちんと用語として定義されてこなかった。言語としては『良い状態，幸運，繁栄』を意味する。……社会サービス全体をあらわす略語としても使用される。」

社会福祉とは，福祉的状況（物的なものだけでなく社会文化的な欲求）を社会の脈絡のなかで（社会サービスとして）実現していくものであるといえそうである。そして，そういうことを国家として標榜している国を福祉国家という。しかしこれはかなり大雑把な定義である。経済的状況や文化的状況によっても異なる。当然国によって資本主義の発達の度合いや政策の力点によっても違うだろう。

ヨーロッパでは，長い歴史のなかで Welfare という言葉は救貧制度などとともに強いスティグマを伴う用語として使用されてきた。そのためにこの言葉が暗くネガティブな響きをもつものになってしまった。別の用語，たとえば Well-being を使うようになっている。

（2） Well-being ―誰もが社会福祉の対象

Well-being とは，一人ひとりの生活が快適である状態を意味する言葉で，生活の質（QOL）の豊かさを示す概念である。最近は日本語に訳さずにそのまま用いられる。国連などの国際機関や欧米諸国では，救貧的・慈恵的な思想と緊密なイメージをもつ「Welfare」に代えて，「より

2) International Encyclopedia of Social Policy, edited by Tony Fitzpatrick and others, 2006, Routledge, Vol.3., p.1513

積極的に人権を尊重し，自己実現を保障する」概念として Well-being を使うことが定着してきている。社会福祉は特定の階層やグループではなく，とりわけ少子高齢化社会のなかでは誰もが利用する，普遍的なものになっている。

最近は生活の質や幸福度も指標になる。国連の持続可能な開発ソリューションネットワーク（SDSN）は毎年「世界幸福度報告書」を発行し，世界幸福度ランキングを発表している。首位は3年連続でフィンランド。日本は2018年54位，2019年58位，2020年は62位だった。国民が幸福であると感じていることは重要であろう3)。

(3) 世界人権宣言と国際人権規約

1948年12月10日国際連合総会は世界人権宣言を発した。前文と30条にわたって，個人の基本的自由，労働権，経済的・社会的・文化的権利，生存権等が規定されている。条約でないため法的拘束力はもたないものの人権保障の国際標準を示した役割は大きい。第1条では，「すべての人間は生まれながらにして自由であり，かつ，尊厳と権利とについて平等である」とうたっている。社会福祉，社会保障に関する条文としては第22条「すべて人は，社会の一員として，社会保障を受ける権利を有し，かつ，国家的努力及び国際的協力により，また，各国の組織及び資源に応じて，自己の尊厳と自己の人格の自由な発展とに欠くことのできない経済的，社会的及び文化的権利を実現する権利を有する」また，25条「1　すべて人は，衣食住，医療及び必要な社会的施設等により，自己及び家族の健康及び福祉に十分な生活水準を保持する権利並びに失

3) 世界幸福度ランキングは，2012年に第1回が発表されている。2020年度は153か国・地域が対象。対象国で実施した世論調査をもとに，自分の幸福度が0から10の10段階で自己評価した主観の平均で，その結果を「一人あたり GDP」「健康的な平均寿命」「困ったときに助けてくれる友達・親族はいるか」「人生で何をするか選択の自由があるか」「GDP における寄付実施者の度合い」「政府機関に腐敗は蔓延しているか」「昨日楽しかったかどうかの自己認知の度合い」「昨日楽しくなかったかの自己認知の度合い」の8つの説明変数で回帰分析している。

業，疾病，心身障害，配偶者の死亡，老齢その他不可抗力による生活不能の場合は，保障を受ける権利を有する。2　母と子とは，特別の保護及び援助を受ける権利を有する。すべての児童は，嫡出であると否とを問わず，同じ社会的保護を受ける」とある。これらは社会福祉を考え，よりよい生活を実現していく上で欠くことのできない条文である。

これを受けて国連は，人権保障の実現を図るため，法的拘束力をもつ条約として，1966年12月の総会で国際人権規約を採択した。それはA規約（経済的，社会的及び文化的権利に関する国際規約）とB規約（市民的及び政治的権利に関する国際規約）の2つの条約からなる（参加国数の関係で1976年に発効）。わが国は1979年6月に両条約を批准した。

2. 日本国憲法における社会福祉

（1） 第25条生存権保障とその周辺

わが国において，社会福祉という言葉が公式に使用されたのは日本国憲法25条においてである。日本国憲法で社会福祉に関連する条文として常にあげられるのは，**11条基本的人権，13条幸福追求権，14条法の下の平等，25条生存権保障**，などである。

第25条は，最低生活保障のよりどころとされる条文である。

> 第25条　すべて国民は，健康で文化的な最低限度の生活を営む権利を有する。
> 2，国は，すべての生活部面について，社会福祉，社会保障及び公衆衛生の向上及び増進に努めなければならない。
> Article 25.　All people shall have the right to maintain the minimum standards of wholesome and cultured living.
> In all spheres of life, the State shall use its endeavors for the promotion and extension of social welfare and security, and of public health[4].

4）吉田善明監修（1989）『日本国憲法』法研出版，英文は英文官報（Official Gazette English Edition）

ここで保障される人権は,「健康で文化的な最低限度の生活」という内容をもったものである。単なる生物としての存在,生理学的な生命維持といったレベルをさすものでない。生存ではないので「生活権」ということもある。

第25条の規定のうち，GHQの草案にあったものは第2項のみであった。国会審議において衆議院議員森戸辰男（労働経済学）の発案により，ワイマール憲法にもあった第1項の生存権に関する規定が加えられた。森戸は終戦直後，GHQ草案のモデルとされる憲法研究会[5)]の憲法草案要綱の作成に携わっており,生存権はその草案要綱にも盛り込まれていた。

ここでワイマール憲法について少し触れておこう。第1次世界大戦後の1919年，ドイツは革命によって帝政から共和制へ移行した。ワイマール共和国で制定されたのがワイマール憲法である。男女の普通選挙による議会政治，直接選挙で選ばれる大統領制，世界で最初に労働者の団結権などの社会権の保障を明記している。当時，世界で最も民主的に進んだ憲法といわれた[6)]。

当時のドイツは資本主義が目覚ましい勢いで発達していた。が，その一方で貧富の差も拡大し労使の対立は激化していた。労働者の生活苦は最大となっていた。このような状況のもとで，いかにしてすべての国民に人間らしい生活を保障するか，が国家の直面した問題であった。そのようななかで盛り込まれたのが生存権保障である。151条では，「経済生活の秩序は，すべての者に人間たるに値する生存を保障する目的をもつ正義の原則に適合しなければならない」[7)]と規定している。この憲法

5)　高野岩三郎の問題提起により，第2次世界大戦後の日本の憲法制定の準備・研究を目的として1945年に発足した研究会。1945年12月26日に「憲法草案要綱」を首相官邸に提出し，翌々日に新聞発表された。メンバーは高野岩三郎，鈴木安蔵，馬場恒吾，杉森孝次郎，森戸辰男（昭和22年－23年，文部大臣），岩淵辰雄，室伏高信。

6)　ナチズムの台頭によって1930年代初頭に効力を失った。国民の直接投票により選ばれる大統領に，国民の基本権を一時的に停止する権限を含む非常大権が与えられたことから，ヒトラーの政権掌握に利用され，その効力を失った。

7)　Art. 151. Die Ordnung des Wirtschaftslebens muß den Grundsätzen der Gerechtigkeit mit dem Ziele der Gewährleistung eines menschenwürdigen Daseins für alle entsprechen.（Weimarer Reichsverfassung, vom 11. August 1919）

はその後，人権宣言の典型とされ，生存権保障の思想は，特に第2次世界大戦後，全世界に普及するようになった。日本国憲法25条もこの流れを汲んでいるのである[8)]。

(2) 社会福祉の目的—最低限度の生活を保障する

一言で言えば，社会福祉の目的は，日本国憲法第25条で定める「健康で文化的な最低限度の生活」の実現ということである。とは言え，「健康」で「文化的」な「最低限度」の生活を一つひとつ考え極めようとするとそう簡単ではない。それにはまず最低限度の生活を営むための生活費を定める必要がある。それ以下の人々に対して公的に扶助することになる。しかし，どのレベルで区切るのか，最低とはどの程度なのか，が問題となる。誰もが納得のいく科学的根拠に基づく基準を設定する必要がある。

最低生活費の探求は世界のなかで最も早く産業革命を達成し，資本主義経済の恩恵と富の分配の不均等，労働者の貧困化という負の側面を経験したイギリスで発達した。最低生活費の探求はとりもなおさず貧困の研究そのものであった。次にイギリスの福祉国家形成過程をみながら，最低生活費がどのような社会経済状況のなかで打ち出されたのかみてみる。

3. イギリス産業革命と福祉国家の形成

イギリスは世界史上，最初に産業革命を果たした国である。産業革命による資本主義の発達により世界の工場と言われ，まさに大英帝国を築

---

8) 生存権について，日本国憲法に盛り込まれたという経緯から，戦後わが国に導入されたと思われるがそうではない。戦前から社会政策では注目されていた。福田徳三は『生存権の社会政策』（大正5年）で，「社会のうちにありてこれを求むるは生まれたる限りの人に共通の要求なり。強きもの，優れたるもの，富めるもの，権あるもののみに限られたる要求にあらず。」と生存権を規定，提唱していた。

いていた。しかし，資本主義の発達による富の集中は資本家と労働者という階級対立を激化させた。熟練，不熟練といった労働者の間にも分断が起き，富の分配の不平等により恩恵にあずかることができない人々を発生させた。労働者階級のなかでも熟練した技術をもつものはそれなりの賃金を得る事ができたが，熟練した技術をもたない労働者や疾病や障害をもつものは，十分な賃金を得る事ができずに貧困にあえぐことになったのである。1845年，フリードリヒ・エンゲルスの『イギリスにおける労働者階級の状態』は資本主義の発達が必ずしも労働者の生活を豊かにするわけではないこと，イギリスのような繁栄した国でもその底には貧困，暗黒の社会があることを知らしめたのである。

当時，貧困にあえぐ人々に手を差し伸べた代表的事業は2つある。1つは慈善事業，もう1つはセツルメントである。

（1）慈善事業とセツルメント―惰民観からの転換

19世紀末，ロンドンではたくさんの慈善活動が立ち上がり，貧しい人々に対し施しが行われていた。そういった個々の活動が一つになって1869年4月「慈善救済組織化及び物乞い抑制のための協会」が創設され，翌年，慈善組織協会（Charity Organization Society）と改名された。その後COSはアメリカでも設立され，近代的社会福祉実践の発展に大きく貢献する。今日，生活保護などで生活記録の作成や分析，戸別訪問，相談支援が行われるが，このCOSによって培われた生活支援のノウハウがその源流にある。

これらの慈善事業に関わった多くは裕福な中産階級の女性たちであった。彼女たちは戸別訪問を通して，貧困家族の生活に深く関わりその実態を知る。貧困に陥る原因は怠惰や飲酒などの個人的趣向ではなく，失業や疾病・障害，高齢など，個人の努力ではどうしようもない不可抗力によるものであること，慈善事業だけではその向こうにある大量の失業者と貧困者の群れには太刀打ちできないものであることを次第に悟った。

ロンドンなどの大都市においてはいわゆるスラムといわれる貧しい人々が密集して住む地域が出来上がっていた。そういう地域に入り（入植），そこに住む人々と共に生活環境を改善しようとする運動＝セツルメント・ムーヴメントが起きる。貧困の撲滅や劣悪な生活環境の改善のために社会問題に関心のある大学の教員や学生たちが入植し，スラムに住む人々と共に住民の貧困に対する意識改革をめざす運動であった。その代表的なのは1884年にイギリスのロンドン東部でバーネット夫妻たちがトインビー・ホールを拠点に展開した活動である[9)]。

COSやセツルメントに関わった女性たちやオックスフォードやケンブリッジ大学の教員や学生たちのなかから貧困を科学化する動きが出てくる。慈善事業やセツルメントを通して貧しい人々の暮らしに深く入り込めば入り込むほど貧困に陥る原因は個人的事情ではなく景気の変動やそれに伴う失業など資本主義の経済システムならではの避けがたい原因が背景にあること，懲罰的な劣等処遇原則（第13章参照）に基づく改正救貧法では限界があること，最低生活を営む事ができるような最低賃金や病気や怪我をしても安心できる労働者保護の政策，老齢年金などの社会的な政策がどうしても必要であることを彼ら彼女らは痛感したのである。貧困原因の探求の機運が高まり，貧困調査が行われるのである。それは最低生活とはどのようなレベルか，まさに貧困とはなにか，を探求する壮大な社会実験でもあった。

（2）2つの貧困調査とベヴァリッジ・レポート

チャールズ・ブースは資本家であったが社会問題に興味をもっていた。

9）トインビー・ホールは世界初のセツルメントと言われている。J.アダムスがシカゴに設立したハル・ハウスは，アメリカで社会改良の近代化に貢献したことは広く知られている。片山潜が1897年に東京の神田三崎町に設立したキングスレー館は，日本の最も初期のセツルメントハウスとして先駆的かつ代表的なものと言われる。

私財を投じて1886年から「ロンドン調査」を手がける。その結果は『ロンドンの民衆の生活と労働』(Life and Labour of the People in London) として刊行された。初版は1889年。ブースの「ロンドン調査」の社会的意義は①貧困線の概念を初めて用いたこと，②世界一豊かといわれた大英帝国の首都ロンドンの市民の30%以上が貧困線以下の暮らしをしていること，③ロンドンの街区を経済階層で色分けをし，貧困者が密集して住む地域を可視化したこと，④貧困原因は飲酒や浪費などではなく，雇用上の問題や病気であること，を明確にしたこと，などである。偉大な経済学者アルフレッド・マーシャルは後に，このブースの調査がイギリスに福祉国家建設への道をスタートさせたといっている。世界に与えた影響も多大であり，わが国も大きな影響を受けている[10]。

「ロンドン調査」に刺激され，地方都市ヨークで貧困調査を実施したのがシーボーム・ラウントリーで，社会福祉を語る上で欠くことのできないのが「ヨーク調査」(Poverty：A Study of Town Life[11]) である。ラウントリーもまた資本家であったが私財を投じてヨーク市民のほぼ全員の貧困調査を実施した。貧困家庭を肉体的な維持が困難である家庭とそれほどではないがちょっと不足の支出があるとたちまち肉体的維持ができなくなる家庭と2つに分けた。彼は栄養学の研究成果を参考にして，貧困状態か否か，肉体的維持を可能にする栄養を基礎に，それに家賃や被服や燃料などを購入する費用を算出，推定した。これによって最低生活費がある程度「科学的」に算出する事が可能になったのである。世界の最低生活費の算定にも強い影響を与えた。今日，わが国の生活保護基準算定も彼の研究を基礎としている。

彼のもう一つの功績は労働者のライフサイクルと生活水準の間に周期

10) 1899 (明治32) 年，横山源之助『日本の下層社会』は「ロンドン調査」に触発されて書かれたものの一つである。C. ブースの調査の情報をいち早く入手し日本でも同様の調査を実施しようとしたのである。1918 (大正7) 年実施された高野岩三郎の「月島調査」(大正10年) もこの流れを汲む調査として名高い。

11) B. S. ラウントリーは1901，1936，1950と時系列に調査を行い，比較研究をしている。

的な変動があることを明らかにしたことである。不熟練労働者のライフサイクルから生涯に3回貧困線以下の生活を強いられることを示し，そこに社会的な支援，たとえば失業，疾病，老齢に対するなんらかの保険や手当が必要であることを示したのである。

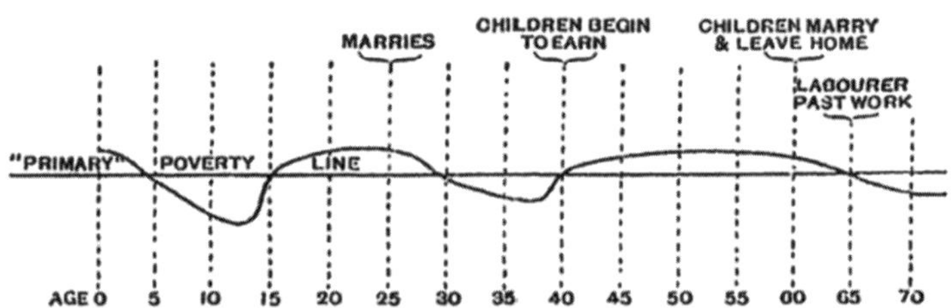

出所：B. Seebohm Rowntree, Poverty; A Study of Town Life, Macmillan and Co,. Limited, 1901, p.137

図1－1　労働者のライフサイクル

資本主義の発達と労働運動の盛り上がりにより，1919年，ILO（国際労働機関）が設立され，労働時間や社会保険に関する勧告が出される。先進国ではいかに広範に労働者保護をするか，社会保障の充実が政策的なテーマとなる。ILOは1942年に『社会保障への道』を発表する。「社会保障は社会が適切な組織を通じてその構成員がさらされている一定の危険に対して与える保障である。これらの危険というのは，本質的にはわずかな資力しかもたない個人が自己の能力あるいは思慮のみではあるいはまた家族員との私的な協力をもってしても有効に対処しえない事故をいうのである。これらの事故の特性は，労働者の自己ならびにその被扶養者の健康と体面維持能力をおとしいれるという点である。国家がその市民の一般福祉のために存在する市民の共同体である以上，社会保障の促進は国家の固有の機能」であるとした。

これに呼応するように同じ年，ウィリアム・ベヴァリッジ（Beveridge, W. H.[12)]）を委員長とする委員会報告「ベヴァリッジ・レポート」がでる。正式名は，「社会保険および関連サービス」（Social Insurance and Allied Services）である。第2次世界大戦後のイギリス社会再建のための社会保障計画を提示し，乱立し非効率な既存制度の再編をねらったものであった。再建目標を五つの巨人（疾病，無知，不潔，無為，窮乏）への攻撃にたとえ，それぞれに対する社会政策が相互に機能すべきとした。窮乏に対する所得保障には社会保険を重視し，その基本原則に National Minimum[13)] 保障や均一給付・均一拠出等を掲げた。社会保障の大前提として「完全雇用の維持」「所得制限なしの児童手当」「包括的な保健サービスの提供」の3つをあげた。ここに福祉を標榜する国家，イギリス福祉国家が誕生したのである。その後,「包括的な保健サービス」として NHS（国民保健サービス National Health Service），患者負担無料（当時）・税方式の医療保障制度が生まれ，現在もイギリスの医療制度の中心を担っている（第13章参照）。

資本主義の発達と労働者階級の貧困化への対応として慈善事業やセツルメントが起こり，社会問題への強い関心と実践を通してその限界を知り，貧困を探求し，その原因を科学的に明らかにしようとする試み，こういった一連の流れのなかから社会保障，社会福祉の制度政策は誕生し国家的な取り組みがはじまったのである。ベヴァリッジ・レポートが打ち出したイギリス福祉国家の枠組みは男性を一家の稼ぎ手とした家族モ

---

12)　官僚出身であるが『失業・産業の問題』という大著もある学究であった。

13)　国家がすべての国民に最低限の生活を保障すべきという理念。
1897年，ウェブ夫妻が『産業民主制論』（Webb S.&B. Industrial Democracy）において提唱した。最低賃金などの所得保障だけでなく，最低限の教育，衛生，余暇を含むもので，雇用条件，衛生的環境と医療サービス，余暇とレクリエーション，教育の分野で，国や自治体が，ナショナル・ミニマムを維持する必要があるとした。「ベヴァリッジ報告」で「最低生活費保障原理」として取り入れられ，イギリスの福祉国家の基本理念となった。ウェブ夫妻は大正元年に来日し，わが国の救貧制度について提言をしている。

デル（Bread-winner Family Model）を基本としていたため，後にフェミニストから批判の的となった14)。とは言え，窮乏からの脱出が使命であった第2次世界大戦後の世界の国家建設にとって新しいモデルを提示したことに違いなかったのである。

今日，資本主義経済システムをとる国以外においてもさまざまな形の福祉国家が誕生している。いろいろな指標により類型化する試みがあり，社会保障・社会福祉のあり方を考える上で有効である。福祉国家のいくつかの類型について代表的なものを次にあげよう。

4. 福祉国家の諸類型

(1) ティトマスの社会福祉政策の3つのモデル

イギリスの社会福祉政策学者であるリチャード・ティトマス15)は社会福祉政策に関して3つのモデルを提示した。

①残余的福祉モデル（Residual Welfare Model）：何らかの社会的事故によって人々のニーズが満足されないときに，一時的に作動し，短期的に「補完」の役割を果たす社会福祉政策。たとえば，イギリスの初期救貧法の施策など。

②産業的業績達成モデル（Industrial Achievement Performance

14) 「ベヴァリッジ報告」では，National Minimumを設定するにあたって，国は，各人が彼自身および彼の家族のために（for himself and his family）その最低限以上の備えを行うべく自発的に行動する余地を残さなければならない，とした。福祉国家を構成する福祉諸制度が，男性＝扶養者，女性＝その被扶養者という原理で編成されてきたことによって，福祉国家の発展が却って「国家の家父長制」を強める機能を果たしてきたと批判される。パット・セイン，深沢和子・敦監訳（2000）『イギリス福祉国家の社会史』p.432

15) 1940年代，社会学の派生でしかなかった社会行政学（Social Administration）をより科学的で広義に社会に適用できうる形で再編を行い，社会政策学（Social Policy）へと発展させた。彼の社会や人々に対する学問的考察は第2次世界大戦後のイギリス型福祉国家建設，特にNational Health Service（NHS；公的医療制度）の制度設計に決定的な影響を与えた。

Model)：経済の従属物としての社会福祉政策に重要な役割を付け加えるもの。それは社会的ニーズが功績や労働の業績や生産性に基づいて充足されるということを意味している。

③制度的再分配モデル（Institutional Redistributional Model)：社会福祉を社会における統合のための必須の制度としてみるものであり，市場の外側で普遍主義のもとでサービスを提供するものである。福祉が社会的統合（平等）を生み出すものと捉えて，市場とは別にニーズ原則に基づいて普遍主義的に運営されるもの[16)]。

(2) エスピン－アンデルセンの資本主義における福祉国家の3つのレジーム

エスピン－アンデルセンは福祉国家[17)]を welfare regime という切り口で読み解こうと試みた。国家，市場，家族の間で福祉が分配される国家のあり方を3つに分類している。その分類の基準は「脱商品化」(de-commodification)，「脱家族化」(de-familiarization)，「社会階層化」(hierarchy）の度合いである。脱商品化というのは労働力商品の脱商品化である。労働の対価で賃金を得ること（労働力の商品化）無しに社会保障の恩恵による国家からの給付や支援で生活を維持が可能である事をさす。家族からの支援なしに生活維持ができるかという「脱家族化」指標[18)]，さらに「階層」によって福祉へのアクセスがどれくらい違うか，自由か，という指標も加えている。

①自由主義的レジーム

アメリカのように低所得層への公的扶助を限定的に扱い，多くの場

16) 鍾家新（2003)『現代社会福祉辞典』有斐閣

17) The Three Worlds of Welfare Capitalism,（Polity Press, 1990）岡沢憲芙・宮本太郎監訳『福祉資本主義の三つの世界——比較福祉国家の理論と動態』（ミネルヴァ書房，2001年）

18) フェミニズムからの批判で家族からの支援なしにどれだけ生活維持ができるかという概念を補足した。

合は市場を優先するもの，いわゆる小さな国家である。リスク管理は自己責任で市場中心の問題解決を志向し，商品化されたサービスが中心である。医療や福祉サービスの利用は選別主義になりやすい。社会保障の給付と負担は低い。

②保守主義レジーム

ドイツなどの西欧諸国のように社会保険を中心に家族主義的基盤を維持するもので，リスクは共同負担による。職域ごとの社会保険を中心としているため職業的地位によって医療や福祉サービスの利用に違いがある。社会保障の給付と負担は中程度といわれる。

③社会民主主義レジーム

スウェーデンやデンマーク，ノルウエーなどの北欧諸国があげられる。普遍主義でリスクは包括的なもので社会化されている。社会保障を受ける権利は市民権である。脱商品化，脱家族化の程度が高く，社会階層による利用の違いも少ないので平等である。社会保障の負担は大きい。

一般的に家族の比率を大きくすると女性の負担が大きくなり，市場を大きくすると不平等が進む。なぜなら，富裕層のみがよいサービスを買うことができるからである。その結果，貧困家庭に生まれた子どもの貧困が深刻になる。国家の役割を大きくすると平等になるが，ただ税金が高くなるので再分配のあり方について国民的合意の形成が不可欠で，国民と政府の間に強い信頼関係があることが前提になる。どのような比重にするかは国民の選択つまり政治の判断にゆだねられることになる。

5. 社会福祉をはじめる―実践の学として

福祉国家として成熟し大多数の人が豊かに暮らすことができればそれでよいか，というとそうではないのではないだろうか。戦後すぐ，知的障害児施設「近江学園」や重症心身障害児施設「びわこ学園」を創設し，障害福祉の父といわれる糸賀一雄[19]はその名著『福祉の思想』のなかで，社会全体の繁栄より一人の“個”の幸福に注目すべきであると次のように説いている。

> 社会という集団が全体として「福祉的」でありさえすればよいというのではない。社会が豊かであり富んでいさえすれば，その中に生きている個人の一人ひとりは貧しくて苦しんでいるものがいてもよいわけがない。社会福祉とは，社会の福祉の単なる総量ではなく，その中での個人の福祉が保障される姿を指すのだ[20]。……たとえ全体としてどんなに繁栄していたとしても，そのなかで不幸に泣く人がひとりでもいれば，それは厳密な意味で福祉に欠けた社会といわねばならないのである[21]。

また，糸賀は障害のある子どもへのまなざしを，恩恵ではなく発達保障として捉えなおすことの意義，そして彼ら彼女らを含め互いに認め合える社会の創造を唱えた。これは社会福祉の基本的視点である。

> **この子らを世の光に**
> 「ちょっと見れば生ける屍のようだとも思える重症心身障害のこの子が，ただ，無為に生きているのではなく，生き抜こうとする必死の意欲

19) 糸賀一雄（1914-1968），鳥取県出身，京都帝国大学哲学科卒業後，滋賀県の職員となる。恩恵的に与える福祉ではなく，当事者こそが社会を変革していく主体であり，その実現をめざす営みこそが福祉である，とした。重症心身障害児への取り組みを通して「どんな人も同じ発達の道筋を辿るのであり，そのことを社会的に認め合い，支え合っていくという発達保障」を提唱した。それはすでにバンク・ミケルセンのノーマライゼーションの思想を先取りするものであった。

20) 糸賀一雄著作集Ⅲ，p.49

21) 同上，p.357

を持ち，自分なりの精一杯の努力を注いで生活しているという事実を知るに及んで，私たちは，今までその子の生活の奥底をみることのできなかった自分たちを恥ずかしく思うのであった。（中略）この子らはどんなに重い障害をもっていても，だれととりかえることもできない個性的な自己実現をしているものなのである。人間と生まれて，その人なりの人間となっていくのである。その自己実現こそが創造であり，生産である。私たちのねがいは，重症な障害をもったこの子たちも立派な生産者であるということを，認めあえる社会をつくろうということである。『この子らに世の光を』あててやろうというあわれみの政策を求めているのではなく，この子らが自ら輝く素材そのものであるから，いよいよみがきをかけて輝かそうというのである。『この子らを世の光に』である。この子らが生まれながらにして持っている人格発達の権利を徹底的に保障せねばならぬということなのである[22]」

これらの言葉は実践と研究に半生を捧げた糸賀でなければ発せられない。社会福祉が一人ひとりに目を向け，その人格発達の権利を保障する，そういう社会をつくるための実践的な学であることを示している。1980年の国連「国際障害者年行動計画」（第63項）「ある社会がその構成員のいくらかの人々を閉め出すような場合，それは弱くもろい社会なのである」やSDGsの理念「誰一人取り残さない―No one will be left behind」にも通じる。

福祉国家の有り様はその国の歴史的社会的状況，経済体制の形態や貧困・生活問題の実情，それに対する社会的な方策とさまざまな社会福祉実践等の力量によって規定される。緊縮財政により国家の役割が縮小される国，時代もあるだろう。2020年初頭より世界的に感染拡大した新型コロナウイルスは保健医療福祉の政策とそこに関わる人々の存在が我々の安心した生活にきわめて重要であることを知らしめた。また，コロナショックといわれる景気の落ち込みは第2次世界大戦後に匹敵する

22）糸賀一雄著作集Ⅲ，pp.175-177

ともいわれており，雇用対策や生活保護や社会手当の役割がますます大きくなっていることは確かだ。

社会福祉が取り組む諸問題は，差別や偏見，貧困，排除など，社会の矛盾そのものである。そこに切り込み解決のための原動力になるのは豊かな社会福祉実践である。このことはイギリスの福祉国家形成過程にCOSやセツルメントがあり，彼ら彼女らによる社会改良をめざした不屈の取り組みがあったことからも明白である。わが国においても糸賀一雄をはじめ戦前から豊かな福祉実践に裏付けられた取り組みがあった。その精神は脈々と今日まで受け継がれている。その根底にはなんらかの社会変革の志が流れていることに気づく。社会の底に目を向け，そこに暮らす人々の暮らしのなかから実践を通して解決を考え，社会のあり方を問い直す，そこから制度政策を創出する，というこの一連のダイナミックな営み，その総体がまさに社会福祉なのである。

先の見えない混乱の時代にあって，我々はどのような福祉国家をめざし未来を描くべきか。誰もが健康で文化的な最低限度の生活を営む権利を有していること，国家や自治体の責任は決して小さくない。我々は手をこまぬいているわけにはいかない。これを守ることのためには不断の努力が必要である。最も支援が必要な人々の目線から社会をどう変えるか，考え行動することが大切である。本講義を通して「誰一人取り残さない社会」をつくる豊かな営みである社会福祉の制度と実践を学び，一人ひとりが豊かな社会の実現の担い手になってほしいと思うのである。

出所：公益財団法人糸賀一雄記念財団

写真１－１　近江学園園長室の糸賀一雄（1961年）

【学習課題】

1．あなたにとって「健康で文化的な最低限度の生活」とはなにか考えてみよう。

2．現代に生きる我々にとって人生における生活危機とはどのようなものか，ラウントリーの労働者のライフサイクルを参考に考えてみよう。

参考文献

・糸賀一雄（1968）『福祉の思想』日本放送出版協会

・篭山京，江口英一共著（1974）『社会福祉論』光生館

・社会保障研究所（1977）『社会保障の潮流—その人と業績』全社協

・福田徳三（1980）『生存権の社会政策』（復刻版）講談社

・Atkinson, A. B.（1995）"Income and the Welfare State: Essays on Britain and Europe", Cambridge University Press

・京極高宣（2014）『障害福祉の父糸賀一雄の思想と生涯』ミネルヴァ書房

2 社会福祉政策の展開
—戦後復興期から2000年まで

山田知子

《ねらい》 社会経済的変動によって国民生活は動揺する。生活不安に社会福祉政策はどのように対応してきたのか。本章では，戦後復興期から2000年までの社会福祉基礎構造改革前までの政策の流れを追う。

戦前期については，第14章（今井），2000年以降は第3章（木下）にゆずる。

《キーワード》 50年勧告，高度経済成長，福祉元年，オイルショック，少子高齢社会，95年勧告，介護保険制度

1．戦後の混乱からの脱却，復興へ —福祉三法の制定まで

(1) 復興期—ララ物資とSCAPIN775

敗戦後，国民は極度の飢餓状態に陥り，生活困窮者，失業者数が膨大になっていた。が，政府は有効な施策をとる力がなかった。社会保障，社会福祉施策はGHQによって進められた。GHQは1945年12月8日「救済ならびに福祉計画」（SCAPIN[1]404）に関する覚書を政府に出す。それを受けて政府は応急処置として12月15日「生活困窮者緊急生活援護要綱」を閣議決定した（実施は翌年4月1日）。1946年2月，GHQは「社会救済（公的扶助）」（SCAPIN775）に関する覚書を出し，次の原則を示す。①無差別平等，②国家責任（公私分離），③最低生活の保

1）SCAPIN（スキャピン）とは，Supreme Commander for the Allied Powers Instructionの略であり，連合国最高司令官指令のこと。

障（救済費用の無制限）であり，これらはその後の厚生行政の指針となった。

1946 年 9 月，生活保護法（旧）公布。11 月には日本国憲法が公布され，第 25 条生存権の条文が組み込まれた（第 1 章参照）。同月，ララ（LARA）救援物資第 1 船が横浜に入港する。物資は一番困窮していた乳児院，孤児院，結核やハンセン病などの療養施設，養老院，保育所，学校給食，母子寮などに優先的に配分されたといわれる。この救援は戦前期日本で働いていたアメリカ人宣教師たちによって実現したものであった[2)]。1952 年まで続けられた[3)]。1947 年 12 月児童福祉法，1949 年 12 月身体障害者福祉法，1950 年 5 月生活保護法（新）が成立し「社会福祉の三法」の時代となった。

1949 年（「昭和 24 年度」）の『経済白書』は国民生活の耐乏の実情，インフレによる生活水準の低さを次のように伝えている。

「……東京都における家計費は戦前の約 127 倍に膨張しているが，この間，物価が約 274 倍に騰貴しているため実質的には戦前の 5 割足らずの消費水準となっている。（中略）家計費中に占める飲食費の割合，すなわちエンゲル係数は異常に膨張し，戦前では 3 割 5 分であったものが，最近では，6 割 5 分になっていて生活水準の低位を物語っている。[4)]」

物不足，物価の高騰により国民生活は相当深刻な窮乏状態にあった。

（2） 社会保障制度審議会 1950 年勧告

1948 年 7 月にはアメリカの社会保障制度調査団によって「社会保障制度への勧告（ワンデル勧告）」が公表された。この勧告に従って 1949 年社会保障制度審議会（会長：大内兵衛）が発足，1950 年 10 月 16 日「社会保障制度に関する勧告」が出る。戦後の社会保障の範囲と方向性を示

2） CWS JAPAN の HP より https://www.cwsjapan.org/2016/10/11/lara-story6/

3） ララからのおくりもの　Gifts from LARA
https://www.youtube.com/watch?v=qBbNS4d1Ues

4） 安藤良雄（1979）『近代日本経済史要覧（第 2 版）』東京大学出版会，p.151

した。1950 年勧告は次のように社会保障制度を定義している。生活保障の責任を国家にあるとし，同時に国民には社会連帯の精神にたって制度の維持と運用のための社会的義務があるとした。

> ……いわゆる社会保障制度とは，疾病，負傷，分娩，廃疾，死亡，老齢，失業，多子その他困窮の原因に対し，保険的方法又は直接公の負担において経済保障の途を講じ，生活困窮に陥った者に対しては，国家扶助によって最低限度の生活を保障するとともに，公衆衛生及び社会福祉の向上を図り，もってすべての国民が文化的社会の成員たるに値する生活を営むことができるようにすることをいうのである。このような生活保障の責任は国家にある。国家はこれに対する綜合的企画をたて，これを政府及び公共団体を通じて民主的能率的に実施しなければならない。この制度は，もちろん，すべての国民を対象とし，公平と機会均等とを原則としなくてはならぬ。またこれは健康と文化的な生活水準を維持する程度のものたらしめなければならない。

1949 年 11 月，GHQ は社会福祉行政に関する 6 項目（通称：6 項目提案）を行い，それをベースに 1951 年 3 月社会福祉事業法が成立。社会福祉の組織と運営管理に関わる規定を内容とする法であり，社会福祉事業全体の共通事項を定めたものであった。社会福祉事務所の発足を促すものとなった。福祉三法の事務がこの法律によって一元化された。

この時期にわが国は国際社会に復帰する。1951 年 6 月，ILO 加盟。9 月，サンフランシスコ対日講和条約，日米安全保障条約調印，1952 年 IMF，世界銀行への加盟，1955 年ガット，1956 年 12 月，国際連合加盟である。

（3）高度成長―繁栄の影で

1955 年，日本経済はいわゆる朝鮮特需や消費需要に牽引され回復していった。米作は前年比三割増しの豊作で米の自給が可能になった。実質国民総生産も10％近い成長を遂げた。昭和31（1956）年度版『経済白書』は，もはや戦後ではない，と次のように書いている。

「……消費者は常にもっと多くものを買おうと心がけ，企業者は常にもっと多く投資しようと待ち構えていた。いまや経済の回復による浮揚力はほぼ使い尽くされた。……戦後の一時期に比べれば，消費やその欲望の熾烈さは明らかに減少した，もはや『戦後』ではない。……回復を通じての成長は終わった。今後の成長は近代化によって支えられる……。」経済は回復し次のステージに入ったという。

しかし，同時期の昭和31年版『厚生白書』では国民生活の明暗について，果たして「戦後」は終わったか，と成長がもたらした影について次のように，鋭く指摘している。

「……もちろん，国民生活の近代化，高級化ということ自体は歓迎すべき事柄に相違ないが，一方において基礎的な生活条件である住宅問題の解決が遅れていることなどを考えあわせると，所得水準の高い先進国の消費生活を性急に模倣しようとする，所得水準との均衡を失した消費欲望の先走りと見られる面もないではないし，またもし，これが後に述べるような広範な低所得階層の生活状態の惨めさを置きざりにしたような，一部の高額所得層だけの生活の高級化に止まるとすれば，それは，かえってわが国の国民生活のゆがみをあらわにする現象と言わなければならないであろう。最も深刻な問題としてわれわれが直視しなければならないのは，国民の上位あるいは中位の階層に属する人々の生活が着実に向上しつつある反面において，一部の下位の所得階層に属する人々の生活が停滞し，次第に復興の背後に取り残され，それによって国民生活の上下のひらきが次第に拡大しつつあることである。」（昭和31年版『厚生白書』第一章　国民の生活はいかに守られているか，第一節　国民の生活状態はどうなっているか，果して「戦後」は終ったか）

表2－1は，1955年から1960年にかけて打ち出された経済計画である。1960年12月，池田内閣によって策定された国民所得倍増計画(1961-1970)は当初計画した経済成長率をはるかに超える実績をあげた。生活水準の向上と完全雇用，産業の高度化，貿易と国際経済協力の推進といった重点政策課題は功を奏したのである。未曾有の経済成長により日本経済は戦後の復興期を脱却し次のステージに移行したようにみえた。が，実は，その繁栄の影に取り残された人々が存在すること，そこにこそ目を向ける必要があるのだ，ということを31年度版厚生白書は指摘したのである。

とは言え，経済政策は推し進められた。1962年全国総合開発計画が閣議決定され，1963年新産業都市として水島など全国11か所，工業整備特別地域として鹿島など6か所が指定される。1964年東京オリンピックを経て，大型景気（いざなぎ景気）がやってくる（～1970年秋）。

表2－1　戦後日本の経済計画と経済成長率の実績

計画の名称	策定年月	策定時内閣	計画期間（年度）	経済成長率		計画の目的（重点政策課題）
				計画	実績	
				%	%	
経済自立5か年計画	1955.12	鳩山	1956-60	5.0	9.1	経済の自立，完全雇用（設備の近代化，貿易の振興，自給度の向上，消費の節約）
新長期経済計画	1957.12	岸	1958-62	6.5	10.1	極大成長，生活水準向上，完全雇用（産業基盤の強化，重化学工業化，輸出の拡大，貯蓄の増強）
国民所得倍増計画	1960.12	池田	1961-70	7.2	10.9	極大成長，生活水準向上，完全雇用（社会資本の充実，産業構造の高度化，貿易と国際経済協力の推進，人的能力の向上と科学技術の振興，二重構造の緩和と社会的安定）

出所：安藤良雄編（1975）『近代日本経済史要覧（第2版）』東京大学出版会，p.161より筆者作成

2. 福祉六法体制と社会保障の「充実」

(1) 福祉六法体制と国民皆保険皆年金

1960 年精神薄弱者福祉法（1998 年 5 月に知的障害者福祉法に改正），1963 年老人福祉法，1964 年母子福祉法（→ 1981 年に対象を寡婦に拡大し，母子・寡婦福祉法，2014 年，母子及び父子並びに寡婦福祉法となる）が成立し，福祉三法から福祉六法体制となる。

この時期，高度経済成長を背景に政府は欧米をモデルとした「福祉国家」を志向していた。昭和 35（1960）年度の厚生白書（福祉国家への途）で次のように述べている。

> 欧米諸国は，第二次世界大戦の終了を契機として，急速に福祉国家の建設に乗りだした。わが国においても，福祉国家建設のための努力をかさね，福祉国家建設を政治の最高目標に掲げ，この基本的大方針のもとに，もろもろの施策を進めることを念願としている。いうまでもなく，福祉国家は，国民全体の一般的福祉を増進することを目標とするものであり，すでに，欧米諸国は，すべて福祉国家を樹立することを最高の使命と考え，社会経済の各分野において，いまや容易にゆるがすことのできない強固な基盤を打ち立ててきている。（中略）福祉国家の究極の目標は，国民の一人一人に高度の水準の生活と文化を保障することであろうが，福祉国家を追求している国々の当面の目標は，国の積極的な施策による貧困の追放にあることはほぼ疑いのないところである。（中略）福祉国家の追求する福祉とは，何よりもまず，人間が貧困から解放され，豊かな生活を享受することができる状態を意味するものと考えてよいであろう。
>
> 厚生省『（昭和 35 年度版）厚生白書』第 1 章，序説より。

高度の水準の生活と文化の保障をめざす，としながらも，当座は貧困の追放がテーマであるとしている。依然，貧困への対応が大きな政策的

表2－2　生活保護率（昭和37年7月1日現在）

	全　国　民	被 保 護 者	保護率（人口1,000人対）
	千人	人	
全　年　齢	94,710	1,637,114	17.3
65歳以上	5,650	201,557	35.7
65歳以上の率	6%	12.3%	

出所：厚生白書「昭和38年度版」

な課題であったのである。1955年には低所得者層が生活保護受給層に移行することを防止する目的で，世帯更生資金貸付制度[5]が創設されている。表2－2は，1962年（昭和37年7月1日現在）の生活保護受給者数である。160万人以上が受給（保護率1,000人対17.3）している。特に65歳以上の保護率は高く35.7で20万人以上が受給している。まだ高齢化率がそれほど高くない時代にあって，いかに高度成長の恩恵に浴する事のできない人々が，とりわけ高齢者が多数存在したことかを物語っている。

政府は社会保障の整備をめざした。戦前期（1938年）にすでに施行されていた旧国民健康保険法を1958年に改正，国民健康保険法が成立。1959年，国民年金法が制定され，1961年から国民皆保険皆年金制度がスタートし医療と年金，すべての国民が加入する事になった。とは言うものの，年金制度はまだ成熟しておらず，医療についても受ける際の自己負担（定率負担）は重く，現実には経済的に困窮する人々がその恩恵を受けることは困難であった。

そんななか，単独事業として医療費を無料化する村が登場する。1960年，岩手県沢内村では老人医療費の無料化に踏み切る。それまで経済的理由で医療にかかれなかった高齢者にとっては福音であった。その後，

5）1990年「生活福祉資金貸付制度」に改称。単なる融資制度でなく，民生委員が貸付世帯に対して経済的自立と生活意欲助長のための援助・指導の責任をもつ。更生資金など7種に分かれて，社会福祉協議会が資金（国が2/3，都道府県が1/3負担）の貸付を行う。新型コロナウイルス感染拡大で突然の失業や雇い止めにあい生活資金が不足している世帯なども利用が可能である。

この取り組みは，東京都など全国の先進的自治体に広がっていった。高齢者の医療費無料化は多くの国民に支持されるところとなり，国は1972年，老人福祉法の一部改正，国の制度として老人医療費支給制度を創設した[6)]。沢内村が無料化してから10年以上も経っていた。

◎コラム◎

1957年，深澤晟雄（ふかざわまさお）（1905-1965）が村長になる。その頃，沢内村は豪雪地帯で当時は経済的に豊かではなく，多病多死の村であった。深澤は全国に先がけて高齢者や乳児の医療費を無料にしようとした。厚生官僚は法に反すると阻もうとしたが，深澤は「国民のいのちを守るのが国の仕事，しかし国がやらないならわたしがやる。国はあとからついてくる」と言って無料化に踏み切った。実は医療費の無料化は丁寧な保健活動とセットになっていた。雪に閉ざされた家々を保健師が一軒一軒訪問し，乳幼児と妊婦を健診した。20歳以上の全村民に血圧測定を徹底した。この取り組みは功を奏し，それまで，全国で最悪水準にあった沢内の乳児死亡率は62年にゼロになった。自治体初の快挙といわれた。当時策定された「沢内村における地域包括医療実施計画」は，すこやかに生まれ，すこやかに育ち，すこやかに老いる，という目標が掲げられている。誰でも（貧乏であっても），どこでも（どんな僻地でも），いつでも（24時間，365日，生涯にわたって）最新最高の包括医療サービスと文化的な健康生活の保障を享受できることをめざすものだった。まさに，今日の地域包括ケアシステムを先取りする，しかも貧困の撲滅を盛り込んだ取り組みであった。

出所：あけび書房

6) 医療保険制度上の定率一部負担を公費によって補塡するということで老人医療の無料化を図った。多くの高齢者は経済的事情にかかわらず医療を受ける事ができるようになった。しかし，その後，高齢化社会の到来とともに高齢者が多く加入する国民健康保険の財政を「圧迫」するようになった。

(2)「豊かさ」のひずみ—現代的貧困と住民運動の台頭

1968年，わが国の国民総生産が資本主義国においてアメリカについで第2位となった。世論調査で「自ら中流」と考えるものが9割にのぼり，一億総「中流」社会が到来した[7)]。1969年は昭和元禄の消費ブームといわれた。所得の上昇に伴って消費と余暇の増大，情報メディアの普及によって生活は画一化し，大量生産大量消費の時代がやってきた。消費革命は耐久消費財からはじまり，テレビ，電気洗濯機，電気釜，扇風機，マイカーなどが都市だけでなく農村を含め全国津々浦々に普及した。

苛烈な経済成長，重工業化，開発の波は環境破壊というひずみをもたらした。1960年代末に「日本は世界で最も汚染のすすんだ国[8)]」と言われた。水俣病などの四大公害や，開発のなかで国民の健康は脅かされ，生活不安は増幅していったのである。

開発の波は地域に雇用を生み出し，生活水準の上昇という恩恵をもたらすと歓迎されたが，果実だけではなかったということである。仕事を求めて大都市に若年労働者が流出し，地方は過疎化が進み基礎自治体の基礎サービスが供給不能になり，反対に都市部では人口の過密が起き，住宅難や交通渋滞，大気や河川の汚染，開発に伴う環境破壊など，地域生活上の共通の生活問題が起きた。過疎過密は表裏一体であり，「地域社会の貧困」[9)]を示すものであった。

こうした状況に対し，開発を推進する政府や企業に対し住民がNOを付きつけるようになる[10)]。自分たちの普通の地域生活が脅かされることへの不安，そして自然豊かな地域生活を希求する住民運動，それは住民主体のまさに地域における生存権を求める福祉運動と交差するものであ

7)　内閣府の「国民生活に関する世論調査」によると，自らの生活程度を「中流」としたものは1970（昭和45）年約9割に達した。

8)　安場・猪木編（1989）『日本経済史―8 高度成長』岩波書店，p.290

9)　宮本憲一（1988）「過疎過密」『社会学辞典』弘文堂，p.138

10)　1963-64年の三島・沼津・清水二市一町の石油コンビナート誘致反対運動の成功，以後，政府の地域開発に反対する運動は太平洋ベルト地帯からむつ小川原，志布志，沖縄などに広がった。

った。これらに呼応するようにさらに社会福祉分野において地域変動への対応が提起される。松原治郎は，「地域社会に内発動因（共同体解体）と外発的動因（都市化にともなう生活のバランスの欠如）の両面を通して，最近の地域社会は急激に変貌し，それだけにきめの細かい生活保障の公的な対策が必要とされている[11)]」として地域社会変動に対し，きめ細かい生活保障の対策として社会福祉からのアプローチが必要であることを指摘した。こういった社会的背景により政府から「コミュニティ政策」が打ち出されることとなる。

(3) コミュニティ構想とコミュニティ・ケア―地域福祉政策の登場

1969年9月，経企庁国民生活審議会コミュニティ問題小委員会報告「コミュニティ―生活の場における人間性の回復」が提出される。「国民生活優先の原則」を打ち立てるために生活における集団形成の必要を説き，かつての地域共同体にみたような拘束性をそのまま持ち込むのではく，現代市民社会の自由と開放性にたった参加を前提とした「コミュニティ構想」を提唱した。「生活の場において市民として自主性と責任を自覚した個人及び家庭を構成主体として地域性と各種の共通目標をもった開放的でしかも構成員相互の信頼感のある集団を我々はコミュニティとよぶ」と，かつての伝統的で拘束力のある地域共同体を否定し，市民としての自主性と責任を自覚した個人が期待されている。しかし，地域の共通の生活問題を住民視点で解決するというような下からの住民運動のスタイルではなく，どちらかというと抽象的，スマートな行政の補佐として自主的に働いてくれる市民が期待されている。1971年自治省「コミュニティ（近隣社会）に関する対策要綱」とセットで世に出たため官製のコミュニティ構想と批判された。

コミュニティ構想を受け，1969年9月，東京都社会福祉審議会は「東

11) 松原治郎，佐藤暢男（1973）「『地域』設定の理論と社会福祉」全社協『地域活動の方法』p.123

京都におけるコミュニティ・ケアの進展について」(答申) で，コミュニティ・ケアという方法を打ち出す。答申では，コミュニティ・ケアは，「コミュニティにおける社会福祉機関，施設により社会福祉に関心をもつ地域住民の参加を得ておこなわれる社会福祉の方法」と定義された。中央社会福祉審議会コミュニティ問題専門分科会に引き継がれ，1971年「コミュニティ形成と社会福祉」(答申) としてまとめられた。

この答申の基本的視点は「国民の生活優先の原則の貫徹」である。コミュニティ形成における社会福祉の役割として次の点があげられている。

①社会福祉協議会を中心とした地域組織化事業の重要性

②地域の多様な「ニード」に応じ，地域住民の社会福祉への理解と共同性，連帯性を推進する多目的な地域福祉施設などの整備

③収容施設拡充と並行してコミュニティ・ケア施策を発展させる必要

などである。住民のニードを明らかにする必要と地域福祉計画に触れており評価される。とは言え，住民の主体的な生活保守の運動の流れからすると住民のイメージは温和である。地域生活の破壊が経済優先によってもたらされた構造的なもので，その仕組み自体を問い直すという視点は乏しい。地域の活動や住民「参加」のレベルに矮小化されていることも否めない。広がる公害などの環境破壊による健康・生活破壊といった生み出され続ける生活問題にどう対峙していくかという視点は欠如していたというほかはない。

公害などによる環境破壊による問題は今なお継続し都市地方を問わず深刻化している。宮本憲一は地域開発によってもたらされた地域問題を古典的貧困のように所得水準や雇用と一義的には関係がない「現代的貧困」と位置づけ次のようにその特徴を総括している。

現代的貧困とは，①不可逆的な損失を含んでいる。貨幣的に補償のできるものでなく，人間・自然・文化財の破壊という絶対的喪失を含んで

いる，②低所得者にもっとも大きな影響をあたえるが同時に全市民を巻き込む可能性をもっている，③資本主義経済にもとづく福祉国家の政策では解決がつかず社会主義社会にも続く問題である，④生活の場での自治体運動や住民運動で解決しなければならない12)。

広範に広がる環境破壊のリスクを最も基礎的で身近な生活の場から問題提起していくという住民運動のエネルギーは「住民主体」の福祉活動として表舞台に躍り出た。「現代的貧困」への対峙，撲滅といった視点は弱かったものの，それでもそれまで閉鎖的であった施設の機能を地域へ開放し，またコミュニティ・ケアという地域ベースのサービスへの転換などのいわゆる地域福祉の動きが出てきたことは一つの前進であったと評価するべきなのかもしれない。が，それは同時に行政機構にまきこまれ解決の肩代わりと補完的役割に矮小化されていくという諸刃の剣でもあったのである。

3. 福祉元年とオイルショック

(1) 分岐点としての1973年

1970年わが国の65歳以上人口は7.1%となり高齢化社会が到来した。経済成長をバックにこの時期に先進国に引けをとらない社会保障を充実させようという機運が高まる。まず，1972年老人福祉法の一部改正が行われ，老人医療費の無料化が決定，1973年1月から老人医療費支給制度がスタートした。同年，医療保険の家族給付が5割から7割に引き上げられ，また，高額療養費給付制度もはじまった。厚生年金水準が現役労働者の賃金の60%に設定，国民年金の水準も従来の2.5倍に引き上げられた。経済成長を足がかりに社会保障制度全般にわたる給付の改善が

12) 宮本憲一（1973）『地域開発はこれでよいか』岩波書店，pp.16-20

行われ1973年は「福祉元年」とよばれた。この年2月に経企庁が「経済社会基本計画」を出すがそのサブタイトルは,「活力ある福祉社会のために」で, 国民福祉の充実, 資源や環境配慮の経済活動を指針としている。

表2－3　公害の発生と経済計画, 総合開発等年表
（1950年代から70年代を中心として）

出所：日刊工業新聞社『日本列島改造論』（田中角栄）

1955年	経済自立5か年計画（鳩山内閣）
1956年	水俣病, 公表
1957年	新長期経済計画（岸内閣） 北九州の工業化の振興で降下煤塵量著しく増加 富山県医学会で荻野医師がイタイイタイ病の鉱毒説発表
1959年	東京に濃いスモッグ
1960年	国民所得倍増計画（池田内閣）
1961年	四日市市に喘息患者多発
1962年	全国総合開発計画（池田内閣）
1963年	富山県神通川領域のイタイイタイ病の疑いのある患者 三島, 沼津, 清水の石油コンビナート誘致反対運動, その後各地で地域開発誘致等の反対運動広がる
1964年	新潟に水俣病患者発生
1965年	中期経済計画（佐藤内閣） ＊1967年　公害対策基本法
1969年	東京地方でスモッグ注意報が1日中出続ける 新全国総合開発計画（佐藤内閣） ＊国民生活審議会コミュニティ問題小委員会報告「コミュニティ―生活の場における人間性の回復」, 東京都社会福祉協議会「東京都におけるコミュニティ・ケアの進展について」
1970年	新経済社会発展計画（佐藤内閣） 新宿区柳町交差点排気ガスによる汚染, 鉛中毒が問題化 東京に光化学スモッグ ＊1971年　環境庁設置
1971年	自治省「コミュニティ（近隣社会）に関する対策要綱」 中央社会福祉審議会「コミュニティ形成と社会福祉」
1972年	日本列島改造論（田中角栄）
1973年	経済社会基本計画―活力ある福祉社会のために（田中内閣）
1979年	第三次全国総合開発計画（福田内閣）定住圏構想 在宅福祉サービスのあり方に関する研究委員会『在宅福祉サービスの戦略』

しかし1973年の秋，第一次オイルショックが起きる。この年度の実質経済成長率は戦後初めてマイナスを記録する[13)]。右肩上がりの成長を続けてきたわが国であったが，そのショックは大きく，以来，社会保障費用の抑制がいわれるようになる。

(2) オイルショックの衝撃と日本型福祉社会への旋回

1976年2月にロッキード事件が発覚し，7月に田中角栄が逮捕され，日本列島改造は幕を下ろす。三木内閣は列島改造に変わる新たなビジョンとしてライフサイクル構想[14)]を提起した。経済学者・村上泰亮を中心に福祉元年を具体化させる高度成長後の国家建設に欧米とは異なる独自の日本型福祉国家建設のビジョンを示そうとしたものであり，きわめて示唆に富むものであった。しかし，それとは異なる「日本型福祉」が出されるのである。それは「ナショナルミニマムの保障」ではなく，「家庭基盤の充実」と「自助努力の強調」への転換を企むものであった。

出所：共同通信社／ユニフォトプレス

写真2-1　オイルショック
トイレット・ペーパーに殺到する人々

「日本型福祉」を代表とするものとしてあげられるのは，1977年9月『社会保障の限界と日本型福祉の提言』（民主主義研究会），1979年8月『日本型福祉社会』（自民党研修叢書8）である。高負担ではない道が模索され，政府が肥大化すると「働かない人間」を支えることになりそれ

13) 1974年マイナス1.3%。

14) 「福祉元年」を敷衍し具体施策をまとめた「私的提言」であり，「夢ではないナショナルミニマムの保障」など今日的視点で読んでも示唆に富む構想である。著者は蝋山，村上，松原，原，井原，地主という錚々たるメンバーであった。『生涯設計計画―日本型福祉社会のビジョン』（1975）日経新聞社

は「英国病」になる危険がある，リスクはまず個人が負い，個人のリスク負担能力を超える場合には社会的なリスク負担システムを工夫し，国家が最後のリスク負担者となる，とした。イギリスや北欧型の福祉国家を否定し，競争的市場システムをベースに個人，家庭，企業などの民間活力を生かすことを「日本型福祉システム」と規定したのであった。

政府は「新経済社会7か年計画」（大平内閣）で「日本型」について次のように書いている。Ⅲ－3「新しい日本型社会の創造」として「……個人の自助努力と家庭や近隣・地域社会等の連帯を基礎としつつ，効率のよい政府が適正な公的福祉を重点的に保障するという自由経済社会の持つ創造的活力を原動力とした我が国独自の道を選択的に創出する」。また，1980年8月『家庭基盤充実』（大平総理の政策研究会報告書3）では，「福祉はよき生活」の意味であり，次の5つの要素が相互に補完しあい，均衡と調和のとれた発展をする事で実現できる。①個人の自助努力，②各家庭の自立自助努力と家族の相互扶助，③各職場の相互扶助，④各地域の相互扶助，⑤国・地方を通じる公的扶助などの支援をあげ，まず個人の自助努力をあげていることが特徴である。また，「親の都合で，親の権利でもあり義務である養育やしつけを保育所に転嫁する傾向があることは残念である」と社会的保育は批判的に描かれている。

1975年の国際婦人年を経て，先進国を中心に男女の雇用における機会均等，賃金格差の是正，社会的保育の整備が世界的潮流となり，また，単身世帯が増加する個人化の時代にあって，家庭を基盤とした自助努力という発想はまさに時代に逆行するものであり時代遅れであった事は否めない。「日本型」という表現に対して，戦前期に逆行し高齢者介護を家庭責任として妻や「嫁」といった女性たちに押し付けるのでは，という批判が沸き起こった[15)]。とは言うものの残念ながら政策方針を覆すようなムーブメントにはならなかった。

15)　戦前からの伝統的な「福祉の含み資産」論という，女性・家族・地域が社会福祉を支える基盤として大いに機能を発揮すべきであるという前近代的な要素も併せもっていた。

1979年イギリスでは市場原理と民間活力を重視するサッチャー政権が，1981年にはレーガンが大統領に就任し，サッチャーリズム，レガノミクスといわれる新自由主義[16]に世界が傾いていく。わが国も国や自治体という公的責任を根幹にすえる福祉国家の形から次第に自助努力と家族，地域社会，そして民間活力を重視するという形にシフトしていった。福祉元年はたった1年足らずで終わった。

1978年9月，全国社会福祉協議会は「在宅福祉サービスの在り方に関する研究委員会」を設置し，厚生省官僚や多くの研究者の参加を得て検討を行い1979年『在宅福祉サービスの戦略』を刊行した。社会福祉ニーズを貨幣的ニーズと非貨幣的ニーズに分類し，非貨幣的ニーズに対応する対人福祉サービスの提供を公（国，都道府県，市町村），私（民間組織，地域住民）役割分担のもとに提供する方策が示された。特に都市部では施設整備が全く不十分であったので，在宅福祉サービスへの福祉政策の転換が示されたことは単なる安上がりにすぎないと批判された。

（3） 臨調行革―増税なき財政再建と活力ある福祉社会

1979年のイラン革命の混乱によって，産油国イランの原油生産が激減し，いわゆる第二次オイルショックが起きる。鈴木善幸内閣により，昭和56（1981）年3月第二次臨調が設置された。第二次オイルショック後の経済停滞，巨額の財政赤字などに対応するため，「増税なき財政再建」がめざされた。1983年3月14日の最終答申「行政改革に関する第五次答申」では「活力ある福祉社会」を次のように説明している。

> 新しい時代の行政の役割は，国民の福祉のため真に必要な施策は確保しつつ，同時に民間の自由な活動を十分に保障する最小限のものでなけ

16） 新自由主義とは，スタグフレーションによる経済危機の原因を福祉国家とその赤字財政に求め民営化，規制緩和，小さな政府，分権化を伴う新中央集権化を行って民間企業の活力の回復によって経済再生を図ろうとするものである。宮本憲一（2007）『新版・環境経済学』岩波書店，p.10

> ればならない。活力ある福祉社会は，自立・自助を原則とする国民の活力と創意を基礎にしてこそ存立し得るものである。……高齢化社会の進展等により，長期的には，租税負担と社会保障負担とを合わせた全体としての国民の負担率（対国民所得比）は，現状（35%程度）より上昇することとならざるを得ないが，……徹底的な制度改革の推進により，現在のヨーロッパ諸国の水準（50%前後）よりはかなり低位にとどめることが必要である。……社会保障については，高齢化の進展等に伴う需要の増大に対応して引き続き国の政策として安定的に機能し得るよう，年金制度の改革・一元化，医療費の適正化，医療保障制度の合理化等制度・施策の改革を進める。また，受益者負担，ボランティア活動等民間の力を活用するとともに，高齢者雇用政策を積極的に推進する。

国や自治体の役割は最小限にとどめ民間活力を推進する，自立・自助を原則とする，国民負担率はヨーロッパの水準に比べてより低位にとどめること，年金制度の改革，医療の合理化，受益者負担とボランティアの活用などがあげられている。これ以降のわが国の社会保障政策の基本方針を示したといえる。それまでは利用は無料が基本であったが福祉も聖域ではないと有料化されることになった。「福祉元年」で実施された老人医療費支給制度は，見直しされることになった。1981年，いわゆる123号通知[17]によって生保が厳格化されるのもこの時期であった。

（4） 社会福祉制度改革—老人保健法と老人医療費支給制度の終わり

1982年，老人保健法が制定され，①老人医療費支給制度を廃止，高齢者にも一部負担を求めること，②老人医療費の費用は，国と地方公共団体が3割（国20%，都道府県5%，市町村5%）負担，各保険者が7割を拠出することになった。その後，1986年に改正，老人保健施設が創設された。

17） 昭和56年11月17日厚生省社会局保護課長・監査指導課長通知　社保第123号「生活保護の適正実施の推進について」生活保護支給における「適正化」の流れは本来受給すべき生活困難層を排除した，という問題指摘がある。『福祉が人を殺すとき』『国保が人を殺すとき』など。

1985年，社会保障制度審議会「老人福祉のあり方について（建議）」は来るべき高齢化社会へ向けて今後の「老人福祉対策」を示し社会福祉の制度改革の基本的視点を提示した。

①対象は低所得高齢者に限定されるものではない。

②高齢者は何よりもまず自立自助の精神に基づいて，本人及び家族自らができる限り対応する。努力にもかかわらず必要不可欠な福祉ニーズが充足されない場合にはじめて社会的な対応が必要になる。社会的対応は公的部門と近隣，地域社会，ボランティア，非営利団体などのインフォーマル部門とで分担される。

③これからは公的部門が提供するサービスであっても有料にする。利用者と非利用者の間の公平や資源の浪費問題に対処すべきものが多いので，高齢者も年金収入があるのだし，家族に扶養も期待できる。負担能力に見合った福祉サービスの有料化は「福祉の後退」ではない，とした。

老人福祉の対象を低所得高齢者ではなく拡大すること，高齢者自身に自立自助を求め家族の対応が期待されていること，社会的対応には近隣や非営利団体などと公的部門が分担して対応すること，福祉サービスの利用は有料にするという視点である。それは「福祉の後退」ではないとしながらも，明らかに公的部門については「後退」であり，無料で誰もが利用できたサービスが有料化することによって，支払うことができる者を対象とする大きな転換でもあった。社会福祉制度改革は公的部門の役割を後退させたのである。

1985年，国民年金法が改正され，全国民を対象とする基礎年金制度に改められ，厚生年金や共済年金等の被用者年金は基礎年金に上乗せする2階部分の報酬比例年金として再編された。民間企業等のサラリーマン等の妻，いわゆる専業主婦にも自分名義の基礎年金が保障されることになった。その保険料負担は夫の加入する被用者年金制度で負担することとした。いわゆる第三号被保険者問題として，制度のあり方が議論され続けている[18)]。

4. グローバル経済のなかの日本─規制緩和と競争の波

(1)「1995年勧告」─「自助」と社会連帯

1989年3月福祉関係三審議会合同企画分科会「今後の社会福祉のあり方」（意見具申）では，昭和20年代に構築された社会福祉のあり方の見直しを提言した。高齢化，国民意識の多様化・個性化，家族形態の変化，所得水準の向上に対応させるため市町村の役割重視や在宅福祉の充実，民間福祉サービスの健全育成，福祉と保健・医療の連携強化・総合化，福祉の担い手の養成と確保，サービスの総合化・効率化を推進するための福祉情報提供体制の整備などである。これに基づき，老人福祉法等八法が改正された[19)]。

4月には3%の消費税が導入された。1989年の合計特殊出生率は1.57，1994年に65歳以上の人口比率が14%を超え超高齢化社会が到来した。1991年バブル経済が崩壊し，経済が低迷し，税収も減少，少子高齢化の進行，家族規模の縮小等により日本型福祉の担い手として期待した家族は機能不全となっていた。要介護高齢者の介護を家族が担う事は困難になり高齢者介護はまさに社会問題となった。

平成不況が続くなか，政府は経済活性化の糸口を規制緩和へと求めていく。1995年に閣議決定された「構造改革のための経済社会計画」では，規制緩和は競争を活発化させ，日本経済の高コスト構造を是正し，新規事業を創出するものであるとして，社会的規制は必要最小限にすべきことを提示した。その上で，自立のための社会的支援システムの構築をめざすため，民間部門のサービス提供者も含めた自由な市場競争の促進，

18) 第三号被保険者問題。
19) 児童福祉法，身体障害者福祉法，精神薄弱者福祉法，老人福祉法，母子及び寡婦福祉法，社会福祉事業法（当時），老人保健法，社会福祉・医療事業団法（当時）。

介護費用の社会保険化，公的保育所における契約型の保育サービス提供の導入，そして措置制度の総合的見直しをなどに言及した[20]。

1995 年 7 月，社会保障制度審議会（会長：隅谷三喜男）「1995 年勧告 社会保障体制の再構築―安心して暮らせる 21 世紀の社会を目指して」が出る。

> すべての国民が社会保障の心，すなわち自立と社会連帯の考えを強くもつことである。……社会連帯とは頼りもたれ合うことではなく，自分や家族の生活に対する責任を果たすと同じように，自分以外の人と共に生き，手を差し伸べることである。高齢者も自分のことは自分でできるよう，健康の維持や生活の自立に努めることが若い世代の高齢者への理解と支持につながる。……国民は自らの努力によって自らの生活を維持する責任を負うという原則が民主社会の基底にある。

この勧告で 1950 年勧告の「生存権保障」を中心としたナショナルミニマムを社会保障の中心にすえた社会保障制度は改変され，「自立と社会連帯」へと移行する。介護政策として社会保険方式の導入が打ち出された。生活保護受給者数は 100 万人を切り（1995 年の受給者数は 88 万 2,229 人まで減少し，底を打つ），公的年金制度も成熟しつつあり戦後の復興期のように経済的困窮からの脱却が社会保障の使命とした時代は終わったかのようだった。国民は市民として成熟し，福祉サービスを主体的に買える消費者として位置づけられた。緊縮財政による社会保障費用の切り詰めは強く国民に自助努力を求め相互扶助としての「社会連帯[21]」を迫るものになっていた。

20） 小島鈴代（2005）「社会福祉」『日本社会保障資料Ⅳ（1980-2000）』

21） この勧告において「社会連帯」の概念は定かではないが，「社会保障制度はみんなのためにみんなでつくり，みんなでささえていくものとして，21 世紀の社会連帯のあかしとしなければならない。これが 21 世紀の社会保障の基本理念である」としている。（第 1 章，社会保障の基本的考え方，1995 年 7 月 4 日，社会保障体制の再構築（勧告）―安心して暮らせる 21 世紀の社会をめざして」総理府社会保障制度審議会。

しかし，同時期にやってきた経済グローバリゼーションの波は大きく，不安定な生活を強いられる国民を発生させた。安い労働力を求めて多くの工場が国外移転し，それは国内産業，特に高齢化と過疎化が進む地方の経済をますます衰弱させた。

国際競争力を高めるため1995年日経連は「新時代の『日本的経営』」で，終身雇用，年功序列，企業内組合といった日本型雇用のあり方の見直しを提言する。雇用の流動化や成果主義の導入を図り，労働生産性を上げようとした。労働者派遣法が95年頃から改正される。その結果，非正規労働者が急速に増えていく。他方，正規労働者も成果主義により激しい競争にさらされ長時間労働が常態化しワークライフのバランスを欠いた働き方もまた社会問題となる。1999年は戦後最大の不況に見舞われ，リストラ元年といわれた。1998年から2011年の自殺者数は毎年3万人にのぼった。2006年自殺対策基本法が制定されている[22]。

その後，高度情報化社会の到来で，ＩＴ企業などが台頭，富が集中した。そういう波からこぼれ落ち取り残された人々の多くは非正規労働者層に組み込まれ，再起の機会を十分に得られるわけではなかったため，貧富の格差はますます拡大し層として社会の底に追いやられていった。「豊か」といわれる日本社会の底に実は，貧困の波がひたひたと迫り深化していたのである。

以上，戦後復興期から2000年の社会福祉基礎構造改革の前まで社会福祉政策の流れを見てきた。経済グローバリゼーションの潮流は世界を席巻している。1990年代半ばから2000年にかけて，労働市場においては非正規化が進み，また規制緩和の流れは社会福祉のあり方を変化させた。福祉現場に競争と効率を強く求めるようになった。利用者の視点からみるとわが国の社会福祉サービスは選択の自由が拡大したが同時に受益者負担となり，買うことができる層にとっては自由が拡大したのである。

22） 第1条で「誰も自殺に追い込まれることのない社会の実現」が明記されたが，それでもすぐに自殺者数が減少することはなかった。

OECD（2014 年）の国際比較データによれば相対的貧困率の OECD の平均は 11.5 であるが，日本は 16.1，アメリカ（16.8）についで高い。高齢者や女性の貧困率が高く，数値全体を引き上げている。さらに，国民一人あたりの名目 GDP[23]の推移をみると，2000 年は 38,326（US ドル）で，世界第 9 位であったが，2020 年には 40,063，第 33 位に転落している[24]。国全体としては経済的に豊かに見えるが，国民一人ひとりの生活に目を向けると必ずしも豊かさの恩恵を受けている人ばかりではない。労働者間，地域間，男女間，階層間において苛烈な分断が起きていると推測される。2000 年以降，社会福祉政策は「地域福祉の主流化」にシフトし，地域共生社会をその目標として掲げている。このような分断した社会のなかでいかにして「地域共生社会」を達成するのか，至難の業なのである。

【学習課題】

1．1960 年代から 70 年代にかけて，あなたの住む地域にどのような住民運動があったか調べてみよう。
2．福祉元年はどのような社会的背景のもと登場したのか調べてみよう。

参考文献

・右田・住谷編著（1973）『現代の地域福祉』法律文化社
・安場・猪木編著（1989）『高度成長』岩波書店
・アンソニー・B. アトキンソン，山形，森本訳（2015）『21 世紀の不平等』東洋経済新報社

23）一人あたりの GDP＝GDP÷人口，当年の為替レートにより，US ドルに換算。
24）GLOBAL NOTE『一人当たり名目 GDP』
https://www.globalnote.jp/p-data-g/?dno=20&post_no=12796

3　地域で支える
―高齢者福祉を素材にして

木下武徳

《ねらい》　本章では，まず，社会福祉政策，特に高齢者福祉において地域福祉が「主流化」し，地域包括ケアや地域共生社会が問われるようになってきた経緯を確認する。次に，生活問題やその対策が地域によって異なる理由について検討する。その上で，生活困窮者を地域で支える際の課題について考えてみたい。

《キーワード》　地域福祉の主流化，地域包括ケア，地域共生社会，社会福祉基礎構造改革，住民主体

1．社会福祉政策における「地域福祉の主流化」

（1）介護保険制度・社会福祉基礎構造改革と地域

日本の社会福祉政策では，2000年以降「地域福祉」，「地域包括ケア」や「地域共生社会」等を合言葉に，要介護高齢者や障害者，低所得者等の生活困窮者を「地域」でどう支えていくのかに大きな焦点があてられてきている。そもそも地域によって，暮らしのあり方が異なり，それゆえに社会福祉が取り組むべき生活課題も異なる。また，地域によって，社会福祉に力を入れている自治体やNPO，町内会もあれば，そうでない地域もあり，社会福祉への取り組み自体も多様である。したがって，国だけでなく，それぞれの地域でも社会福祉のあり方を検討していく必要がある。

他方，現在はそのような地域の差異は重視されず，国や自治体による社会保障支出の抑制と，市民や民間企業，NPOが活躍する地域社会の発展という両面から，生活困窮者の生活をそれぞれの地域で支える社会福祉政策・実践が追求されている。

こうした流れを決定づけたのが介護保険である。1997年に成立した介護保険法は，市町村を保険者として新たに40歳以上の国民に介護保険料を負担させることにした。また，利用者の負担能力を考えて利用料が決められる応能負担から，サービスの利用に応じて利用料を徴収する応益負担に変更された。こうして保険料や利用料を払うことで「権利として」介護サービスが利用できることになった。逆に言えば，この保険料や利用料が支払えない人は「権利として」介護サービスが利用できなくなった。

また，それまで行政の高齢者福祉サービスの提供責任を明確にした「措置制度」から，介護保険によって，営利企業，NPO等を含めた多様な民間事業者のなかから利用者は利用したい事業者を選択して，その事業者と直接利用契約をして介護サービスを購入し，市町村が介護保険財政からその購入にかかった費用を利用者に助成する仕組みである「利用契約制度」に変更された。これによって行政の直接的な介護サービス提供責任は大きく後退し，国や自治体は介護保険の財政運営と民間事業者の事業参入のためのルールづくりに専念することになった。つまり，行政が福祉サービスを提供する仕組みから，民間事業者が提供している福祉サービスを利用者が購入することを支援するという仕組みに改変された。いわゆる福祉サービスの「準市場化」（Qusi-Market）の導入である。「準市場化」とは，買い手と売り手が対峙する場である市場を行政が創出することである。「準」がつくのは，一般市場とは異なり，行政が制度として作り出した官製市場であり，そこにはサービスの量や給付額等が制度的に規制されていることを意味する[1)]。こうして効率的にかつより良い福祉サービスの提供をすることができるよう期待された。

そして，この介護保険の準市場化を活用した利用契約制度の仕組みは，高齢者福祉以外の分野も含めた社会福祉制度全般の改革，つまり社会福祉基礎構造改革をもたらした。社会福祉基礎構造改革は次の7点の基本的方向性をめざした改革である。①サービスの利用者と提供者の対等な関係の確立，②個人の多様な需要への地域での総合的支援，③幅広い需要に応える多様な主体の参入の促進，④信頼と納得が得られるサービスの質と効率性の向上，⑤情報公開等による事業運営の透明性の確保，⑥増大する費用の公平かつ公正な負担，⑦住民の積極的な参加による福祉の文化の創造である[2)]。これは，2000年の社会福祉法改正に結実し，高齢者福祉のみならず，子ども福祉や障害者福祉等の社会福祉制度の原則的なあり方となった。これを受けて，障害者福祉では2003年の支援費制度及び2005年の障害者自立支援法（後に2013年障害者総合支援法），子ども福祉では2012年の子ども・子育て支援制度等によってこの改革が実行された。

（2） 地域福祉の法定化

さて，その2000年の社会福祉法改正により，第1条で社会福祉法の目的として「地域福祉の推進」が初めて規定された。また，第4条で「地域住民，社会福祉事業の経営者及び社会福祉の活動を行う者は，（中略）地域福祉の推進に努めなければならない」とされた。さらに，第107条と第108条で市町村及び都道府県の地域福祉計画，第109条で「地域福祉の推進を図ることを目的とする団体」として社会福祉協議会が規定された。こうして，初めて地域福祉が法律上の用語として浮上し，政策上

1） 佐橋克彦（2006）『福祉サービスの準市場化―保育・介護・支援費制度の比較から』ミネルヴァ書房，pp.3-4

2） 中央社会福祉審議会社会福祉構造改革分科会（2018）「社会福祉基礎構造改革について（中間まとめ）」

の目的にもなった。2020年の法改正では，第4条に新たに1項が加えられ，「地域福祉の推進は，地域住民が相互に人格と個性を尊重し合いながら，参加し，共生する地域社会の実現を目指して行われなければならない。」とされ，地域福祉の推進は地域住民の「義務」と規定されたのである。

なお，社会福祉法でいう地域福祉には明確な定義はない。しかし，先の第4条の規定をみると分かるように，興味深いことに国，都道府県，市町村は行政が地域福祉の担い手として含まれておらず，地域住民のボランティア，社会福祉法人やNPO法人，営利法人等の民間事業者による福祉サービス事業の参入に期待していると読み取ることができる。

では，なぜこのように地域福祉が政策的に重要な位置を占めるようになってきたのだろうか。それには次のような理由があると考えられる。第1に，介護保険に代表される社会福祉基礎構造改革は，保険料や利用料を支払った人にしか対応できないため，福祉サービスを利用できない人が必然的に生まれてしまう。第2に，利用契約制度は民間事業者と利用契約を結ぶことができることが前提であり，民間事業者が少なかったり，認知症や知的障害などにより契約することが難しかったりして福祉サービスを利用できない人が生じてしまう。第3に，施設から在宅への流れのなかで，在宅介護を進めるが，一人暮らしや日中独居（家族が昼間働きに出ている高齢者の世帯）の人も含めて，家族介護が難しい人には在宅では施設のように24時間対応することができない。こうした困難に対応するために，地域住民の相互扶助に期待することになる。

その後，介護保険をはじめとする社会保障支出抑制に伴う社会福祉制度の改革によって福祉サービスの利用がますます制限されるなかで，地域福祉に大きな期待がかけられ「地域福祉の主流化」とさえよばれてきた[3]。その後，次節で詳しく述べるように，「地域包括ケア」や「地域共

3）武川正吾（2006）『地域福祉の主流化』法律文化社

生社会」等により社会福祉そのものが地域福祉を前提として組み立てられるようになってきたのである。つまり「地域福祉の主流化」を実行するための制度改革が進められてきたのである。

2. 地域包括ケアと地域共生社会の展開と課題

近年では，地域福祉と同じくらい，またはそれ以上に地域包括ケアや地域共生社会というような言葉が使われるようになってきている。そこで，本節では，地域包括ケア，地域共生社会を取り上げ，その意味と具体的な内容について確認していきたい[4)]。

(1) 地域包括ケアの展開

地域包括ケアについては，2003年に公表された高齢者介護研究会報告書『2015年の高齢者介護～高齢者の尊厳を支えるケアの確立に向けて』のなかで，地域包括ケアシステムが提起された。そのなかで，地域包括ケアシステムとは，「要介護高齢者の生活をできる限り継続して支えるためには，個々の高齢者の状況やその変化に応じて，介護サービスを中核に，医療サービスをはじめとする様々な支援が継続的かつ包括的に提供される仕組み」と明記された。

この提案に基づいて，2005年に介護保険法が改定され，2006年度から地域包括支援センターが全国展開されることになった。地域包括支援センターは，市町村が設置主体となり，保健師・社会福祉士・主任介護支援専門員等を配置し，総合相談支援，権利擁護，包括的・継続的ケアマネジメント支援，介護予防ケアマネジメントを実施して，地域住民の心身の健康の保持及び生活の安定のために必要な援助を行うことによ

4) 荒木剛（2019）「地域包括ケアシステム構築に向けた政策展開と課題」『西南女学院大学紀要』23号，pp.37-46，および日本生命済生会『地域福祉研究』編集委員会監修，黒田研二編（2021）『地域包括支援体制のいま―保健・医療・福祉が進める地域づくり』ミネルヴァ書房を参照。

り，その保健医療の向上及び福祉の増進を包括的に支援することを目的とする施設である（介護保険法第115条の46）。そして，このセンター業務の一環として介護予防が位置づけられたが，その主な内容は，地域住民による見守り体制の構築であり，介護予防教室等にみられる地域住民主体の健康体操等の支援であった。こうして介護，医療のみならず，住宅や生活支援，住民活動などさまざまな主体の支援や活動を利用者のために包括的に提供することが地域包括ケアとされるようになった。

一方，介護保険は，本来は入院するほどではないが在宅での生活や治療ができないために病院に長期間入院する「社会的入院」や介護施設から，在宅医療・在宅介護への転換を図ることも大きな目標であった。そこに2014年の医療介護総合確保法で規定された「地域医療構想」が地域包括ケアに大きなインパクトをもたらした。将来日本の人口の高齢化と減少が見込まれるなかで病院のベッド数は，2013年の134.7万床から2025年の152万床に増えると見込まれた。そこで増大する医療費を削減するために，国は地域医療構想として一般病床を急性期や回復期（リハビリを重点）等病床の機能分化をすることで，ベッド数を119万床に減らし，高齢者住宅や介護施設等地域で33万人を対応するとした[5)]。2019年には，厚生労働省は全国1,455の公立病院等の診療実績を分析し，うち実名公表された424の公立病院（全体の3割）は再編・統廃合や病床数削減が求められた[6)]。実際，公立病院は2009年の931病院（22万4,615病床）から2019年の857病院（20万5,259病床）まで減少している[7)]。こうして病院のベッド数を減らすため，これまでであれば入院していたような患者が入院できなくなる。したがって，医療が必要な人が在宅で治療や生活ができるように，住まいや医療，介護，生活支援を総

5）武藤正樹「日本の病床と地域医療構想」『国際医療福祉大学学会誌』24(2)，pp.1-7

6）厚生労働省（2019）「第24回地域医療構想に関するワーキンググループ」2019年9月26日資料　https://www.mhlw.go.jp/stf/newpage_06944.html

7）総務省（2021）「公立病院の現状について」地方財政審議会2021年2月12日資料　https://www.soumu.go.jp/main_sosiki/singi/chizai/02zaisei02_04001397_00142.html

合して提供できる地域包括ケアの体制を本格的に構築しなければならなくなったのである。

(2) 地域共生社会の展開

地域共生社会は，2016年6月に閣議決定された「経済財政運営と改革の基本方針（骨太の方針）2016」や同じ月に閣議決定された「ニッポン一億総活躍プラン」のなかで明記された。たとえば，骨太の方針では次のように定義されている。「全ての人々が地域，暮らし，生きがいを共に創り高め合う地域共生社会を実現する。このため，支え手側と受け手側に分かれるのではなく，あらゆる住民が役割を持ち，支え合いながら，自分らしく活躍できる地域コミュニティを育成し，福祉などの公的サービスと協働して助け合いながら暮らすことのできる仕組みを構築する」。ここで重要なことは，第1に，「全ての人々」や「あらゆる住民」が主体となっていること，第2に，支援される者，支援する者の区別を取り払うことである。つまり，これは国による地域住民の相互扶助，「互助」の推進である。

そして，この地域共生社会を実現するために，2016年7月に厚生労働省に「我が事・丸ごと地域共生社会実現本部」が設置された。2018年には「地域包括ケアシステムの強化のための介護保険法等の一部を改正する法律」の概要に地域共生社会の実現に向けた当面の改革工程が記載されている。それは大きく4つの柱があり，第1に，地域課題の解決力の強化であり，住民相互の支え合い機能の強化，複合課題に対する包括的相談支援体制の構築，地域福祉計画の充実。第2に，地域丸ごとのつながりの強化であり，多様な担い手の育成・参画，多様な就労・社会参加の場の整備等。第3に，地域を基盤とする包括支援の強化であり，障害児･者と要介護高齢者が同一事業所でサービスを受けやすくする「共生型サービス」の創設等。第4に，専門人材の機能強化・最大活用であり，対人支援を行う専門資格に共通課程の創設等があげられた。

(3) 地域包括ケア，地域共生社会と地域福祉

以上みてきたように，地域包括ケアは主に高齢者の在宅医療・在宅介護を進めるための方策として展開されてきた。一方，高齢者のみならず，障害者や子ども，その他すべての人の地域共生を図る方策として，地域共生社会が提起された。ただし，地域共生社会のなかで包括支援が位置づけられるなど，その言葉の意味合いや具体的な制度は重なる部分が多い。加えて，2015年度には，生活困窮者自立支援制度が実施された。これは生活保護の利用に至る前の貧困や生活困窮の問題に対応するものである。この制度の対象者は生活困窮にある人すべてである。この制度の自立相談支援機関には，さまざまな理由で生活困窮に陥った人が相談に来る。なかには，年金だけでは生活できない高齢者，50代の息子等が80歳の高齢者の親の年金で生活をする「8050問題」に悩む高齢者，中高年の引きこもりの問題等も相談に来る。

そのため，高齢者のための地域包括支援センターに，生活困窮者自立相談支援事業の相談支援員をおいて，全世代対応型地域包括支援センターにする動きも出てきている。こうして各自治体でどのような地域包括ケア，地域共生社会，生活困窮者自立支援体制を構築するのかが問われてきている。大事なことは，制度の縦割りをなくして，複合的な生活問題にある相談者をいくつもの相談窓口にたらい回しにせず，できるだけワンストップでその人に寄り添いながら支援をするという伴走型の支援ができるようにすることである[8]。

なお，地域包括ケアは医療制度でも使われており，退院支援のための医療と介護の連携や在宅医療を補完する地域住民による支援というニュ

8) 奥田知志ら（2014）『生活困窮者への伴走型支援―経済的困窮と社会的孤立に対応するトータルサポート』明石書店

アンスで使われることが多い。また，地域福祉は地域住民の福祉活動をメインに置きながら，地域福祉計画を通して行政と民間事業者，住民活動によってどのように地域生活課題を解決するのかに力点がある。さらに，地域共生社会は，言葉としては理念的なものであるが，国の政策目標として住民活動の推進や縦割りの制度の解消をめざすものとして使われている。

ただし，地域福祉，地域包括ケア，地域共生社会は全世代のどの人も対象にしているとされているが，主に高齢者を対象としてきており，子どもへの支援はかなり手薄だったことには注意が必要である。近年，子ども食堂や学習支援が行われるようになってはきたが，貧困問題や児童虐待など子どものいる家庭の生活問題を解決するためには，子ども福祉の充実や地域住民の活動など，さらなる支援が必要である。

3. 地域によって異なる生活問題とその取り組み

これまで国による地域福祉や地域包括ケア，地域共生社会の政策動向をみてきたが，そもそも地域とはなにかを考えておく必要があるだろう。そこで地域によって生活課題はどのように違いがあり，また，その対応にも差が生じる理由について考えておきたい。

（1） 地域とは

そもそも地域とは，「人々が生活している空間の広がりと，そこにおける社会関係を示すもの」[9]である。そのため，小学校区や市町村，通勤圏，商業圏等，多様な捉え方がある。本稿では，身近な生活の場としての地域として小・中学校区，政策の関わりとしては市町村自治体を想定している。なお，地域の住民活動は小中学校区が想定され，地域包括

9） 家中茂ら編『新版　地域政策入門』ミネルヴァ書房，pp.6-7

支援センターは中学校区ごとに置かれている。

この地域には地理学的には自然環境の要素と人間活動の要素があると言われている。自然関係の要素には地形や気候，生態系等がある。人間活動の要素には人口構成や諸施設（住宅や工場，水田や産業等）が含まれるが，これは自然関係要素や歴史によって規定される[10)]。たとえば，北海道夕張市のように，その地にあった優良な炭鉱によってできた積雪寒冷地の街は，1950～60年代の国のエネルギー政策の転換で炭鉱が廃止になり，失業者が増え，人口が減少した。冬は大雪になるので，冬場の外出が難しく孤立しがちである。つまり，そこで暮らす人の空間の広がりや社会関係である地域は，自然や歴史に強く規定されているのである。

(2) 地域によって異なる生活問題

さて，社会福祉が対象とする個々人の生活問題にはその地域性がある。現代社会において私たちの生活は，仕事をして収入を得て，その収入で生活するのに必要な食料や住宅，衣服等を購入することによって成り立つ。しかし，失業をしたり，賃金が少なかったりすると生活ができなくなる。その場合に，失業手当や生活保護などの「行政施策サービス」，住民による支援や寄附等の「住民同士の暮らしの支え合い」によって，なんとか生活できるようにしようとする（図3-1)。

しかし，その行政施策サービスが利用できるのか，住民の暮らしの支え合いがあるかどうかは，その地域よって差がある。そもそもどのような仕事をしているのかによって，仕事への利便性や支払える家賃が異なり，必然的に住む地域も決まる。農業をする人は郊外の田畑があるところに住み，都会に電車で通うサラリーマンは繁華街から少し離れた住宅地に住み，駅前等の商店街では自営業の人が住むことが多いだろう。また，日本の特徴として，役場が置かれている近場に，役場の仕事を得る

10）9)に同じ。

ために大企業が集まり，そこに集まった企業の従業員等の食事や交流のために繁華街ができる。そうした喧騒地を離れたところに住宅地が作られ，さらに離れたところに田園風景が続く（図3－2）。

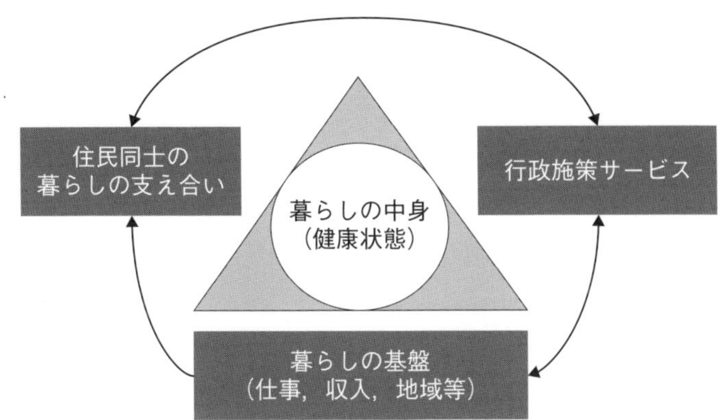

出所：三塚武男（1997）『生活問題と地域福祉』ミネルヴァ書房，p.12を修正

図3－1　生活を捉える枠組み

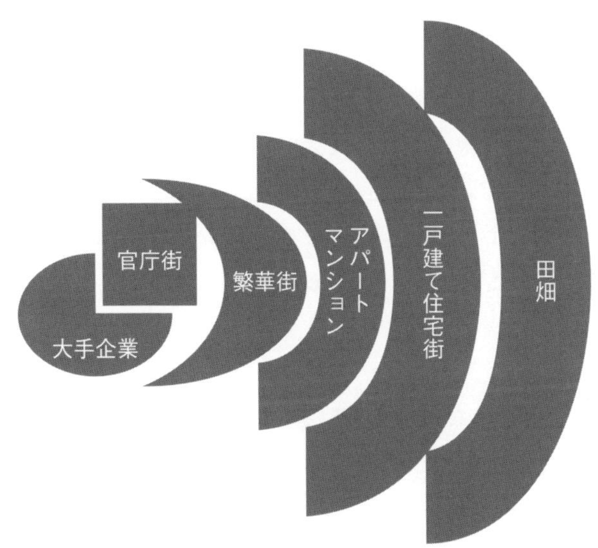

出所：筆者作成

図3－2　一般的な町の構造

そうした地域での社会福祉の利用についても異なる傾向にある。たとえば，農業や商店で働く人は自営業なので国民年金に加入し，住宅地に住むサラリーマンは厚生年金に加入する。すると，高齢になったときの年金の受給額も大きく異なってくる。平均で国民年金は5万6,049円，厚生年金は14万6,162円程である（厚生労働省「令和元年度厚生年金保険・国民年金事業の概況」）。一方，若い人はサラリーマンなる人が多いので，自営業の多い地域は高齢化の傾向にあるが，昼間も人がいるので暮らしの支え合いの活動が活発である。他方，新しく宅地開発をされた住宅地は，30〜40代のサラリーマン世帯が入居することが多いため子育て世帯が多いが，昼間はほとんど外に出ていて人はおらず，居住歴も短く，支え合いの活動も弱く，孤立しがちである。さらに，住民の活動が活発で行政に対して意見を言っている地域では，行政サービスの充実にもつながりやすい。

先述したように，そもそも日本のより広い地域の視点にたってみても，北海道から沖縄まで寒暖差が大きく，また，山間地や離島なのか，都市部や町の中心地なのかなどによって，仕事や買い物のしやすさなど暮らしのあり方が異なり，生活問題も異なる。さらに，地域にある社会資源（病院など）や人材（専門家など）などがどのように配置されているのかも異なっている。特に，日本は人口が関東圏に集中し，博物館や国の機関，専門家等も含めた社会資源も偏りが大きい。つまり，自然環境や社会環境も地域によって大きく異なり，暮らしのあり方も異なり，異なる対策が求められる。こうして，地域によって，収入や生活問題が異なり，住民活動や行政サービスの取り組みにも違いが生まれるのである。

(3) 地域によって異なる社会福祉の取り組み

地域によって生活課題が異なるのに加えて，地域で社会福祉を考える必要性が近年増している。その理由は次の３点にある。第１に，国の政策は全国画一的であるが，実際には地域によってニーズは異なるので，それに合わせた自治体の社会福祉政策の展開が求められる。たとえば，北海道のような積雪寒冷地では，大雪のため冬場はデイサービスやホームヘルプの利用が難しくなり，病院への入院や施設入所に力点が置かれがちである。都市部では介護保険等でも多くの民間事業者が参入してくるが，地方では利用者数や移動時間から採算性が合わず，社会福祉協議会や行政の取り組みが不可欠になる。

第２に，国の役割が都道府県や市町村へ地方分権されたり，さらには規制緩和により民間事業者の参入が進められたりしている。2000 年の介護保険法の実施，社会福祉法改正により，いまでは社会福祉事業のほとんどは民間事業者が提供するという仕組みになっている。つまり，自治体間格差のみならず，民間事業者格差という要素が積み重なる状態になっている。

第３に，地域によって社会資源が異なるため，地域レベルで社会福祉を向上するために，どのようにコーディネートするのかが変わってくる。地域によって，町内会，学区社協等の住民団体，社会福祉協議会，民生委員，NPO，福祉事業所，行政の地域展開の仕方が大きく異なる。また，こうしたアクターが地域においてどう連携，ネットワークを作るかによっても地域の福祉力は大きく異なる。地域での住民活動が活発な地域とそうでない地域，行政が福祉サービスに力を入れている地域とそうでない地域，福祉事業者が力を入れている地域とそうでない地域など，地域によってさまざまである。たとえば，千葉県には社会福祉法人生活クラブ風の村があるが，高齢者のホームヘルプ，デイサービス，児童の学童，障害者の就労支援，生活困窮者支援，診療所などの事業所が 90 か所以上あり，1,800 人近くの従業員を雇っている[11)]。こうした積極的な社会福

11）生活クラブ風の村ホームページおよび池田徹編著（2015）『挑戦を続ける「生活クラブ風の村」―地域でだれも孤立させないしくみづくり』中央法規出版

祉法人があるかどうかによっても，地域の社会資源のあり方，ネットワークのあり方も大きく変わってくるだろう。

このように考えると，地域によって格差が生じるのは必然である。もちろん行政も民間団体，住民活動でも社会福祉を良くしたいという思いから良い制度，事業，活動が展開されることは否定されることではない。しかし，これまでの日本の社会福祉で培われた「生存権」や「ナショナル・ミニマム」を踏まえると，住む地域によって，住民のいのちや暮らしが保障されないことまでは許容されないはずである。したがって，そのような地域があれば，国，都道府県，市町村の行政でまずは重点的に支援を進めていくことが求められる。

4. 地域の限界と可能性―住民主体とソーシャルワーカーの役割

以上，日本の社会福祉政策において地域福祉，地域包括ケア，地域共生社会が期待されるようになってきていることをみてきた。しかし，行政による社会保障抑制という問題もあり，地域の対応力にももちろん限界がある。そのため，そこに関わるソーシャルワーカーの役割もその問題や限界を踏まえたものであるべきである。以下，高齢者福祉を素材にして，ソーシャルワーカーの役割について考えたい。

(1) 社会保障負担の増大―介護保険を例に

介護保険制度が2000年に実施されて20年以上が経つが，その間に国民の生活の様子も大きく変わってきた。1998年の北海道拓殖銀行破綻からの連鎖倒産，2009年のリーマンショックなどの経済危機を経て，人口の高齢化や人口減少，労働者の賃金低下や格差社会，貧困問題，ワーキングプアなどの問題が大きな社会問題として取り上げられるようになってきた。そのなかで，介護保険制度も先に述べたように地域包括ケアとして地域住民の関わりが強められてきたが，同時に介護保険法の法改正により介護給付の抑制と利用者負担の増加が進められてきた。主なものとしては次のとおりである[12)]。

第1に，2005年改正で要介護1の高齢者の多くが要支援2に下げられ，介護給付の上限額である支給限度額が下げられた。また，施設入所者の食費，入居費が有料化された。第2に，2014年改正で要支援の訪問介護や通所介護は「市町村総合事業」に移され，「住民主体」の支援活動も組み込み，給付がさらに減額されることになった。また，特別養護老人ホームへの入所要件がこれまでの要介護1から要介護3以上に変更された。さらに，介護保険の利用者負担に一定以上の所得がある場合に2割負担を導入した。第3に，2017年改正では現役並み所得がある場合には3割負担とした。

特に，2005年改正で要支援者が増えるため，地域包括支援センターが創設され，要支援者が要介護にならないための予防プランを作成し，地域住民の見守りを強化することになった。また，2014年改正の総合事業により住民主体の訪問型サービス，通所型サービス，介護予防活動が市町村の制度としても位置づけられ，住民参加を推進するために「生活支援コーディネーター（地域支え合い推進員）」が配置されることになった。このようにしてみると，介護保険給付の抑制とそれを補足するように地域包括ケアや地域住民の活動が位置づけられてきたことが分かる。

（2）地域住民の活動の課題

ただし，地域住民の活動には次のような限界があることを踏まえる必

12）芝田英昭編『介護保険施行20年—介護保障は達成できたのか』自治体研究社の第3章を参照。

要がある。第１に，地域住民は介護の専門家ではない。介護福祉士や社会福祉士などの資格をもたないで活動するため，これらの有資格者のような専門的な支援は難しい。もちろん，そのような専門家が地域住民として活動に参加するかもしれないが，多くはないだろう。したがって，専門家に代替するような支援として住民活動を位置づけることはできない。

第２に，住民団体は組織として脆弱である。地域住民の活動は仕事でもなく強制されるものでもなく，地域の人のためになりたい，より良い地域にしたい，地域に居場所や楽しい場を作りたいなどの思いで成り立っている。そのため，資本金は乏しく，毎日のようには活動は頻繁にできない。また，助成金がなくなると存続することが難しいことが多い。

第３に，活動をしても十分な収入が得られない。地域住民の活動が求められるのは，サロン活動など日中昼間のことが多い。そのため，仕事のある若い世代は参加が難しく，活動する人は年金生活者や自営業者でゆとりのある人など他に収入がある人に限定されがちである。仕事を掛け持ちしなければならない低所得世帯や，障害をもつ人などは地域活動には参加しにくい。

ここで言いたいことは，地域住民の活動を否定することではなく，社会福祉制度や専門家等によって適切な生活保障や介護保障がなされるからこそ，地域住民の活動がより豊かな地域生活に結びつく活動ができるということである。元来，地域住民の支え合いは，他者に対する自然な配慮を行動で具現化される状態である。地域の生活課題に気づき，対応の必要性を感じた住民が主体的に取り組むからこそ継続的に続けられるものである。しかし，これらが制度に取り込まれることによって，住民の自主的，自発的な支え合いが画一化，適正化に翻弄され，住民主体が失われてしまう[13)]。

13）杉岡直人（2020）『まちづくりの福祉社会学―これからの公民連携を考える』中央法規

2015年から進められている介護保険の総合支援事業における住民主体の事業は実施が難しく，たとえば，2019（令和元）年の住民主体で実施されるとされている訪問型サービスBの市町村の実施率は15.5％（266市町村），通所型サービスBは14.1％（同243）でしかなかった。ただし，訪問型サービスBと通所型サービスBの実施方針で「今後は増やす」と回答した市町村が約5割あった[14)]。住民主体のサービスを市町村が「増やす」と回答できたことに行政の考える「住民主体」の本質をみることができる。

(3) ソーシャルワーカーと住民主体，住民自治

さて，地域包括ケアや地域共生社会，地域福祉が社会福祉政策のキーワードになってくるなかで，社会福祉協議会などを中心にソーシャルワーカーの地域における取り組みも徐々に進められてきている。ソーシャルワーカーは生活困難にある人に対して支援をするのであるが，それは主に個人を対象にしたものであった。しかし，地域福祉の主流化のなかで，地域との関わりのなかで支援の仕方も検討が深められてきている。特に，地域福祉の展開の際，①個別支援（ケアマネジメント），②個を支える地域づくりである「地域生活支援（コミュニティソーシャルワーク）」，③地域福祉の基盤づくりである「地域支援（コミュニティワーク）」の分類は地域福祉を考える際に参考になる[15)]。すなわち，個別支援では介護保険サービスなどフォーマルな支援を利用できるようにする。地域生活支援では，地域にある社会福祉およびそれ以外の多様なフォーマルな支援や住民の見守り活動などインフォーマルな支援を組み合わせ支援する。地域支援では見守り活動やサロン活動等住民活動のために活動拠点を整備したり，助成金を出すことや不十分な行政サービスを改善したり，支援制度や支援団体を新たに創設することなどが含まれる。

14）NTT経営研究所（2020）『介護予防・日常生活支援総合事業及び生活支援体制整備事業の実施状況に関する調査研究事業　報告書』

15）岩間伸之・原田正樹（2012）『地域福祉援助をつかむ』有斐閣

特に，ソーシャルワーカーにとって重要なことは地域支援であり，地域福祉のための基盤づくりをしっかり進めることである。それにより，介護サービスなどのフォーマルな福祉サービスの拡充と，地域における住民活動の双方が活発化することで，生活問題を予防し，たとえ生活問題が生じたとしても早期発見，早期対応ができる仕組みが整えられる。つまり，地域全体の福祉力の向上に結びつけることができるのである。

地域福祉には3つの目標（ゴール）があると言われている[16)]。第1に，タスクゴールであり，地域住民の生活課題を解決することである。第2に，プロセスゴールであり，その支援の過程に当事者や住民を中心に，専門家，関係団体の合意を得ながら民主的に支援を進めることである。これにより，支援に関わるさまざまな人と生活問題や対応の必要性が共有され，ネットワークや連携が形成されることになる。第3に，リレーションシップゴールであり，地域社会の権力構造の変容や民主化を追求することである。これにより，排除されがちな生活困窮者等の一人ひとりの人権や暮らしが尊重される行政や地域社会をつくること，つまり住民自治を推し進めることにつながる。

図3-1で示したように，私たちの生活は単に暮らしの支え合いのみで成り立つのではなく，地域で生活していくためには年金や生活保護等の現金収入のみならず，医療や介護サービス，住宅などの行政施策サービスも不可欠である。住民主体というのは，単に住民同士で支え合うのみならず，そこで対応できない生活問題に対して必要な行政サービスを実施していくように行政に訴える主権者としての住民の役割もある。それが住民自治である。介護保険サービスが制約されるなか，ソーシャルワーカーの役割として，生活困難にある人の実態を明らかにし，それを地域住民で共有し，行政に対して住民の生活を守るという役割や責任を果たすように，地域住民と共に訴えていく，ソーシャルアクションの役

16）高森敬久・高田真治・加納恵子・定藤丈弘（1989）『コミュニティ・ワーク—地域福祉の理論と方法』海声社，pp.110-116，215

割の重要性が高まっている[17]。

【学習課題】

1．あなたの住む地域，特に中学校区ではどのような社会福祉施設や社会福祉に関わる民間団体や住民活動があるのかを調べてみよう。
2．住んでいる自治体と，近隣都道府県の同じぐらいの人口規模の自治体とを比較し，福祉制度にどのような違いがあるのかを調べてみよう。

参考文献

・井岡勉監修，牧里毎治・山本隆編（2008）『住民主体の地域福祉論―理論と実践』法律文化社
・杉岡直人（2020）『まちづくりの福祉社会学―これからの公民連携を考える』中央法規
・宮城孝・日本地域福祉学会（2021）『地域福祉と包括的支援システム―基本的な視座と先進的取り組み』明石書店

17）今野晴貴，藤田孝典編（2019）『闘わなければ社会は壊れる―「対決と創造」の労働・福祉運動論』岩波書店の第１章を参照。

4 貧困の諸相

木下武徳

《ねらい》 貧困問題は，単にお金がないというだけでなく，病気，不就学，就労困難，DV といった家族関係の困難等の広がりをもつ。また，逆にそれらの困難のために貧困に陥ることもある。こうした視点で貧困の概念，また，貧困に関連する社会的排除を説明した上で，貧困問題を生み出す背景，そして大阪の釜ヶ崎の事例を通して，貧困と地域の関わりについて検討する。

《キーワード》 絶対的貧困，相対的貧困，社会的剥奪，社会的排除，貧困と地域

1．貧困とはなにか

終戦直後に蔓延した貧困問題は 1960 年代，70 年代の高度経済成長とともに解消されたとして，長らく貧困問題は日本の政治や社会福祉の大きな焦点としてはみられなかった。しかし，2000 年代に入って貧困問題が再び社会福祉の大きなテーマとなってきた。1990 年代前半のバブル崩壊，1995 年の阪神・淡路大震災，1997 年の北海道拓殖銀行破綻等による金融危機，2009 年のアメリカのリーマンショック，2011 年の東日本大震災，2020 年の新型コロナウイルスなど経済危機やそれを伴う大災害などを通じて，生活困難や貧困問題が大きく広がってきた。そのため，その問題に直面する社会福祉において貧困問題が大きくクローズアップされるようにもなってきたのである。

まず貧困とはなにか。実は，貧困の見方や捉え方次第でどういう状態

を貧困とするかによって，どのように対応するのか，対応方法等も変わってくる。そのため，まずは貧困とはなにかを確認することは重要である。

(1) 貧困問題とは

さて，「貧困」であるが，漢字のとおりにとれば，貧しくて困っている状態と言える。では，どのような状態を貧しいと言えるのか。一般的には貧困の状態とは，生活するために最低限必要なものが手に入らない状態と言える。最低限必要なものとは，水・食料，衣服，住む家などである。これらのものがなければ生きていくこと，生活していくことができない。多くの人はこのような状態にあれば，貧しく困っていると考えるだろう。ただし，その人の状態によって最低限必要なものが異なる場合もある。たとえば，病気の人は医療が必要だろうし，積雪寒冷地に住む人であれば暖房器具も必要だろう。赤ちゃんのいる世帯はおむつが必要だろうし，要介護の高齢者のいる世帯では介護サービスが必要かもしれない。こうしてみると，最低限必要なものは，その人の状態や住む地域等によっても変わる，つまり貧困の意味や内容も変わる可能性がある。

(2) 絶対的貧困と相対的貧困

第1章で述べたように，シーボーム・ラウントリーは1899年にイギリスのヨーク市の貧困調査を行ったが，その際，貧困の基準を明確にするために労働者が働き生きていくのに必要なカロリーを算出し，その食料を購入する必要額に，家賃や衣服費等を加えた「最低生活費」を算出し，貧困か否かを線引きする「貧困線」とした[1]。このような生きることができるぎりぎりの貧困状態は誰がみても，どのような社会でも「貧困」であると言えるという意味で「絶対的貧困」という。

---

1) B. Seebohm Rowntree (1922) *Poverty: A study of town life*, Longmans, p.86（長沼弘毅訳〔1959〕『貧乏研究』ダイヤモンド社，p.97）

一方，第2次大戦後のイギリスの社会保障計画であった『ベヴァリッジ報告』に基づき社会保障制度が整備されていき貧困問題は解消されたように考えられてきた。しかし，ピーター・タウンゼントは「相対的剥奪」（Relative Deprivation）という貧困の捉え方を提唱して「貧困の再発見」をした。相対的剥奪とは「通常社会で当然と見なされている生活様式，慣習，社会的活動から事実上締め出されている」状態をいう[2)]。タウンゼントは，具体的な指標として，過去4週間に親戚や友人との外食ができないこと，過去1年間に家から離れて1週間の休暇をとっていないこと，家に冷蔵庫がないことなどをあげている[3)]。今日の分かりやすい例をあげれば，携帯電話がないことがあげられるだろう。携帯電話がないと多くの人は仕事や友人関係，その他社会生活がうまくいかないと感じているのではないだろうか。しかし，携帯電話はなくても直接的にはいのちが脅かされることはないので，絶対的貧困ではない。このように社会のあり方が変われば，そこで必要とされる物や状態も変わる。こうして，絶対的貧困という単に生物学的に生きていけるという生活レベルではなく，相対的剥奪はそれぞれの地域社会のなかで社会生活ができるレベルまで貧困の捉え方を拡大したのである。

（3） 相対的貧困と日本の貧困

さて，地域社会のあり方が変われば，貧困の捉え方も変わるということは「相対的貧困」ともよばれる。相対的貧困は社会によって変わるとなるとその程度を把握したり，国際比較することが難しい。そこで，経済協力開発機構（OECD）は，所得中央値の半分以下の割合を「相対的貧困率」として容易に測定し，国際比較ができるようにしている。日本でもこの相対的貧困率の水準は生活保護基準程度となっており，妥当性があると考えられている。厚生労働省の「2019年国民生活基礎調査」

2） Peter Townsend（1979）*Poverty in the United Kingdom*, Penguin, p.31

3） 同上，p.250

表4－1　相対的貧困率の国際比較（2010年）

相対的貧困率			子どもの貧困率			子どもがいる世帯の相対的貧困率								
						合計			大人が1人			大人が2人以上		
順位	国名	割合	順位	国名	割合	順位	国名	割合	順位	国名	割合	順位	国名	割合
1	チェコ	5.8	1	デンマーク	3.7	1	デンマーク	3.0	1	デンマーク	9.3	1	ドイツ	2.6
2	デンマーク	6.0	2	フィンランド	3.9	2	フィンランド	3.7	2	フィンランド	11.4	1	デンマーク	2.6
3	アイスランド	6.4	3	ノルウェー	5.1	3	ノルウェー	4.4	3	ノルウェー	14.7	3	ノルウェー	2.8
4	ハンガリー	6.8	4	アイスランド	7.1	4	アイスランド	6.3	4	スロヴァキア	15.9	4	フィンランド	3.0
5	ルクセンブルク	7.2	5	オーストリア	8.2	5	オーストリア	6.7	5	英国	16.9	5	アイスランド	3.4
6	フィンランド	7.3	5	スウェーデン	8.2	6	スウェーデン	6.9	6	スウェーデン	18.6	6	スウェーデン	4.3
7	ノルウェー	7.5	7	チェコ	9.0	7	ドイツ	7.1	7	アイルランド	19.5	7	オーストリア	5.4
7	オランダ	7.5	8	ドイツ	9.1	8	チェコ	7.6	8	フランス	25.3	7	オランダ	5.4
9	スロヴァキア	7.8	9	スロベニア	9.4	9	オランダ	7.9	8	ポーランド	25.3	9	フランス	5.6
10	フランス	7.9	9	ハンガリー	9.4	10	スロベニア	8.2	10	オーストリア	25.7	10	チェコ	6.0
11	オーストリア	8.1	9	韓国	9.4	11	フランス	8.7	11	アイスランド	27.1	11	スロベニア	6.7
12	ドイツ	8.8	12	英国	9.8	11	スイス	8.7	12	ギリシャ	27.3	12	スイス	7.2
13	アイルランド	9.0	12	スイス	9.8	13	ハンガリー	9.0	13	ニュージーランド	28.8	13	ハンガリー	7.5
14	スウェーデン	9.1	14	オランダ	9.9	14	英国	9.2	14	ポルトガル	30.9	13	ベルギー	7.5
15	スロベニア	9.2	15	アイルランド	10.2	15	アイルランド	9.7	15	メキシコ	31.3	15	ニュージーランド	7.9
16	スイス	9.5	16	フランス	11.0	16	ルクセンブルク	9.9	15	オランダ	31.3	15	ルクセンブルク	7.9
17	ベルギー	9.7	17	ルクセンブルク	11.4	17	ニュージーランド	10.4	17	スイス	31.6	15	英国	7.9
18	英国	9.9	18	スロヴァキア	12.1	18	ベルギー	10.5	18	エストニア	31.9	18	アイルランド	8.3
19	ニュージーランド	10.3	19	エストニア	12.4	19	スロヴァキア	10.9	19	ハンガリー	32.7	19	オーストラリア	8.6
20	ポーランド	11.0	20	ベルギー	12.8	20	エストニア	11.4	20	チェコ	33.2	20	カナダ	9.3
21	ポルトガル	11.4	21	ニュージーランド	13.3	21	カナダ	11.9	21	スロベニア	33.4	21	エストニア	9.7
22	エストニア	11.7	22	ポーランド	13.6	22	ポーランド	12.1	22	ドイツ	34.0	22	スロヴァキア	10.7
23	カナダ	11.9	23	カナダ	14.0	23	オーストラリア	12.5	23	ベルギー	34.3	23	ポーランド	11.8
24	イタリア	13.0	24	オーストラリア	15.1	24	ポルトガル	14.2	24	イタリア	35.2	24	日本	12.7
25	ギリシャ	14.3	25	日本	15.7	25	日本	14.6	25	トルコ	38.2	25	ポルトガル	13.1
26	オーストラリア	14.5	26	ポルトガル	16.2	26	ギリシャ	15.8	26	スペイン	38.8	26	アメリカ	15.2
27	韓国	14.9	27	ギリシャ	17.7	27	イタリア	16.6	27	カナダ	39.8	26	ギリシャ	15.2
28	スペイン	15.4	28	イタリア	17.8	28	アメリカ	18.6	28	ルクセンブルク	44.2	28	イタリア	15.4
29	日本	16.0	29	スペイン	20.5	29	スペイン	18.9	29	オーストラリア	44.9	29	チリ	17.9
30	アメリカ	17.4	30	アメリカ	21.2	30	チリ	20.5	30	アメリカ	45.0	30	スペイン	18.2
31	チリ	18.0	31	チリ	23.9	31	メキシコ	21.5	31	イスラエル	47.7	31	メキシコ	21.0
32	トルコ	19.3	32	メキシコ	24.5	32	トルコ	22.9	32	チリ	49.0	32	トルコ	22.6
33	メキシコ	20.4	33	トルコ	27.5	33	イスラエル	24.3	33	日本	50.8	33	イスラエル	23.3
34	イスラエル	20.9	34	イスラエル	28.5	－	韓国	－	－	韓国	－	－	韓国	－
	OECD平均	11.3		OECD平均	13.3		OECD平均	11.6		OECD平均	31.0		OECD平均	9.9

（資料）OECD（2014）Family database “Child poverty”

（注）ハンガリー，アイルランド，日本，ニュージーランド，スイス，トルコの数値は2009年，チリの数値は2011年。

出所：内閣府『平成26年版　子ども・若者白書』2014年，p.31

によれば，2018 年の相対的貧困の貧困線（等価可処分所得の中央値の半分）は 127 万円であり，それに満たない世帯員の割合は 15.4％であった。また，「子どもの貧困率」（17 歳以下）は 13.5％であった。さらに，「子どもがいる現役世帯」で 12.6％，そのうち「大人が 1 人」の世帯員で 48.1％，「大人が 2 人以上」の世帯員では 10.7％であった。この結果をみると，日本で貧困にある人は 6 人に 1 人，子どもでは 7 人に 1 人であり，特に，ひとり親世帯では 2 人に 1 人に及んでいることが分かる。

表 4－1 は，2010 年の OECD 諸国 34 か国で相対的貧困率の国際比較をしたものである。デンマークが全体的に最も貧困率が低いため，デンマークと日本を比較すると，全体ではデンマークが 6.0％であるのに対して日本が 16.0％，子どもでは 3.7％に対し 15.7％，子どものいる世帯では 3.0％に対し 14.6％，大人が 1 人の世帯では 9.3％に対し 50.8％と続いた。

総じて日本の貧困率は高く，特に，ひとり親世帯の貧困率は最も高い。日本は「貧困大国」とまで言われている国となった[4)]。

2. 社会的排除と貧困問題の問題

（1） 社会的排除とは

先に，タウンゼントが貧困を相対的剥奪として捉えたことを述べたが，これは貧困にある人が社会への参加が拒まれ，社会関係を作ることができないことを問題としていた。この考え方がさらに発展して，「社会的排除」（social exclusion）の問題として認識されるようになってきた。社会的排除がヨーロッパで注目が集まった 1992 年に欧州委員会は次のように社会的排除を説明している[5)]。「収入に限定されがちな貧困の概念よりも明確に，社会的排除は，社会的な交流から，社会的統合やアイデ

4） 橘木俊詔（2015）『貧困大国ニッポンの課題―格差，社会保障，教育』人文書院

5） Commission of the European Communities（1992）*Towards a Europe of Solidarity: Intensifying the fight against social exclusion, fostering integration*, p.8.

ンティティに関わる実践や権利から個人や集団が排除されるメカニズムの多面的な特徴を示す。それは単に不十分な収入を意味するのではなく，また，労働生活への参加をも超えている。つまり，住宅，教育，医療，サービスへのアクセスの分野でも現れる」。すなわち，貧困が主に収入や金銭，または必要な物がないことを問題にしてきたのに対して，社会的排除とは人々が住宅や教育，医療などのさまざまな社会制度や人間関係への参加を阻害されることを問題にしている6)。そして，社会的排除は人々の生活困難の原因が社会にあると考える。たとえば，失業問題は労働社会や企業から排除されていると捉える。お金がなくて病院に行けないことは，医療制度からの排除と捉える。

こうした欧州委員会の考え方が広まり，1997 年にはイギリスでは国の機関として「社会的排除対策室」(Social Exclusion Unit) を設置し，社会的排除に対する社会的包摂 (Social Inclusion) を政策の柱とした。日本でも 2000 年に厚生労働省で「社会的な援護を要する人々に対する社会福祉のあり方に関する検討会」報告書が公表され，「今日的な『つながり』の再構築を図り，全ての人々を孤独や孤立，排除や摩擦から援護し，健康で文化的な生活の実現につなげるよう，社会の構成員として包み支え合う (ソーシャル・インクルージョン) ための社会福祉を模索する必要がある。」と指摘した。

なお，注意が必要なことは，社会的排除がそのまま貧困と重なるわけではないことである。たとえば，80 歳代の親が年金等で 50 歳代の子どもを養っている「8050 問題」とよばれる問題がある。この場合，親が存命している限りは年金も受給でき収入もあり，貧困ではない。しかし，子どもが家から出ず引きこもっていては就労や社会参加が全くなく，これを労働制度や地域社会からの排除の問題として把握する。ただし，親が高齢のため亡くなると残された息子は収入がなくなり貧困になる可能

---

6) 岩田正美 (2008)『社会的排除―参加の欠如・不確かな帰属』有斐閣，阿部彩 (2011)『弱者の居場所がない社会―貧困，格差と社会的包摂』講談社を参照。

性が高く，貧困との重なりや連続性ももつことが多い。

(2) 5つの排除と動態的側面

貧困問題に取り組んできた社会運動家の湯浅（2007）は，貧困に関わる社会的排除として5つをあげている。つまり，①貧困のため十分な教育が受けられないという「教育課程」からの排除，②教育が不十分なために就職が困難であったり，非正規労働になったりして十分な賃金や福利厚生のある職に就くことができない「企業福祉」からの排除，③収入が少なく家賃等が支払えず家族に頼りたいが家族も貧しく支えてもらうことができない「家族福祉」からの排除，④家もなく，家族や友人にも頼ることができないので役所で生活保護等の申請をしようとしても扶養義務として家族に頼るように言われたり，住所がない人は生活保護が支給できないなどと言われる「公的福祉」からの排除，⑤こうしてあらゆる生きる術も希望も失われ，自暴自棄になったり，自死を選択してしまう，「自分自身」からの排除である[7)]。

こうしてみると，貧困と社会的排除は全く重なるものではないが，貧困との重なりも実態としては非常に大きい。また，ここでは主な分野として5つの分野をあげているが，これらに限られるものではなく，たとえば，住宅，医療，町内会，スポーツクラブ等さまざまな分野で社会的排除がありうる。さらに，社会的排除は教育や労働，社会福祉などさまざまな領域と関連し，かつ連続的に連なるという動態的な側面がある。

(3) 貧困問題の広がり

このように社会的排除の問題を踏まえると，貧困問題とは単にお金がないことではなく，さまざまな問題を含んでいることがみえてくる。お金がないことから，食べることができない，住むところがない，教育が

7) 湯浅誠（2007）『貧困襲来』山吹書店

受けられない，仕事が得られない，医療が受けられない，家族関係が悪くなる，友達づきあいができなくなる，地域活動に参加できなくなるというようにさまざまな物質的な問題や人間関係的な問題につながる。イギリスで貧困問題に取り組むルース・リスターは特に貧困問題は，周りの人から軽視・屈辱を受けたり，人権が否定されたり，自らの評価を下げ，声を上げることができなくなったり，無力感にさいなまれる問題につながっていることを説明している[8)]。

この社会的排除に関連して次の3つの問題も指摘しておきたい。第1の問題は，スティグマである。スティグマとは「恥辱の烙印」とも言われ，元々はイギリスで昔に公的扶助受給者に焼きごてで体に印をつけたことに由来がある。現在でも貧困であるということは恥ずかしいと思われることが多い。貧困である人もできるだけ普通の身なりをしたり，貧困であることを隠したいために誰が貧困であるかは分からないことが多い。いったん貧困であると気づかれると排除や不当な攻撃対象にされることがある[9)]。これによって貧困は恥ずかしいもの，隠さなければならないもの，よって助けてほしいとも言えない状況を作り出している。

第2の問題は，日本人の貧困観が貧困であることである。貧困研究をしてきた青木（2010）によれば，日本人の貧困に対する見方は敗戦直後の日本の生活や，途上国や戦災国の生活をイメージする人が多く，およそ半数の人はホームレスの人々の生活を貧困だとは考えていない。また，水道や電気，ガスがなかったり，医療機関に必要なときにかかれない状態であっても4割程度の人は貧困だとは考えていない[10)]。このことに関して，阿部（2008）は日英の子どもの必需品に関する調査結果を紹介している。たとえば，子どもに少なくとも一組の新しい服が必要だと応え

8)　リスター，ルース，松本伊智朗監訳・立木勝訳（2011）『貧困とはなにか―概念・言説・ポリティクス』明石書店

9)　2016年8月18日にNHKニュースで家が貧しいために進学に悩む女子高生の状況が報道されたが，豊かな生活をしている，捏造報道などというバッシングがなされた。

10)　青木紀（2010）『現代日本の貧困観―「見えない貧困」を可視化する』明石書店

た人はイギリスで70%であったが，日本では33%であった[11]。こうした貧困に関する意識調査から見えてくることは日本で貧困というのは，飢えて死にそうな状態である。つまり，日本では絶対的貧困のレベルでないと貧困として見なされない傾向にあるということである。

第3の問題は，貧困の連鎖である。貧困の連鎖とは親が貧困であれば，その子どもも将来的に貧困になるということである。駒村ら（2011）は，生活保護を利用している母子世帯の母親の3割以上が生育期に生活保護を経験していること，中卒や高校中退の低学歴，10代の出産等が生活困難をもたらしていることを明らかにした[12]。先にも述べたとおり，教育課程からの排除は企業福祉からの排除にもつながりやすく，貧困に陥りやすくなる。

3. 貧困が生み出される背景

貧困や社会的排除について見てきたが，ここでは貧困が生み出される背景についてみておきたい。その前に確認しておきたいことは，基本的に私たちの生活は労働によって現金収入を得て，その現金で自分や家族の必要な物を購入して成り立っていることである。したがって，ここで重要なことは労働であり，その収入を分かち合う家族の動向，それが対応できない時に支給される社会保障ということになる[13]。

第1に，労働については大きな変化があった。日本は元々自営業である農業等の第一次産業が主体であったが，第2次大戦後の高度経済成長により，産業の中心は製造業や流通業に移り，そして現在はサービス業が最も多くなり，会社等に雇用されて働くことが主流となっている。

11） 阿部彩（2008）『子どもの貧困』岩波書店

12） 駒村康平，道中隆，丸山桂（2011）「被保護母子世帯における貧困の世代間連鎖と生活上の問題」『三田学会雑誌』103(4)，pp.51-77

13） 以下，西村幸満（2021）『生活不安定層のニーズと支援―シングル・ペアレント，単身女性，非正規就業者の実態』勁草書房を参照。

2015年現在の雇用先は第一次産業が4.0%，製造業が16.2%，卸・小売業・飲食店が19.8%，サービス業が34.1%であった。農業で働く場合は地域とのつながりが強く，地域の支え合いも手厚かった。しかし，製造業や流通業等が主流になると，労働組合等を通じて大企業を中心に会社が正規雇用の労働者の生活保障を担った。しかし，サービス業が多くなると，パートやアルバイト，嘱託職員等の非正規労働者も増えて会社による生活保障も大きく低下してきた。

特に，非正規労働者の増加は顕著であり，1985年には655万人（全体の16.5%）でしかなかったが，2019年には2,165万人（38.3%）にまで増大した。かつて「男性稼ぎ主モデル」と言われたように，男性の正規労働者による主たる収入に，女性の非正規労働者による補助的収入という位置づけであった。しかし，今日では賃金や福利厚生が低く，雇用が不安定な非正規労働者が生計をまかない，なかにはそれで家族を養わなければならない状態も進んでいる。その結果，働いていても貧困状態にある「ワーキングプア」とよばれる人々が増加している。

第2に，人口・家族構造の変化である。そもそも日本の人口は晩婚化，未婚化，そして，少子化のため2010年の1億2,806万人をピークに減少し，2065年には8,808万人になると見込まれている。その間に高齢化率も23.0%から38.4%まで増加する見込みである。そのため，三世代世帯は減少し，単身世帯が増加すると見込まれている[14)]。少子高齢化が進むと，労働者は減り，支援をする人も減るが，支援が必要な高齢者が増え，単身世帯も増えると家族による支えも期待ができなくなってくる。

第3に，労働や家族が生活の支えにならない場合，社会保障が求められるが，その社会保障自体も抑制されてきている。日本は福祉国家をめざされた時期は非常に短く，戦前戦後を通じて日本では自助・共助が謳われ，それは現在も同様である。年金制度は2004年の年金改革でマク

14） 内閣府（2020）『令和2年版　高齢社会白書』

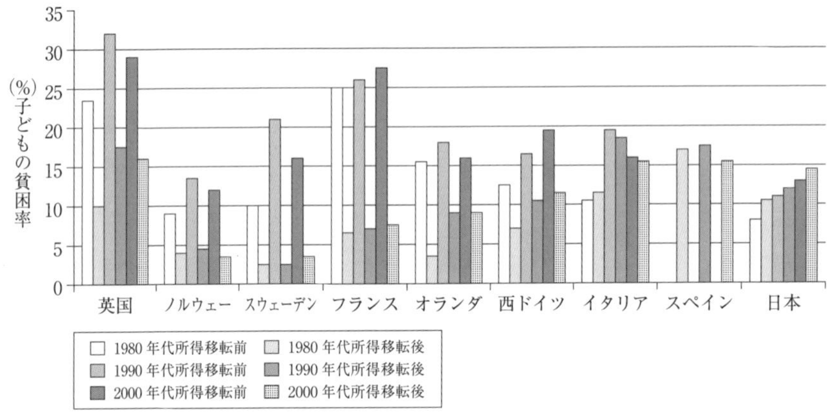

（資料）経済協力開発機構，オラー・ストックホルム大准教授作成
出所：榊原智子（2013）「少子化対策の限界と「次世代育成政策」の目指すべき方向」『第11回社会保障制度改革国民会議資料』2013年05月9日
https://www.kantei.go.jp/jp/singi/kokuminkaigi/dai11/siryou4-3.pdf

図4－1　所得移転前後でみた子どもの貧困率

ロ経済スライドが導入されて，抑制することになり，医療保険制度は地域医療構想等を通して病床数が削減され，介護保険も利用対象者も制限され，給付も減らされてきている。また，生活保護制度も老齢加算の廃止や生活扶助基準の減額や住宅扶助の抑制等が行われてきている。

そもそも社会保障制度の税や社会保険料負担が社会保障給付よりも大きいために，OECD諸国のなかで唯一日本は子どものいる世帯に対して社会保障によって貧困を増加させるという「社会保障の逆機能」がある国である[15)]。図4－1は，OECD主要国と日本の1980年代，1990年代，2000年代の子どもの相対的貧困率を所得再分配前と後でどう変化したかをみたものである。この図から分かるように，他の国では所得再分配前後で貧困率は大きく減るが，日本では逆に増加していた。その理由は低所得世帯の支払う税や社会保険料が高く，社会保障給付が低いためで

15）大沢真理（2013）『生活保障のガバナンス―ジェンダーとお金の流れで読み解く』有斐閣

ある。

第 4 に，経済不況や災害等も指摘しておかなければならない。2020 年春より新型コロナウイルス感染症が広まり，政府が緊急事態宣言を出し，外出抑制や飲食店の営業時間短縮等が求められた。政府による休業補償や 10 万円の特別定額給付金等の対策が行われた。しかし，2021 年 6 月 18 日現在，新型コロナウイルスを原因とした全国の倒産件数は少なくとも 1,626 件に及ぶ[16)]。特に，飲食業や宿泊・観光業を中心に倒産が続いた。新型コロナウイルスに関する倒産や休業により，多くの失業者が出たが，それだけでなく，緊急事態宣言により幼稚園や小学校も休校になり，その間の子どもの世話のために休業もしくは失業を強いられた人も多かった。このように，地震や感染症等の災害によって貧困がもたらされる。

以上のように，雇用環境が悪化し，それをカバーしてきた家族の援助も難しくなり，また，少子高齢化も進み，社会保障もうまく生活を保障する役割を果たせていないのである。

4. 貧困と地域―大阪市の「釜ヶ崎」を例に

(1) 貧困と地域を問う意味

貧困問題を考える上で貧困の地域性について検討することは重要である。そもそも貧困とは，単にその人の収入が少ないだけでなく，その人を支援する地域社会の公私の資源配置によっても異なってくるからである。住んでいる地域は，生活保護を適切に給付する自治体なのか，フードバンクのような民間支援が活発かなどによって，貧困に陥ったとき，その人の暮らしのあり方は変わってくる。ポール・スピッカーは次のように指摘する。「貧困地域は，貧弱な住宅，荒廃した環境，安全の欠如，

16) 帝国データバンク（2021）「『新型コロナウイルス関連倒産』動向調査〈6 月 18 日 16 時現在判明分〉」https://www.tdb.co.jp/tosan/covid19/index.html

身分の低さといった，地域特性の観点から特定される。環境，経済基盤，地域の社会身分，そしてサービスのインフラは，地域レベルで発展する。まさに問われるべきは，個々人が貧しいかどうかではなく，地域が貧しいかどうかなのである」。そして，「貧困地域という問題は，研究者が見失ってきたもののなかで最大の問題である」と指摘する[17)]。

日本においても貧困の人が多い地域や所得が低い人が多く住む地域は明らかに存在する。橋本・浅川（2020）は東京圏の所得階層を自治体別またそれより小さい地域別にマッピングし，地域による所得状況について統計データを駆使して可視化している[18)]。こうした研究成果を通して，地域による所得の違いを理解することができる。では，貧困地域は具体的にどのような実態となっているのだろうか。

(2) 釜ヶ崎の概要とその変遷

日本で貧困者の多い地域としては，大阪市西成区のJR新今宮駅南側にある「あいりん地区」があげられる。あいりん地区が公式名であるが，通称の「釜ヶ崎」と昔の地域名でいまだによばれていることが多く，本稿でも主に「釜ヶ崎」を使用することを断っておきたい。そこで，まず，釜ヶ崎という地域の成り立ちとその後の変遷について簡潔にみておきたい[19)]。

明治時代に入って感染症対策のために，元々近くにあった安宿の木賃宿（きちんやど）が，田園であった釜ヶ崎に移されたことから，釜ヶ崎の貧困と地域が

17）ポール・スピッカー著，圷洋一監訳（2008）『貧困の概念—理解と応答のために』生活書院，pp.89-91

18）橋本健二・浅川達人編（2020）『格差社会と都市空間—東京圏の社会地図 1990-2010』鹿島出版会

19）原口剛，稲田七海，白波瀬達也，平川隆啓編（2011）『釜ヶ崎のススメ』洛北出版，白波瀬達也（2017）「貧困地域の再開発をめぐるジレンマ—あいりん地区の事例から」『人間福祉学研究』10(1)，関西学院大学，pp.79-90，白波瀬達也（2019）「西成特区構想の展開と課題—あいりん地域の新たなセーフティネットづくりを中心に」『関西学院大学先端社会研究所紀要』16，pp.41-46 を参照。

切っても切れない関係をもつことになった。ただし，1922年には町名改正で釜ヶ崎という地名はなくなったが，木賃宿で有名だったため釜ヶ崎とよばれ続けた。太平洋戦争で大阪大空襲があり，釜ヶ崎も焼け野原になったが，戦後に戦災被害者のバラック住宅や簡易宿泊所（ドヤ）がひしめき合うようになった。1960年代になると日雇い労働者が建設業や港湾業等の仕事を求めて集まるようになり，1970年にあいりん総合センターが開所し，日雇い労働の紹介のみならず，医療などの提供も行われ，「日雇い労働者のまち」と言われるようになった。

しかし，1990年代にはバブル崩壊で仕事を失った日雇い労働者がホームレス状態になり，「ホームレスのまち」とよばれるようになった。2000年前後にはNPO等の多くの支援団体が生まれ，行政による失業対策である高齢者特別清掃事業[20)]が行われるようになった。2009年のリーマンショックを経て生活保護が利用しやすくなり，多くの日雇い労働者やホームレスの人が生活保護を受給することになった。ただし，1960年代，70年代に釜ヶ崎に来た若い日雇い労働者が高齢化してきたことも生活保護が受けやすくなった理由の一つでもある。こうして釜ヶ崎は「福祉のまち」とよばれるようになってきた。

（3）釜ヶ崎の捉え直し

近年は，釜ヶ崎やその近辺は元来JRと南海電鉄，地下鉄の3つの路線の駅がある交通の要所で，かつ，安い宿があることから，外国人のバックパッカーなど旅行者が増加し，ドヤを外国人向けのホテル等に建て替えたりしてきた。また，日雇い労働者やホームレスの人も生活保護を利用することで，釜ヶ崎に住み続けることが明確になり，釜ヶ崎の「住民」となった。そのため，元日雇い労働者や元ホームレスの人が地域で暮らすことができるような取り組みが本格化してきた。その象徴が1999

20）高齢者特別清掃事業とは，日雇い労働が難しくなってきた高齢者を対象に清掃等の仕事を提供する大阪府・大阪市の事業である。

年設立の「釜ヶ崎のまち再生フォーラム」であり，この団体を通して釜ヶ崎の地域課題について話し合いが行われるようになった。そして2008年には釜ヶ崎の地域の住民団体や各種支援団体，簡易宿泊所団体との連携を図るため「萩之茶屋まちづくり拡大会議」が設置された。この拡大会議は地域の多くの団体と連携しているため，ここでの方針は実際のまちづくりに大きな影響を与えるようになった。そして，2012年には当時の橋下市長は「西成特区構想」計画を掲げ，行政としても釜ヶ崎のまちづくりに乗り出すことになったのである。現在，耐震構造の問題のあったあいりん総合センターの建て替えを中心に釜ヶ崎のまちづくりが進められている。

2018年10月31日には「西成特区構想　まちづくりビジョン有識者提言」が大阪市長に提出された。この提言では，「子どもの声が聞こえる元気で優しいまち再生を目指して！　再チャレンジ可能なまち『西成Rプロジェクト』まちの『居場所づくり』の実践を通し，『安心』と『にぎわい』が両立する“再チャレンジ”可能なまちづくりを推進する」ということを標榜し，以下の6つの提言がなされた。

(サ)　「サービスハブ」で仕事・住まい・福祉を結びつけて多分野が横断した再チャレンジ可能なまちづくりを推進する

(イ)　居場所づくりを通じてまちをシェアする「コレクティブタウン」を目指す（レジリエントなまちづくり[21]）

(チ)　地域に子どもの声が広がる子育て・子育ちしやすいミックストコミュニティを推進する

(ヤ)　優しい！　おもろい！　大阪らしいまちでイメージアップを図る（まちの歴史文化・教育が連動するアーカイブ）

(レン)　連動する地域ボトムアップと具現化のための行政局間連携（横串化）による協働システムを構築する

21）レジリエント（resilient）とは，弾力性のあるという意味であり，ここでは問題に柔軟に対応することを意味する。

(ジ)　ジェントリフィケーション[22]による弊害が起きないよう，外部力をしなやかに活かしたまちづくりへ

特に，社会福祉と関わる「サービスハブ」は，さまざまなサービスの拠点という意味であり，釜ヶ崎で貧困解決のために民間団体や行政が取り組んで来た結果，生活困窮でさまよってきた人々はさまざまな支援が釜ヶ崎では利用できる。このことを積極的に捉え直してまちづくりに活かそうというのである。

コロナ禍も加わり，貧困問題は深刻さを増してきている。そのなかで貧困をどう捉え，また，対応していくのか，国だけでなく，各地域の取組も問われてきている。貧困問題の解決を図るには，貧困を自己責任として放置するのではなく，地域的，政策的な取り組みによって対応していくことが重要である。

写真 4－1　あいりん労働福祉センター（ただし，現在閉鎖・改築中）
（ここで日雇い労働者は仕事を得た。2018 年 8 月撮影）

22)　ジェントリフィケーション（gentrification）とは，地域開発で地域が改善されることにより家賃等が上昇し，富裕化することである。

写真4−2　あいりんシェルター
（ホームレスの人が雨露をしのぐため用意された避難所。2018年8月撮影）

【学習課題】

1．職業によってどのくらい収入が違うのか調べ，住んでいる地域の最低賃金と比較してみよう。
2．身近な自治体のホームページや統計資料で紹介されている地域特性や産業特性を調べてみよう。

参考文献

・金子充（2017）『入門　貧困論―ささえあう／たすけあう社会をつくるために』明石書店
・白波瀬達也（2017）『貧困と地域―あいりん地区から見る高齢化と孤立死』中央公論新社
・大沢真理（2013）『生活保障のガバナンス―ジェンダーとお金の流れで読み解く』有斐閣

◍コラム◍　格差社会

日本では，2000 年あたりから「格差」という言葉が使われはじめた。貧困が広がってきたが，他方で裕福な人も増えてきた。所得や資産等の経済格差だけでなく，雇用格差，教育格差，健康格差，地域格差等さまざまな分野で格差が問題になっている。もちろん，努力した人，能力のある人が裕福になってなぜ悪いのかという意見もあるだろう。

しかし，ウィルキンソンとピケットの研究は，そうした指摘を一蹴する。すなわち，格差そのものが社会問題や健康問題をもたらしているというのである。欧米の分析をするなかで，子どものいじめや犯罪，精神障害，乳幼児死亡率等の社会問題や健康問題は，その国の平均的な豊かさとは関係なく，経済格差が拡大するほど大きくなることを見出した。なぜそうなるのか。

格差が広がった社会では，貧富によって社会的地位の序列化がなされ，人々は社会的地位の低下を恐れるなかで，精神的に問題を抱え，他人への不信感が強くなり，人助けや地域を改善していく力が脆弱になる。そうして，貧困問題は自己責任として放置される。また，能力や努力の差が社会的地位を決めるのではなく，社会的地位が能力や努力の差を生み出す。たとえば，貧しいために学費が払えず大学に行けないと思えば，勉強する意欲も失われてしまう。

ウィルキンソンらは，格差社会の問題に対応するためには，税引前所得の格差を減らし，再分配を行うことが必要であり，そのためには企業における労働者の経営参加を進めることなどを含んだ「経済の民主化」に取り組むべきだと提起する。こうして企業が経営者や株主の利益に執着せず，労働者の生活や地域社会に目を向ける企業経営を進めることで，格差社会，そして社会問題を解消することができると主張している。

（注）リチャード・ウィルキンソン，ケイト・ピケット著，川島睦保訳（2020）『格差は心を壊す―比較という呪縛』東洋経済新報社

5 貧困対策

木下武徳

《ねらい》 日本の貧困対策について，戦前の貧困対策は第 14 章で解説されているので，本章では第 2 次世界大戦後の貧困対策の歴史的経緯と貧困対策の全体構造を確認する。次に，主たる貧困対策の制度である現在の生活保護と生活困窮者自立支援制度，その他の制度について概観する。さらに，貧困対策に関わって注目すべき取り組みとして自治体と社会福祉法人の事例を取り上げたい。

《キーワード》 貧困対策の体系，生活保護，生活困窮者自立支援制度，スティグマ，社会福祉法人の社会貢献

1. 戦後の貧困対策の歴史的経緯

まず，戦後の貧困対策の歴史的経緯について見ていこう[1)]。第 2 次世界大戦後，戦災で焼け出された人，戦災孤児，引揚者，離職者など多くの人が極度の貧困状態に陥った。これらの対応のため，日本政府は 1945 年 12 月 15 日「生活困窮者緊急生活援護要綱」を閣議決定し，生活困窮者への宿泊，給食，救療，衣料等の給付を臨時応急的に実施したが，不十分であった。

日本政府は帝国議会にて 1946 年 9 月に(旧)生活保護法を成立させた。保護の対象は労働能力の有無を問わず，扶助の内容は生活扶助，医療扶助，助産扶助，生業扶助，葬祭扶助とし，その保護費の国庫負担を 8 割とした。一方，扶養義務者の扶養が要求され，「怠惰」や「素行不良」

1) 菅沼隆（2005）『被占領期社会福祉分析』ミネルヴァ書房，岩永理恵（2011）『生活保護は最低生活をどう構想したか―保護基準と実施要領の歴史分析』ミネルヴァ書房，村田隆史（2018）『生活保護法成立過程の研究』自治体研究社を参照。

な者は保護をしないという欠格条項があり[2)]，保護請求権もなかった。

しかし，（旧）生活保護法成立後に，2つの大きな出来事があった。第1は，日本国憲法の制定である。憲法は1946年10月29日に成立し，1946年11月3日に公布され，1947年5月3日に施行された。そして，憲法第25条1項に「すべて国民は健康で文化的な最低限度の生活を営む権利を有する」と生存権が規定されたのである。第2に，ドッジ・ラインの実施である。1948年12月に占領軍総司令部（GHQ）は，当時の冷戦状態の進展から日本の早急な経済的自立を促すため予算や融資を引き締める「経済安定9原則」を示し，1949年2月GHQ経済顧問のジョセフ・ドッジがそれらの具体策，いわゆる「ドッジ・ライン」を示した。この金融引き締め等により，日本国内では倒産や失業が急増した。そこで，生存権が憲法で規定されていることを踏まえ，失業者は権利として生活保護を要求しはじめた。

1949年には愛知県知事等から生活保護には保護請求権があるか厚生省に照会がなされ，厚生省はまず4月に不服申立制度を設置したが，保護請求権までは認めなかった。一方，1949年に社会保障制度審議会が「生活保護制度の改善強化に関する勧告」により，保護基準の改善，保護請求権の明示と不服申立制度の確立などを勧告した。この勧告を踏まえて，1950年に（新）生活保護法が成立した。

（新）生活保護法の詳細は後述するが，その特徴として①憲法25条を具体化するための法律と位置づけられ，憲法上の権利に基づくことが明確にされたこと，②そのために，保護請求権とそれを担保する不服申立制度を確立したこと，③怠惰や素行不良な者を排除する欠格条項を削除したこと，④社会福祉主事資格をもつ公務員が保護業務を担い，民生委員は協力機関となったこと，⑤住宅扶助，教育扶助が創設されたことなどがあげられる。一方，その課題として，①保護基準を厚生大臣が単独

2) 「怠惰」や「素行不良」は担当者の主観で判断されやすい。たとえば，一生懸命仕事を探しても仕事がなかなか決まらないと「怠惰」，担当者の対応に意見を言うと「素行不良」と判断されかねないものであった。

で決定できるとしたこと，②補足性の原理により資産，能力活用が要求されたり，扶養義務優先，世帯単位の原則が設定されたりしたことがあげられる。

しかし，課題は残されたとは言え，生活保護が憲法上の権利として明確に位置づけられた意義は大きい。そして，この（新）生活保護法が今日まで約70年間運用され続け，戦後日本の貧困対策の中心的な役割を果たしている。

2. 日本の貧困対策の体系

さて，貧困対策は生活保護だけではない。では日本の貧困対策の全体像はどうなっているのか。厚生労働省は，2013年に生活困窮者自立支援法を成立させたが，その際に生活困窮者自立支援法の位置づけを明確にするために次のような説明をしている。生活困窮者への対応として，「第一のセーフティネット」として社会保険制度・労働保険制度があり，「第三の（最後の）セーフティネット」として生活保護があり，第一と第三のセーフティネットの間に生活困窮者自立支援制度と求職者支援制度の「第二のセーフティネット」を配置するとしている[3)]。こうしてみると，貧困対策というのは，生活保護のみならず，社会保険を含めた総合的な対策と考えることもできる。

かつて三塚（1997）は，社会福祉は社会保険を代替・補充する関係にあり，生活保護は社会福祉を代替・補充する関係にあるとし，その関連図を作成した。それを近年の法律名や事業名を追加・更新して修正したものが図5-1である。

現代社会は，基本的には働いて生活を維持することを要求される資本主義社会である。そのため職業安定法等の就職・就労するための「雇用

3）岡部卓編（2018）『生活困窮者自立支援―支援の考え方・制度解説・支援方法』中央法規，鏑木奈津子（2020）『詳説　生活困窮者自立支援制度と地域共生―政策から読み解く支援論』中央法規を参照。

保障」があり，雇用された労働者の働きや賃金を保障する労働基準法等の「労働者保護」があり，それらの雇用されていた労働者が働けなくなったときのための備えとして雇用保険法や年金保険法等の「労働者保険制度」がある。

しかし，雇用されていない人や，パート等雇用されているが不安定な雇用形態にある人等は上記の労働者向けの保護の対象にならないことがある。その場合は，主に労働が困難な人向けに整備されている「社会福祉」で対応することになる。つまり，国民年金法や介護保険法等の「社会福祉的保険制度」，児童手当や児童扶養手当等の「社会手当」，児童福祉法や障害者総合支援法，生活困窮者自立支援法等の「社会福祉事業」が続く。ただし，近年，貧困対策が重要な政策課題となってきているため，求職者支援制度や法律扶助，住宅セーフティネット法など，社会福祉制度とは言いがたいが，明らかに社会福祉としての位置づけにもある「主な貧困対策関連制度」がある。そして，生活保護がある。

ただし，社会保険や社会福祉事業，生活保護等がうまく条件に合わなかったり，利用のための申請が職員によって拒否されたりして利用できない場合もある。そのときには，最終的に，地域福祉活動やNPO活動によって対応がなされる可能性もある。たとえば，近年急速に広まった子ども食堂や学習支援，フードバンクの活動等が当てはまるだろう。

加えて，教育政策や住宅政策など労働対策以外の「公共一般施策」においても，貧困対策が取られている場合もある。たとえば，教育政策では学校教育法に就学援助制度，住宅政策では公営住宅法が設けられており，低所得者世帯にとって重要な役割を果たしている。

次の節からは，日本の貧困対策の中心である生活保護制度，生活困窮者自立支援制度，そして，図5−1に掲載されている貧困問題の支援の場で重要な制度をいくつか取り上げ簡潔に紹介しておきたい。

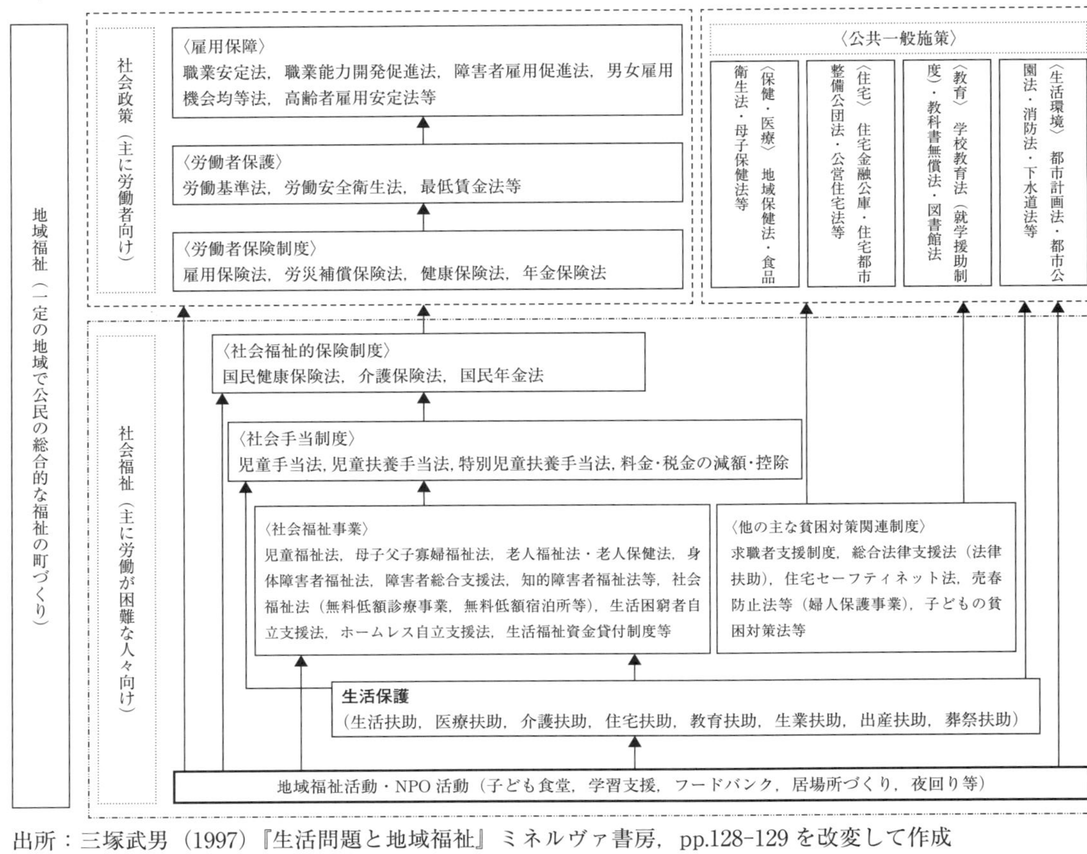

出所：三塚武男（1997）『生活問題と地域福祉』ミネルヴァ書房，pp.128-129 を改変して作成

図 5－1　日本の貧困対策（社会政策と社会福祉政策，公共一般施策，地域福祉）

3. 生活保護制度

(1) 生活保護の概要

1950年に成立した(新)生活保護法はどのような制度になっているのか[4)]。それは生活保護法第1条(目的)に端的に示されている。「この法律は，日本国憲法第二十五条に規定する理念に基き，国が生活に困窮するすべての国民に対し，その困窮の程度に応じ，必要な保護を行い，その最低限度の生活を保障するとともに，その自立を助長することを目的とする」。

ここから生活保護の特徴は，①憲法第25条の生存権規定が根拠となっていること(生存権保障)，②国の責任において行われること(国家責任の原理)，③生活に困窮するすべての国民を対象とすること(一般扶助主義)，④困窮の程度に応じて保護を行うこと(個別性)，⑤最低限度の生活を保障すると同時に，自立助長も目的とすること(最低生活保障と自立助長)であることが分かる。

なお，この自立助長が生活保護の目的に含まれた理由として，法案を作成した小山(1951)によれば，単なる惰民防止ではなく，社会福祉の制度として利用者がもつ人間としての可能性を育成して社会生活に適応させることにあると解説している[5)]。

(2) 生活保護の原理と原則

生活保護法には，4つの基本原理と4つの原則が規定されている。

まず，4つの基本原理については，①生活保護の実施責任および福祉事務所や社会福祉主事など実施体制の構築を示す「国家責任の原理」(第

4) 金子充(2017)『入門貧困論—ささえあう／たすけあう社会をつくるために』明石書店，岩永理恵・卯月由佳・木下武徳(2018)『生活保護と貧困対策—その可能性と未来を拓く』有斐閣を参照。

5) 小山進次郎(1951)『生活保護法の解釈と運用　改訂増補』全国社会福祉協議会(2004年再版)

1条），②憲法14条の法の下の平等により人種や信条，性別，社会的地位等による差別は禁止され，また怠惰や素行不良等の欠格条項を廃し，貧困に陥った原因も問わない「無差別平等の原理」（第2条），③憲法25条でいう「健康で文化的な」人間らしい社会生活ができる水準を確保する「最低生活保障の原理」（第3条），④資産や稼働能力の活用，扶養義務や他法他施策の優先を示す「補足性の原理」（第4条）がある。

注意が必要なことは，国家責任，無差別平等，最低生活保障の3つの原理は国民に権利を付与するものであるが，補足性の原理は権利を抑制するものである。ただし，持ち家など資産も保有していることが生活に役立つ場合は保有が認められ，稼働能力も働くことができなくても就職活動をきちんとしていればよいとされている。また，扶養義務は「優先」となっており，必ずしなければならない「要件」ではない[6)]。

次に，4つの原則であるが，①国民は「保護請求権」をもつことを示した「申請保護の原則」（第7条），②保護の基準は厚生労働大臣が定め，その基準はその受給者の最低限度の生活の需要を満たすのに十分であって，またそれを超えないことを示した「基準及び程度の原則」（第8条），③画一的・機械的運用にならないようにして個々人の個別的・特殊的な需要に即した保護をする「必要即応の原則」（第9条），保護の要否や程度を決めるのは世帯単位で行うとした「世帯単位の原則」（第10条）がある。

なお，申請保護の原則については，福祉事務所では実際には申請に行っても「相談」として扱われ，違法行為であるが生活保護の申請をさせない「水際作戦」が行われることがある。基準及び程度の原則については，厚生労働大臣が保護基準を決めることができるが，その決定プロセスが不明のまま保護基準が切り下げられ，全国各地で裁判となっている。世帯単位の原則については，「世帯分離」があり，一定の要件を満たす

6）2020年のコロナ禍で生活保護の利用が進まなかったことから，扶養義務照会に批判がなされ，2021年3月末に，厚生労働省は扶養照会を拒否する者の意向を尊重し，「扶養が期待できる」と判断される者に対して行うことを全国に通知した。

場合は同一世帯とみなさないことができる。たとえば，子どもが高校を卒業すると補足性の原理により働くことが求められるが，大学等に進学することによって給料の良い仕事に就く可能性が高まる場合は世帯分離をしてその子どもを生活保護の対象から外すことで進学ができるようになっている。ただし，その子どもはその分生活扶助や医療扶助等の対象からも外れるため，食費や国民年金・国民健康保険の保険料や医療の自己負担，さらに学費等も自分で支払わないといけないため，容易に勉強できる状態が保障されているわけではない。

(3) 8つの扶助と生活保護の実施体制

生活保護には次の8つの扶助，すなわち，①衣食，光熱費等日常生活の「生活扶助」，②義務教育に必要な学用品費等のための「教育扶助」，③家賃や住宅の修繕費等のための「住宅扶助」，④医師の診療や薬剤等のための「医療扶助」，⑤介護保険の利用者負担分を支払う「介護扶助」，⑥子どもの出産のための「出産扶助」，⑦仕事をするために必要な資金や技能習得，高等学校等就学費のための「生業扶助」，⑧火葬や葬式のための「葬祭扶助」がある。なお，生活扶助については居宅保護を原則としているが，ホームレスの人などは実際には居住環境の悪い施設に入れられることが多く，その対応が問題となっている。また，生活保護の受給者は年金や国民健康保険に加入せず，保険料も免除されているが，介護保険料は生活扶助から支払われ，要介護になると介護扶助により介護保険を利用することになる。さらに，生活扶助は年齢や級地等によって給付の基準額が異なる。級地とは，生活扶助や住宅扶助の基準額が全国で6段階（1～3級地でそれぞれ2つ）に分けられていることをいう。

また，これらの扶助を提供するための保護の実施については，「法定受託事務」として国の保護の実施を地方自治体の首長に委託し，社会福祉法14条により都道府県，市町村に設置されている福祉事務所の所長に委任している。生活保護の相談援助については「自治事務」となっており，国の仕事ではないとされている。

町村も生活保護を実施することができ，少数だが実施している自治体がある。福祉事務所を設置していない町村は都道府県が実施する。福祉事務所では，福祉事務所長の下，社会福祉主事である査察指導員（スーパーバイザー）のアドバイスを受けながら，現業員（ケースワーカー）が実務を担う。以上述べた保護費や事務費等については，国が4分の3を支払う。ただし，残りの4分の1についても地方交付税交付金の算定対象となっており，ほとんどの費用は国の負担で実施されている。

(4) 生活保護の実態と課題

最後に，生活保護の運用実態とその課題について確認しておこう。まず，実際の保護費についてみておきたい。たとえば，2021年の東京都特別区（1級地の1）の単身高齢者（68歳）の生活保護基準は，生活扶助で7万7,980円，それに住宅扶助5万3,700円，合計13万1,680円となる。ただし，年金や就労で3万円の収入がある場合は，生活扶助の金額からその分差し引かれ，10万7,980円となる。また，家賃が4万円のアパートであれば，住宅扶助は4万円しか支払われない。したがって，実際の給付は，8万7,980円となる。香川県さぬき市（3級地の2）の単身高齢者の場合，生活扶助は6万6,300円，住宅扶助は3万2,000円，合計9万8,300円となる[7)]。

また，東京都特別区に住む母子世帯（30歳，4歳，2歳）であれば，その保護基準は，生活扶助は19万550円，住宅扶助は6万9,800円，合計26万350円となっている。さぬき市に住む場合は，生活扶助が16万8,360円，住宅扶助が4万2,000円，合計21万360円である。

7）厚生労働省（2021）「生活保護制度の概要等について」『第38回社会保障審議会生活保護基準部会』2021年4月27日資料

次に，生活保護受給者の動向をみると，2021年1月現在の被保護実人員は205.0万人，被保護世帯は163.8万世帯であった。世帯類型別の構成割合をみると，高齢者世帯が55%，母子世帯が5%，傷病・障害者世帯が25%，その他世帯が15%であった。さらに，2019年度の国の生活保護費負担金3兆5,882億円の内訳をみると，医療扶助が50.2%，生活扶助が29.9%，住宅扶助が16.6%，介護扶助が2.5%，その他の扶助が0.8%であった[8)]。

最後に生活保護の主な課題を3点述べておくと，第1に，実際に困窮状態にあっても，生活保護が受けられないことである。その原因の1つ目は，生活保護の申請や手続きがさまざまな理由をつけて適切に行われていないこと，2つ目は生活保護だけは受けたくないと思う人も多く，生活保護のスティグマが非常に強いことである。3つ目は先述のとおり扶養義務照会により親族に通知されることが受け入れられない人がいることである。第2に，近年，生活保護基準が減額されてきており，食費を確保するので精一杯で，健康で文化的な生活が送れていないという声もある。これらは生活保護基準減額に関する裁判で原告の訴えとして非常に強く現れている。国の考えでは，保護基準は厚生労働大臣が決めてよいとされているが，科学的，客観的な検討が求められる。第3に，生活保護を担当するケースワーカーが本来社会福祉主事または社会福祉士として社会福祉の専門性が求められるが，実際には多くの職員は社会福祉の専門知識をもたず，また，3年程度で異動となるため経験値も身につかない状況になっていることである。生活保護は生活困窮者の生活がかかっているが，非常に煩雑で膨大な事務量が求められ，複雑な問題を抱えた利用者を支援するために，専門性や経験値をどう確保していくかが課題である。特に働くことができる利用者には，貧困問題が複雑になる前に早期の支援をして自立した生活ができるようになることが望ま

8)　7)に同じ。

れ，「入りやすく出やすい」制度が求められる。しかし，実際には申請しにくく，自立のための専門的な支援も不十分であり，「入りにくく，出にくい」制度になっている。

4．生活困窮者自立支援制度

（1） 制度の目的と対象

生活困窮者自立支援制度（以下，自立支援制度）は2015年より実施されている第二のセーフティネットである[9)]。生活困窮者自立支援法第1条で，「この法律は，生活困窮者自立相談支援事業の実施，生活困窮者住居確保給付金の支給その他の生活困窮者に対する自立の支援に関する措置を講ずることにより，生活困窮者の自立の促進を図ることを目的とする。」と規定されている。また，第3条で「この法律において『生活困窮者』とは，就労の状況，心身の状況，地域社会との関係性その他の事情により，現に経済的に困窮し，最低限度の生活を維持することができなくなるおそれのある者をいう。」とされている。もし「最低限度の生活」が送ることができないなら，生活保護の対象となる。しかし，もし「最低限度の生活」以上の生活を送っているのであれば，生活保護の対象にならない。たとえば，高齢単身者の保護基準は13万1,680円であったが，収入がこの金額を少しでも上回れば生活保護は利用できず，支援は得られない。その場合，生活の悪化を防ぐこともできず，生活がより悪化して生活保護ができるようじっと待つしかない。このような理不尽さを埋め合わせるのが自立支援制度である。具体的には，失業者，多重債務者，ホームレス，引きこもり，高校中退者，障害が疑われる者，矯正施設出所者など，制度の狭間におかれ，既存の社会保障制度で十分に対応できていない人を対象にしている。

9） 3)に同じ。

(2) 必須事業と任意事業

自立支援制度は，福祉事務所設置自治体（主に都道府県と市）で実施されることになっているが，その自治体で必ず実施しなければならない「必須事業」と，実施するか否かは自治体に判断を委ねている「任意事業」がある。必須事業には，①生活困窮者の相談に対応し，支援に結びつけていく「自立相談支援事業」（以下，「相談支援事業」とする）と，②住宅喪失のおそれがある離職者の住宅を確保するための資金（生活保護の住宅扶助相当額，東京単身で上限5万3,700円）を原則3か月（延長2回まで最大9か月）まで支給する「住居確保給付金事業」がある。必須事業は国庫負担が4分の3である。

任意事業には，①就労訓練を日常生活自立段階から実施する「就労準備支援事業」，②住居のない人に対して一定期間宿泊場所や衣食の提供等を行う「一時生活支援事業」，③家計状況の把握や家計改善意欲を高める支援，緊急小口資金や総合支援資金等の貸付のあっせんを行う「家計改善支援事業」，④生活困窮世帯の子どもに学習を援助したり，その保護者に子どもの生活習慣や育成環境の改善に関する助言を行ったり，子どもの教育や就労について相談に応じて関係機関との連絡調整を行う「子どもの学習・生活支援事業」がある。なお，就労準備支援事業と一時生活支援事業の国庫負担は3分の2であり，家計改善支援事業と子どもの学習・生活支援事業は2分の1となっている。ただし，自立相談支援事業と就労準備支援事業と連携が取られている場合は家計改善支援事業の国庫負担は3分の2に引き上げられる。

(3) 自立支援制度の評価と課題

以上のように，生活保護以外に相談の行き場がなかった生活困窮者への相談の場ができ，かつ，その人々のための就労支援や学習支援等が実施されるようになった。

しかしながら，大きな課題もある。第1に，住居確保給付金の資金以外に金銭的給付がなく，貸付制度では借金を膨らませることになるので生活困窮者のための支援としては大きな限界がある。第2に，相談ができたとしても，そこで明らかになった具体的な困りごとに対する支援については，任意事業として自治体によっては必ずしも実施されているわけではない。第3に，本制度の多くの事業が民間委託されているが，契約期間が1，2年と短い自治体もあり，正規雇用で職員を雇えず，相談支援員自身が不安定な雇用になっている場合がある。第4に，任意事業の実施の有無も含めて，本制度をうまく活用して生活困窮者支援を積極的に実施している自治体とそうでない自治体との格差が大きくなっている。同じ事業を実施しているにもかかわらず，住む地域によって対応や支援の内容が大きく異なってきている。

このような課題はあるものの，積極的に実施している自治体を中心に生活困窮者に対する支援として自立支援制度は重要な位置づけをもつようになっている。第1に，先程述べたように本制度には生活困窮の人に現金給付がないが，社会福祉協議会等を通して少額の貸付や給付金を設けた自治体がでている。第2に，フードバンク等との連携が進み，寄附等を通して窓口で来談者に食糧やその他の現物支給をしている自治体がでてきている。第3に，就労準備支援事業等を通して，引きこもりの人やその他閉じこもりがちであった人の社会参加を促している。第4に，子どもの学習支援を通して，子どもの進路選択の幅を広げたり，子どもの居場所をつくる実践が行われている。最後に，コロナ禍で住居確保給付金の利用条件が緩和され，その利用者が急増したが，その分住宅喪失を一定程度防いだとも言える。

当初，生活保護を受給させないための制度になるのではないかと懸念されていたが，それが払拭されたわけではないが，自立支援制度は一定の成果をあげていると言えよう。

(4) その他の貧困対策の制度

最後に貧困対策として活用されている他の主な制度の概要についてみておきたい。

①「無料低額診療事業」は社会福祉法第2条3項9号で規定された「生活困難者のために，無料又は低額な料金で診療を行う事業」であり，一部の病院等が実施している。ホームレスの人，外国人等のいのちを守るために不可欠の制度であるが，身近な地域に実施施設が必ずしもあるとは限らないことが課題である[10)]。

②「無料低額宿泊所」は社会福祉法第2条3項8号に規定された「生活困難者のために，無料又は低額な料金で，簡易住宅を貸し付け，又は宿泊所その他の施設を利用させる事業」である。都市部を中心に多くはNPO法人が運営をしている。ただし，無届けで生活保護費を搾取する貧困ビジネスの施設も多いと言われている[11)]。

③「ホームレス自立支援法」は，公園や駅舎で野宿生活をしている人を対象に，相談支援と一時生活支援担う「自立支援センター」やシェルター（一時宿泊施設），就業支援事業等を実施している。なお，本法は時限立法となっており現在は2027年まで運用される予定となっている。

④「生活福祉資金貸付制度」は，民生委員の相談援助を前提とした総合支援資金，福祉資金，教育支援資金等を低金利または無利子で貸し付ける制度である。社会福祉協議会が実施している。コロナ禍で特別に条件が緩和された特例貸付制度（緊急小口資金と総合支援資金）の利用が急増した。しかし，本制度は貸付，つまり借金のため後に返さなければ

10) 吉永純・原昌平・奥村晴彦ら編（2019）『無料低額診療事業のすべて—役割・実践・実務』クリエイツかもがわ

11) 山田壮志郎（2016）『無料低額宿泊所の研究—貧困ビジネスから社会福祉事業へ』明石書店

ならず，返済の対応も求められることになる[12)]。

⑤「求職者支援制度」は，雇用保険を受給できない一定基準以下の所得や資産しかない失業者に対して職業訓練をすることを条件に給付金（月額10万円等）が支給される制度である。本制度は自立支援制度と同様，第二のセーフティネットと位置づけられている。

⑥法律扶助は，借金や離婚等の法律問題を抱えた人が低額で相談ができるようにする制度で各地の「法テラス」で運営されている。法テラスの対象になっていない外国人，高齢者，障害者，ホームレスの人の問題には，日本弁護士連合会が法テラスに委託している「法律援助事業」が実施されている。

⑦住宅セーフティネット法は，住宅の確保が難しい低所得者や被災者，高齢者，障害者などに対して居住支援法人や居住支援協議会等から入居支援等を行うものである。

⑧公営住宅法は，国および地方公共団体が協力して，健康で文化的な生活を営むに足る住宅を整備し，これを住宅に困窮する低所得者に対して低廉な家賃で賃貸するものである。応募が多いため抽選制をとっているが，母子・父子世帯や高齢者世帯，障害者世帯等は優先入居の仕組みがある。

⑨就学援助は，学校教育法第19条で「経済的理由によって，就学困難と認められる学齢児童生徒の保護者に対しては，市町村は，必要な援助を与えなければならない。」とされ創設された制度であり，学用品費や通学費，修学旅行費等を生活保護世帯および準要保護世帯に対して支給される。

これらの制度以外にも国民健康保険料や国民年金保険料の減免制度などさまざまな取り組みがある。しかし，それぞれ要件が厳しく利用できない場合もあり，安心して生きていける総合的な仕組みづくりが求められる。

---

12) ただし，コロナ禍の緊急時対応として，住民税非課税世帯等の一定条件で償還は免除されることになっている。

5. 自治体や社会福祉法人による取り組み

さて，このように生活困窮者への支援は数多くあるが，問題は生活困窮者が多くの必要な支援になかなかつながらないことである。その理由は，障害や病気，インターネットが見ることができない，文字が読めない，教えてくれる人がいないなどのさまざまな理由で支援情報が伝わらないことが多い。また，知ったとしても制度がいくつもあり，それぞれの手続も複雑で利用が容易ではない。さらには，貧困を恥と思うスティグマが内面化されていると，自らの生活困難を他人に話すことに抵抗がある場合もある。

そこで参考になるのが滋賀県野洲市の「市民生活相談」と大阪府の社会福祉法人の社会貢献の取り組みである。まず，野洲市の事例からみてみよう[13)]。野洲市では多重債務者支援をしていくなかで，行政庁内にある上下水道料，国民健康保険料などのさまざまな滞納情報を市民生活相談課に集約し，弁護士等必要な支援につなげる仕組みを構築している。このように情報を集約することで，たとえば，国民健康保険料を滞納していると情報が届いた市民生活相談課がアウトリーチで当事者の相談にのり，そこで病気で働けない，家賃も滞納し追い出されてしまいそう，子どもが不登校になっているなど，その世帯の抱えている問題をできるだけ聞き出して，それぞれの問題の対応のための支援につなげていくのである。

さらに興味深いことに，野洲市には通称「ようこそ滞納いただきました条例」とよばれる野洲市債権管理条例がある[14)]。上記のように野洲市では滞納は市民のSOSと捉えて支援のきっかけと考えているので，滞

---

13) 野洲市　市民生活相談課（2020）「資料」
https://www.city.yasu.lg.jp/ikkrwebBrowse/material/files/group/18/r2siryou.pdf

14) 野洲市　納税推進課（2018）「野洲市債権管理条例について～債権管理における課題と取組～」 https://www.city.yasu.lg.jp/ikkrwebBrowse/material/files/group/11/20190401saikenkanri.pdf

納金を徴収するために差し押さえをして市民生活を壊すのではなく，生活再建を促して納税者になってもらおうというのである。そしてそのほうがコストも安く，住民の福祉の観点からも望ましいと評価がなされている[15)]。また，これは地域共生社会で求められる地域包括支援の行政側が取るべきあり方としてもみることができよう。

次に，大阪府の社会福祉法人による社会貢献事業「大阪しあわせネットワーク」をみておきたい。社会福祉法人は社会福祉法に規定された社会福祉を担う特別な法人であり，介護や保育，就労支援など地域の社会福祉事業の中心的な役割を戦後より長く担ってきた民間団体である。2000年度の介護保険の実施により，企業やNPO等多様な法人が福祉分野に参入できるようになったため，社会福祉法人の法人税や固定資産税等の免除が社会福祉法人の優遇措置であり，不公平な競争条件になっているとして批判を浴び，競争条件をならす「イコールフッティング」が叫ばれるようになった。

そうしたなか大阪府下で高齢者福祉施設を運営する社会福祉法人が集まる大阪府社会福祉協議会 老人施設部会はこれらの批判に対し社会福祉法人の使命を果たすため，2004年度より社会貢献事業（現・大阪しあわせネットワーク）を開始した。これにより大阪府社会福祉協議会に社会貢献基金を創設し，部会に参加する社会福祉法人が資金を出して，生活困窮者に10万円までの経済的援助と伴走型支援を行う社会貢献支援員を設置した。部会のそれぞれの社会福祉法人にもコミュニティソーシャルワーカー（CSW）を設置し，社会貢献支援員と協働して支援にあたる。現在では，子ども福祉，障害者福祉に関する社会福祉法人も参加し，生活困窮者支援の一つのあり方として注目される。大事なことは，単に現金を給付するだけではなく，具体的な問題解決のための相談援助につなげることである。

15）柴田武男（2017）「滞納処分の現場とその選択肢（上）」『聖学院大学論叢』30(1)，pp.113-126および（2018）「滞納処分の現場とその選択肢（下）」『聖学院大学論叢』30(2)，pp.77-89

2018年度に社会貢献支援員が支援をした件数は3,750件であり，経済的援助につながった件数は667件であり，その援助の総額は4,761万7,744円におよんでいる。その経済的援助の内容で多いものから述べると，食材費，住居関係，光熱水費，日用品費，電話代などとなっている[16]。こうした援助を通して，生活保護や生活困窮者自立支援制度ではカバーできない，制度のはざまに置かれた生活困窮者への具体的な支援を民間の社会福祉法人でも可能にしているのである。

6. おわりに―貧困対策のあり方

貧困問題が深刻な日本であっても，貧困対策は多様な形で行われている。しかし，それぞれの問題が大きく，またうまく相互の連携が取れていないと思われる。貧困問題はさまざまな問題を誘発する。お金がないため，教育が受けられず，良い仕事が得られず，病院にかかれず，地域社会からも孤立し，最悪自死や病死，孤独死にもなりかねない。野洲市のように，アウトリーチを通してさまざまな支援をコーディネートしてくれる組織があることで貧困対策はより効果的なものになるだろう。

本章図5-1であげている貧困対策は図の一番下のほうの施策を中心に紹介したが，もっと大きな視点でみれば，雇用保障から公共一般施策が充実することでそもそも貧困に陥らずにすむということも見えてくるだろう。そして，この図の上方にいけばいくほど，国の役割が問われるということも理解できよう。国や自治体による貧困を生み出さない，貧困を予防する施策づくりが求められよう。

16） 大阪府社会福祉協議会「平成30年度 大阪しあわせネットワーク事業報告書」 https://www.osaka-shiawase.jp/download/report/entry-76.html

【学習課題】

1．生活保護制度と他の生活困窮者支援制度の利用条件にどのような違いがあるのかを調べてみよう。
2．あなたの住む地域で生活困窮者のための支援として，行政や民間でどのような支援や取り組みが行われているのかを調べてみよう。

参考文献

・三塚武男（1997）『生活問題と地域福祉』ミネルヴァ書房
・岩永理恵（2011）『生活保護は最低生活をどう構想したか―保護基準と実施要領の歴史分析』ミネルヴァ書房
・岡部卓編（2018）『生活困窮者自立支援―支援の考え方・制度解説・支援方法』中央法規

◎コラム◎　貧困対策とベーシックインカム

貧困対策の一つの方策として，ベーシックインカムが注目をされている。ベーシックインカムとは，就労や収入・資産等に関係なく，無条件ですべての人に最低生活の保障となる現金給付をする政策である。論者によって給付額は5万円や8万円など異なるが，すべての人に一律に給付することを前提にしている(注)。

現代社会では多くの人々は生きるために仕事を得て働くことが求められる。しかし，実際には失業や病気などにより働きたくても働けないことがある。また，一生懸命に働いていても低賃金のためワーキングプアになっている人もいる。一方，現在の最低生活保障である生活保護は受給要件が厳しく，また扶養調査やケースワーカーの指導・指示，利用に伴うスティグマを敬遠して利用できない人も多い。

こうした状況のなかで，ベーシックインカムは，生きることを労働から解放し，生活保護の負の側面を回避することができると期待されている。また，生活保護のような多額の人員費や事務費を必要としないこと，コロナ禍での定額給付金にみられるように，消費を喚起し，産業の活性化を図ることができることも利点として考えられる。

しかし，ベーシックインカムがあると，人は働かなくなり怠惰な人が増える，また，すべての人に給付するのはあまりにも多額の費用がかかると批判される。そこで，児童手当を拡大して児童に対象を絞った「部分的ベーシックインカム」，ボランティア活動に参加するなどの受給の条件を加えた「参加所得」を導入することで，段階的にベーシックインカムを実現しようという意見もある。ベーシックインカムの議論は，貧困対策の考え方や社会保障のあり方を大きく変革する可能性を秘めている。

（注）　山森亮（2009）『ベーシック・インカム入門』光文社，萱野稔人編（2012）『ベーシックインカムは究極の社会保障か―「競争」と「平等」のセーフティネット』堀之内出版等などを参照。

6　子どもの権利と子どもの現状

森田明美

《ねらい》　子どもの権利条約の影響により子ども福祉の制度政策実践に関わる子どもの暮らしの捉え方，支援のあり方が変わりつつある。成長発達の過程で起きている子ども自身の変化，家庭や学校地域での課題から子ども福祉を考える。

《キーワード》　子ども福祉，子どもの権利条約，民法改正，子どもの貧困，ひとり親家庭，子ども虐待

1．子どもの福祉と子ども観

（1）子どもの権利と子ども観の変化

長く子どもは，大人の所有物，従属物として見られてきた。その見方は，一個の人間として捉え，その人間的成長に欠かせない権利の主体であるという見方，したがってもともと子どもには人間としての意思や力があり，その尊重のもとで成長し，大人とのより良い関係を作っていくことが求められているということが世界での考え方となってきている。

その基本となっているのが，子どもの権利条約である。条約は，国際連合が1959年に採択した子どもの権利宣言から30周年にあたる1989年11月20日，国際連合総会第44回期において全会一致で採択されたものである。世界人権条約としては，世界最大196の締約国・地域数をもっている（2020年10月現在，アメリカは署名〔1995年〕を済ませているが批准をしていない唯一の国である)。こうしたさまざまな人種･民族･

異なる政治体制・法制度，多様な教育制度・子育て文化・家庭のあり方等のなかで法的拘束力のある条約の採択は，各国の子どもへの施策や実践に大きな影響を与えることになった。日本が批准したのは，国連での採択から5年後，158番目という国際的にはかなり遅れての批准である。

子どもの権利条約は，主に開発途上国の子どもたちを救済する目的で作成されたのであって，日本の子どもの問題には関係がないという指摘が多くの子どもに関わる政策や実践に関わる人によってなされてきた。しかしこの指摘は，条約の制定過程内容さらに条約の国際実施状況からしても誤りであり，これまで条約の日本での子ども施策への適用を遅らせている原因にもなってきた。

条約は，すべての国における子どもたちの現実と必要性に対応するための合意であり，生まれ落ちる環境を選ぶことができない子どもたちが，どこで生まれ，生活しても，一人ひとりの人間として成長自立していく上で必要な権利を18歳未満の子どもたちに対して総合的に示している。

子どもの命，生存，発達等に関わる困難で劣悪な状況は，物質的に豊かとされている先進国でも広がっている。条約は子どものケアと発達のための親および家族（環境）を重視する。子どもは人格の全面的で調和のとれた発達のためにふさわしい家族環境（代替的な環境含む）のもとで成長すべきであるという理念に基づいて家族形成や関係の維持に関わる権利が保障されている。また条約は，世界のすべての国に存在している特に困難な状況下にある子どもたちを緊急かつ優先的に救済をするために，条約という法形成に基づいて国の義務を定めている。そして条約は，国と親，家族との関係ならびにそれぞれの役割を明らかにしている。具体的な条文は前文と54の条文を3部に分けている。

条約の構造は生命・生存・発達の確保（6条）と名前・国籍の取得権（7条）を核に，生存，発達，保護，参加，特に困難な状況下の子どもの5

つの分野に分けられる。条約の新しい視点は，参加である。自己決定・自立に関わるグループである意見表明権（12条），プライバシー・通信・名誉の保護（16条）と，市民的参加権のグループである表現・情報の自由（13条），思想良心・宗教の自由（14条），結社・集会の自由（15条），マスメディアへのアクセス（17条）である。大人から監護・保護される権利のみならず，一人ひとりの最善の利益（3条）を自分が参加して獲得していくという視点の子ども観，支援観が求められている。

（2） 子ども福祉の視点

近年，国の行政組織としては子ども家庭課，あるいは国の計画や法でも子ども・子育て支援法（2012年）や計画が制定されたり，それらを具体化する福祉として子ども福祉を「子ども（児童）家庭福祉」と表現する場合もある。しかし，ここでは子どもの暮らしと育ちを子どもの権利の視点を土台にして支える福祉を子ども福祉とし，子ども一人ひとりの育ちを子どもの権利の視点で具体化するために必要となる保護者支援を子育て支援として論ずることにする。

子どもは生まれるところを選ぶことはできない。子どもの誕生を心待ちにし，周到な準備をして誕生を待ちわびる家庭もある。だが，一方で予期しない妊娠や，準備なく出産を迎えて否応なく親にさせられていく家庭もある。適切な養育環境を整備できない家庭もある。子どもにとって親は自己理解するために重要な存在である。どんなに課題を抱えた親であっても，子どもにとって親の存在は重要である。子ども一人ひとりがもつ成長・発達の可能性を具体化できるように大人たちは努力をしなければならない。そして安心して日々を過ごし，最大限の成長発達を遂げることができるように役割を果たすことが子ども福祉である。

子ども福祉の理念を，その中核で担う児童福祉法は第1条で「全て児童は，児童の権利に関する条約の精神にのっとり，適切に養育されること，その生活を保障されること，愛され，保護されること，その心身の健やかな成長及び発達並びにその自立が図られることその他の福祉を等しく保障される権利を有する」，そしてその権利を「児童の保護者が第一義的責任を負う」とし，また「国及び地方公共団体は児童の保護者とともに，児童を心身ともに健やかに育成する責任を負う」と定めている。

ここでは児童とよばれる18歳未満の子どもすべてが，独立した固有の人格の主体として権利が保障される存在であると考えられている。この条文は，2016年に子どもの権利条約の批准国として子どもの権利条約の理念を児童福祉に活かす目的で，児童福祉法制定から70年目を迎えるなかで変更されたものである。

（3） 子どもとは

子どもについては多様な捉え方がある。大人に対して子どもというときには，小さき者，発達途上にある者，時には大人に保護される者などの関係性を意味するものである。その場合には「大人」に対して「小人」などと書いて，「こども」と読ませる場合もある。また，国勢調査などでは，家族の状況を示す場合には親と子どもという関係に着目するため，80歳の親と50歳の子どもという場合もある。近年地域家庭支援の課題となっている「8050」などというときには双方が高齢になって，子どもが引きこもりや，経済的に自立しない家庭内の関係性を示す場合もある。

子どもについては，年齢に着目することが多い。国際的には，子どもの権利条約は18歳未満のすべてを子どもとして定義している[1]。

児童福祉六法のなかでも子どもの年齢は異なる（表6－1）。

子ども福祉の中核的な法律である児童福祉法では，児童は18歳未満とし，1歳未満を乳児，それ以上就学の始期に達するまでを幼児，小学

1） 国連子どもの権利委員会は，年齢が違う国に対しては，年齢が低い場合には18歳に引き上げるように，高い場合にはより丁寧な取り組みとして承認している。

表6－1　児童福祉六法の制定と対象とする「児童」の年齢規定

児童福祉六法	制定年	「児童」の年齢
児童福祉法	1947年	18歳未満。子どもを1歳未満の乳児，1歳以上就学の始期に達するまでのものを幼児，小学校就学の始期から18歳に達するまでを少年と区別
児童扶養手当法	1961年	手当の支給を18歳に達する以後の最初の3月31日までの間にある者，または20歳未満で政令で定める程度の障害にある者を規定
母子及び父子並びに寡婦福祉法	1964年	20歳未満
特別児童扶養手当の支給に関する法律	1964年	障害児として20歳未満
母子保健法	1965年	出生後28日未満の乳児を新生児，1歳未満の乳児，1歳以上就学の始期に達するまでを幼児と規定
児童手当法	1971年	手当の支給を18歳に達する以後の最初の3月31日までの間にある者

出所：筆者作成

校就学の始期から18歳に達するまでを少年と区別している。

児童手当法や児童扶養手当法では，手当の支給を18歳に達した以降の最初の3月31日までの間にあるものと規定をしている。これらは，この手当が高校就学支援金として位置づいていることから，高校を卒業する一般的な時期である18歳以降初めての年度末までとしている。母子及び父子並びに寡婦福祉法，特別児童扶養手当の支給に関する法律は20歳未満としている。

また，児童福祉施設などの対象年齢でも，こうした配慮がみられる。母子生活支援施設は子どもの年齢が20歳未満である。

なお，日本では民法改正が2018年に行われ，成人年齢が20歳から18歳に引き下げられた（施行は2022年4月）。この改正によって，社会的な役割を果たす年齢が18歳となり，これに伴い男女ともに婚姻可能な年齢が18歳になることになった。

2. 子どもを取り巻く状況

(1) 子どもの出生，心身の成長と障害

1) 出生数

18歳未満の子どもは，2016年の人口統計によれば，約19,358,000人であり，全人口の15.2%を占めている。

子どもの出生数は，総務省統計局国勢調査によれば，第2次世界大戦後の第1次ベビーブーム（1947年～49年）は1949年が最高の出生数2,696,638人（合計特殊出生率4.32）であった。第2次ベビーブーム（1971年～74年）は1973年で2,091,983人（合計特殊出生率2.14）となり，以降あまり増えることなく2020年には840,832人（合計特殊出生率1.34）まで下がり，出生数は第1次ベビーブームの約3分の1になっている。また日本は，人口を維持するために必要とされる水準（人口置換水準）の2.08を相当期間下回っており，少子化状況にある（図6－1）。

2) 成長・発達

第2次世界大戦後に生まれた子どもは，戦後の食糧難を乗り越え，子どもの身体の成長も著しくなっている。出生時の体重としては平均体重が男児では3.05キロ，女児では2.96キロになり，2000年頃からはむしろ体重が増えない状況にある。一方，心の成長・発達の問題や，病気や

障害のある子どもの出生数は，近年増える状況にある。

3）障害（第9章〜11章参照）

障害のある子どもたちも多数いる。とりわけ発達障害のある子どもや，認定されていないが発達障害の可能性の高い子どもたちも多数いる。厚生労働省の定義では，発達障害は自閉スペクトラム症，注意欠如・多動性（ADHD），学習症（学習障害），チック症，吃音などがあると分類されているが，障害が乳幼児期に明確になるとは限らないため，少年期にもはっきりせず，多様な課題が混ざることのなかで，課題が顕著になり，障害認定とそのことへの対応支援がはじまるという子どももいる。

(2) 死亡をめぐって

第2次大戦後第1次ベビーブームの時期，毎年200万人以上出生した子どもたちは，乳幼児を健康に過ごせず，少年期を迎えることができない子どもが多数いた。人口1,000人に対して1947年の乳児死亡率は76.7人であり，13人に1人は生まれたものの，1年以内に死を迎える状況であった。それから70年余りの間に公衆衛生の整備，医学，助産の発達などによって，OECDの資料によれば，日本は，乳児死亡率が1.9

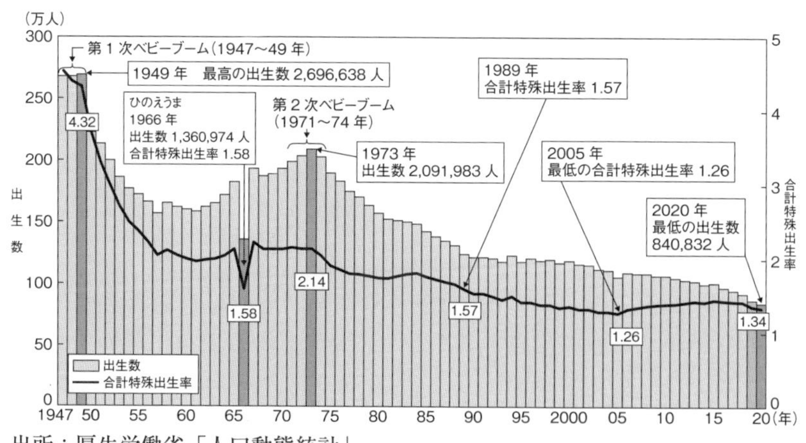

出所：厚生労働省「人口動態統計」

図6−1　出生数と合計特殊出生率の経年変化

(2017年）と世界でもっとも低い国の一つになることができた（アメリカ5.8，イギリス3.9，フランス3.9，スウェーデン2.0である）[2]。

子どもの年齢別の死亡原因について日本の特徴は，4歳までは先天性奇形，乳幼児期は不慮の事故が多く，10歳～14歳では自殺が2位，15歳以降の子どもの死亡原因の第1位が自殺であることである。自殺については，日本の大人の死因として高いが，子どもについても非常に深刻な発生状況である（表6－2)。

(3) いじめ・不登校

子どもの成長過程で起きる問題としては，小学入学以降に学校との関係で起きる問題が多い。そのなかでも近年急増しているのが，いじめと不登校である。学校に行かない，行けない原因としてのいじめ，あるいは過度な受験競争のなかで，学校が楽しく充実したものにならず，寝ることもできずに追い込まれていく教育虐待などの状況に置かれている子どももいる。また中退となる高校生も多い。

1）いじめを認知する

いじめについては，1986年児童生徒の問題行動等生徒指導上の諸問題に関する調査において定義されて以来，幾度かの変更がなされている。最新の定義では，いじめ防止対策推進法の施行（2013年）に伴い，「児童生徒に対して，当該児童生徒が在籍する学校に在籍している等当該児童生徒と一定の人的関係のある他の児童生徒が行う心理的又は物理的な影響を与える行為（インターネットを通じて行われるものも含む。）であって，当該行為の対象となった児童生徒が心身の苦痛を感じているもの」。起こった場所は学校の内外を問わないとされている。

「いじめ」のなかには，犯罪行為として取り扱われるべきと認められるものや早期に警察に相談することが必要なもの，児童生徒の生命，身

---

2) OECD DATA infant mortality rates

体または財産に重大な被害が生じているものが含まれる。これらについては，教育的な配慮や被害者の意向への配慮の上で，早期に警察に相談・通報の上，警察と連携した対応を取ることが必要であるという認識がとられるようになっている。いじめ調査において，文部科学省問題行動・不登校調査によると，2020年度にいじめの認知件数は517,163件，児童生徒1,000人あたり39.7件である。またいじめを認知した学校数は29,001件であり，全学校に占める割合は78.9%（前年82.6%），いじめを認知していない学校（7,396校）について，真にいじめを根絶できた学校であるかを厳しく問う文部科学省通知が出ている。ネット上のいじめについては，件数が増加している。SNS等を用いたいじめについては，外部から見えにくく匿名性が高いなどの性質を有するため，そうした態様のいじめを学校が認知しきれていない可能性があると注意勧告し

表6－2　年齢（5歳階級）別死因順位

年齢	1位	2位	3位	4位	5位
0歳	先天奇形等	呼吸障害等	不慮の事故	乳幼児突然死症候群	出血性障害等
1～4歳	先天奇形等	不慮の事故	悪性新生物〈腫瘍〉	心疾患	インフルエンザ
5～9歳	悪性新生物〈腫瘍〉	不慮の事故	先天奇形等	心疾患	インフルエンザ
10～14歳	悪性新生物〈腫瘍〉	自殺	不慮の事故	先天奇形等	その他の新生物 心疾患
15～19歳	自殺	不慮の事故	悪性新生物〈腫瘍〉	心疾患	先天奇形等

1. 乳児（0歳）の死因については乳児死因順位に用いる分類項目を使用している。
2. 死因名は次のように略称で表記している。
   心疾患←心疾患（高血圧性を除く）
   先天奇形等←先天奇形，変形及び染色体異常
   呼吸障害等←周産期に特異的な呼吸障害及び心血管障害
   出血性障害等←胎児及び新生児の出血性障害及び血液障害
3. 死因順位は死亡数の多いものから定めた

出所：2019年人口動態調査より筆者作成

ている。いじめは，正確かつ積極的な認知に努め，早期対応が重要という姿勢が打ち出されている。いじめに対しては，あらゆる場所で，必要な時に子どもへの支援が適切になされるための方法が探られている。

2）不登校への認識の変更

また，同調査のなかで，不登校の実態も明らかにされている。不登校が理由で小中学校を30日以上欠席した児童生徒は196,127人で，増加は8年連続である。内訳は，小学校が63,350人，中学校が132,777人。全体の児童生徒に占める割合は，小学校で1.0％，中学校で4.1％である。不登校の主な原因は「無気力，不安」が最も多く，「いじめを除く友人関係」「親子の関わり」である。

文部科学省は，1993年通達で「登校拒否は，どの児童生徒にも起こりうるものである」とした。不登校の増加については，「憂慮すべき状況」としつつ，休養の必要性や支援強化をうたった教育機会確保法が2017年に施行され，「趣旨が浸透してきた側面もある」としている。

学校に行かない，行けないことによって，家庭や地域で暮らす子どもたちに対して，福祉的な対応が要請され[3)]，学校と協力する福祉が少しずつはじまっている。

（4）非行

刑法犯少年の検挙人員は，2004年以降17年連続で減少し，2020年中は17,466人と，2011年の4分の1以下にまで減少した。また，触法少年（刑法）も，11年連続で減少している。触法少年（特別法）は8年連続で減少した。なお，特別法犯（毒物及び劇物取締法，覚せい剤取締法，軽犯罪法等）少年は，2012年から減少傾向にあったが，2020年は

3）学校にスクールソーシャルワーカーの配置が行われて，福祉施策との連携が強化されたり，2015年は中央教育審議会答申「チームとしての学校の在り方と今後の改善策について」が発表され，2017年には学校教育法施行規則の一部が改正され，スクールカウンセラーや，スクールソーシャルワーカーの職務が法的に位置づき，チームとしての学校の取り組みが行われるようになっている。

5,022 人と，前年比で増加した。

子どもの非行の検挙人員は 2020 年で人口比は 2.6 と，前年より 0.3 ポイント低下し，戦後最少を更新したのに大人は人口比 1.6 である。大人と比べるとその発生割合は高い。ただ，その発生率は近年減少傾向にある。非行少年率（各年齢の者 10 万人あたり刑法犯検挙〔補導〕人数）も減っている。だが，内容で見ると心配な点がある。大麻取締法違反での検挙人数は増えている。少年非行については多くが教育の段階にある年齢が多く，近年目立つ非行では「特殊詐欺」などにおける受け子として逮捕される中学生が出ている。

また非行少年のなかには，子ども自身が病気や障害を抱えており，心理や医療の対象として治療することが必要な子どもたちもいる。教育と福祉のみならず，心理や医療，そして警察が一体になって関わる問題であり，福祉の関わりが重要な子どもがいる。

非行少年を対象としている少年法は，第 1 条において，「この法律は少年の健全な育成を期し，非行のある少年に対して性格の矯正及び環境の調整に関する保護処分を行うとともに，少年の刑事事件について特別の措置を講ずることを目的とする」と定めている。つまり非行少年には「性格の矯正及び環境の調整」が必要であり，発達途上にある子どもに対して特別な措置を考えることを求めている。この少年の年齢は「20 歳に満たない者」（少年法第 2 条第 1 項）とし，児童福祉法の少年とは対象年齢が異なっていたが，2022 年 4 月 1 日からは成年年齢の 18 歳に合わせることになり，厳罰化の傾向になっている[4]。

4)　2021 年 5 月 21 日少年法等の一部改正により，18 歳，19 歳を「特定少年」として特例が定められた。

3. 子どもと家族の状況

(1) 子どもと家族の状況

1) 日本の子どもと家族の関係

子どもは，どの子も全面的に保護が必要な状態で生まれてくる。子ども時代には，経済，生活など大人の手を借りなければ生きていくことができないために安全で安心な環境で適切な保護を受けることが必要である。これを第一に支えるのが保護者や家族であり，その暮らしが展開されるのが家庭である。

児童福祉法には子どもと親，保護者の関係については記載がない。第2条「児童育成の責任」の②で「児童の保護者は，児童を心身ともに健やかに育成することについて，第一義的責任を負う」とし，③で「国及び地方公共団体は児童の保護者とともに，児童を心身ともに健やかに育成する責任を負う」と規定している。つまり，保護者は子どもの育成の第一義的な責任を負い，その責任を果たせるよう国および地方公共団体は一緒になって責任を果たすというのである。この第2条は2016年児童福祉法改正によって修正された条文であり，これは次に記す保護者の責任と国・地方公共団体の責任の関係については，子どもの権利条約の考え方を参考にしたといわれている。

2) 子どもの権利条約における子どもと家族

子どもにとって家族や家庭の大切さは，国際的にも承認されている。子どもの権利条約では，前文で家族が子どもの「成長や福祉のための自然な環境として，社会においてその責任を十分に引き受けることができるよう必要な保護及び援助を与えられるべきであること」，そして，子どもが「人格の完全なかつ調和のとれた発達のため，家庭環境（代替的な環境を含む）の下で幸福，愛情及び理解のある雰囲気の中で成長すべきであること」を認めている。その家庭環境には親がいる。

子どもは出生の時からできるかぎり親を知り，親によって育てられることが子どもの権利であり，親の元で，子どもの最善の利益が図られないときを除いては，親の意思に反して子どもが分離されることはないとされている（7条登録・氏名及び国籍等に関する権利，9条父母からの分離についての手続き及び児童が父母との接触を維持する権利）。

条文では，父母の責任，権利及び義務の尊重（第5条）をはじめとして，児童の養育及び発達についての父母の責任と国の援助（第18条），家族形成・関係維持に関わる権利を規定している。子どものケア・発達のための親及び家族（環境）を重視し，その役割を果たすための支援を国がしていくとしている。

3）家族と世帯の変化

日本では，行政調査など生活単位としての家族を明確に位置づけるときに【世帯】という単位を使う。3年に1回行われる厚生労働省「国民生活基礎調査」によってその変化をみてみよう。2019年の調査によれば，子どものいる世帯は，11,221千世帯，全世帯に占める割合は，21.7％（1986年の本調査初年度には46.2％），その割合は半分以下である。またその世帯も三世代世帯が27.0％から13.3％と低くなっており，82.5％が核家族化（1986年は69.6％）となっている。子どもが1人は5,250千世帯（46.8％，1986年は35.2％），2人は4,523千世帯，3人は1,448千世帯である。一方，ひとり親と未婚の子世帯は1986年の4.2％から6.5％と上昇しているが，10年余り6～7％台と全体の割合としてはほとんど変化がない。

子育て世帯の減少，小家族化が顕著である。三世代同居世帯が減り，小家族化するなかで，子育て経験をもたない親の登場に対する子育て支援の必要性や，保育の代替者の不在への対応が求められることになった。また，こうしたなかで，家族にケアを要する人がいることで，家事や家族の世話を行う子ども（ヤングケアラー）という名称で調査や支援が行われるようになってきた2020年度には，全国の要保護対策地域協議会，中高生，中学校・高校を対象にして厚生労働省が「ヤングケアラーの実態に関する調査」を実施している。子ども自身への調査では，家族の世話をしているのは中学2年生は5.7%，全日制高校2年生は4.1%，定時制高校2年生は8.5%であることが明らかになった。ヤングケアラーがいるという割合は学校別では，中学46.6%，全日制高校49.8%，定時制高校70.4%，通信制高校60.0%である。要対協につないだ学校（108件）でのケアの対象は，母親が53.8%，きょうだいが48.1%，ケアの状況は，幼い35.8%，精神疾患・依存症38.7%となっている。ケアの内容では家事（食事の準備や掃除，洗濯）が60.4%と最も高く，きょうだいの世話や保育所等への送迎などが45.3%である。

日本ではこれまでもきょうだいに障害があるときに，障害のないきょうだいがケア者としてその役割が要請されることなどが問題とされてきたが，近年のヤングケアラーは，父母や祖父母，きょうだいなどさまざまな家族介護の役割をしていることが顕在化している。

年齢や成長の度合いに見合わない重い責任や負担を負うことで，ヤングケアラー自身の育ちや教育に影響を及ぼすことから，このような子どもや家庭に適切な支援を行っていくことが求められている。

現代の家族は，仕事は家庭外の場で働く雇用労働者が主流を占め，結婚による独立，単身赴任や下宿通学などによって，家族と認識する人であっても，生活する家庭はバラバラになっている。しかも，一緒に暮らしている場合でも食事は個食である家庭が増えており，仕事，家，食事などを共にする家族は減少している。家族は一体何を共有するのか，特に子どもにとって家族の意味，家族にとって子どもの意味，そして家族の果たす責任や役割が問われるようになっている。

(2) 子どもと家族を取り巻く問題

ここでは，家族との暮らしのなかで起きている課題について，ひとり親，貧困，虐待という現代的課題についてその実態について論じる。

1）ひとり親家庭の実態

①　離婚によるひとり親家庭の増加

a．離婚

子どもの暮らしに影響が出る家族の課題としては，両親の離婚がある。

1970年には離婚は千人あたり0.93だったが，2002年には2.30とピークを迎え，その後はわずかではあるが徐々に下がり，2019年には208,496件，1.69（/1000人）になっている。ちなみに婚姻件数は減少し599,007件，婚姻率は4.8（/1000人）である。なお，未成年の子どものいる離婚件数は約12万件であり，全体の57.8%となっている（平成30年人口動態統計確定数）。

b．ひとり親世帯数

ひとり親世帯には，いくつかの類型がある。全国民を対象とする国勢調査は，母子のみにより構成される母子世帯数として約75万世帯，父子のみにより構成される父子世帯数は約8万世帯としている（平成27年国勢調査）。また，おおむね5年ごとに実施されている，厚生労働省ひとり親世帯等調査[5)]（以下「ひとり親全国調査」と略す。2016年度）は，満20歳未満の子どもと父母いずれかがいる世帯を対象にしている。国籍なども多様な世帯が含まれている。推計値として，母子以外の同居者がいる世帯を含めた母子世帯数は約123.2万世帯，父子世帯数は約18.7万世帯としている。

c．ひとり親の暮らし

ひとり親の子育ては，一人働きのために収入の不足，子育てや家事，子どもに関わる時間不足などさまざまな問題を発生させることになる。

5）この調査では，養育者世帯として，父母共にいないが養育者（祖父母等）に養育されている世帯も含めて調査をしている。

暮らしの実態を「ひとり親全国調査」から考えてみよう（表6－3)。

ひとり親になる原因について母子世帯での死別は1983年度には36.1%を占めていたが，2016年度には8％まで減少している。父子世帯も40％から19.0％まで減少している。一方生別，特に離婚は，母子世帯で80.8％，父子世帯では75.6％を占める。特に母子世帯では未婚の母が5.3%から8.7％に増加している。

② 就労状況と収入

母子世帯の母の就労は81.8％，父子世帯の父は85.4％就労している。だが，父子世帯は2011年度調査の91.3％から5.9ポイント下がり，就労継続が難しくなっていることが推測される。OECDデータによれば，日本の就業率は85.9％（2007年)，この時期諸外国では[6)]アメリカ（66.4%)，イギリス（52.7％)，ドイツ（64.9％)，OECD平均（66.5％）である。日本のひとり親家庭の就労率が突出していることが特徴的である。

これほど就業率が高いにもかかわらず，収入については高くない。全国調査の平均は母自身の平均年収は243万円（内就労収入は200万円)，父自身は420万円（内就労収入は398万円)，生活保護を受給している世帯は共に約1割である。年収が低い理由は，働き方が影響している。就労母子世帯の内正規の職員・従業員は39％でしかない。パート・アルバイト等は47％いる。また就労父子世帯でも正規は67％である。その結果，稼働所得が少なくなる。子どものいる世帯の平均707.8万円の所得（2016年国民生活基礎調査の子どものいる世帯の平均所得）に対して，母子世帯では49.2％，父子世帯では81.0％でしかない。長時間働く，持ち帰りの仕事が多く，緊張度の厳しい仕事を継続することができない。その結果，収入が高い就労形態や就労場所を維持することができないために，仕事を変えたり，働き方を変えたりすることになる。具体的には，離婚前の子育て家庭としては，母親の場合には，出産後いった

6) OECD Family database（2011年の数値，日本の数値は2007年を使用）

ん退職して専業主婦になっている割合が高く，離婚後，子どもを育てながらの就職をめざすとなると，正規雇用の仕事に就くことが難しい。

母子世帯になる前の就業状況，雇用形態の分析によれば，母子世帯になる前の不就業は23.5%であるが，母子世帯になった後では81.8%の人が就業している。その雇用形態は，正規は32.1%が44.2%に増えている。パート・アルバイトは54.7%が43.8%に減っている。また，父子世帯の場合には，出張や，夜間の残業などをこなすことができず，業種の転換や，非正規雇用への転換を余儀なくされることもある。就業形態としては正規が68.2%，自営業が18.2%である。

子育てと仕事の両立を一人で担うことによって，母子世帯は，賃金収入が増えないが，父子世帯においても子育て支援が不足するために，十

表6－3　母子家庭・父子家庭の現状

	母子世帯	父子世帯
1　世帯数［推計値］	123.2万世帯 (123.8万世帯)	18.7万世帯 (22.3万世帯)
2　ひとり親世帯になった理由	離婚 79.5%(80.8%) 死別　8.0%(7.5%) 未婚　8.7%(7.8%)	離婚 75.6%(74.3%) 死別 19.0%(16.8%) 未婚　0.5%(1.2%)
3　就業状況	81.8%(80.6%)	85.4%(91.3%)
就業者のうち正規の職員・従業員	44.2%(39.4%)	68.2%(67.2%)
うち自営業	3.4%(2.6%)	18.2%(15.6%)
うちパート・アルバイト等	43.8%(47.4%)	6.4%(8.0%)
4　平均年間収入 ［母又は父自身の収入］	243万円(223万円)	420万円(380万円)
5　平均年間就労収入 ［母又は父自身の就労収入］	200万円(181万円)	398万円(360万円)
6　平均年間収入 ［同居親族を含む世帯全員の収入］	348万円(291万円)	573万円(455万円)

※(　　)内の値は，前回（2011年度）調査結果を表している。
※「平均年間収入」および「平均年間就労収入」は，平成27年の1年間の収入。
※集計結果の構成割合については，原則として，「不詳」となる回答（無記入や誤記入等）がある場合は，分母となる総数に不詳数を含めて算出した値（比率）を表している。
出所：全国ひとり親世帯等調査より筆者作成

分に働き収入を得ることができない。こうした結果，ひとり親世帯全体の収入が低くなる傾向にある。

③　就労以外の収入（※7章で経済的な保障については述べる）

就労以外の金額としては，生活保護法に基づく給付，児童扶養手当等の社会保障給付金，別れた配偶者からの養育費，親からの仕送り，家賃地代などとなる。児童扶養手当はこの調査では，母子世帯の母は73.0%，父子世帯の父は51.5%が受給している。子どもの年齢が18歳の年度末まで支給されることになっている。2021年度全額支給である場合1人目は43,160円である。2子目以降の手当の増額が2016年9月から実施され，2021年度2人目は10,190円，3人目は6,110円となった。

④　養育費と面会交流

養育費と面会交流は，2011年5月の民法一部改正によって，条文化されたものである（766条1項）。しかし，別れた親が養育費を支払う経済状況にない場合も多く，経済的支援ができないために別れた親による子どもの直接養育の分担や子どもとの交流が十分にできないということも発生している。ひとり親全国調査によれば，養育費の取り決めをしているのは母子世帯の約42.9%，養育費を現在も受給しているのは約24.3%でしかない。一方父子世帯ではさらに低く20.8%，現在も受給しているのは3.2%でしかない。面会交流は，母子世帯で24.1%，父子世帯では27.3%が取り決めているが，面会時のDV等への対策が必要である。

2）子どもの貧困

子どもの貧困は，子どもが生まれ育っている家庭などの貧困のため，教育の機会や，将来の生き方など子どものさまざまな暮らしへの影響が出ることから，近年社会的な課題として取り上げられることになっている（4章「貧困の諸相」参照）。

特に近年では，経済協力開発機構（OECD）が使用する所得中央値の半分以下の割合を「相対的貧困率」として測定し，国際比較している。2018年の相対的貧困の貧困線は127万円であり，それに満たない世帯員の割合は，15.4％であった。17歳以下の子どもの貧困率は13.5％（2018年）である。日本における相対的貧困率は1985年に調査が開始されたが，その時は10.9であった。それが，増加の一途をたどり，2012年には16.1％にまで増加した。その後，その割合は少しずつ減少して現在に至っている。子どもの7人に1人が相対的貧困にあるという状況である（図6－2）。

さらに大人が1人のひとり親世帯の相対的貧困率は，深刻である。1985年には54.5％であったものが，最も厳しい状況にあった1997年には63.1％，それ以降少しずつ減少したものの2009年の50.8％を底にま

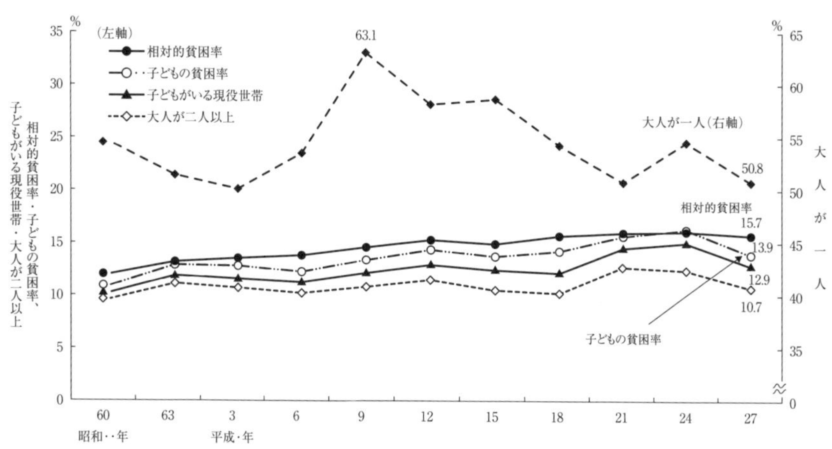

注：1）　平成6年の数値は，兵庫県を除いたものである。
　　2）　平成27年の数値は，熊本県を除いたものである。
　　3）　貧困率は，OECDの作成基準に基づいて算出している。
　　4）　大人とは18歳以上の者，子どもとは17歳以下の者をいい，現役世帯とは世帯主が18歳以上65歳未満の世帯をいう。
　　5）　等価可処分所得金額不詳の世帯員は除く

出所：2016年国民生活基礎調査

図6－2　子どもがいる現役世帯の相対的貧困率の年次推移

た増加し，2011 年では 54.6％で，OECD 加盟 34 か国の最低であった。2018 年では 48.1％になった。OECD データー7)では，アメリカ（46.3％），イギリス（23.2％），フランス（25.9％），イタリア（37.0％），オランダ（29.5％），ドイツ（29.6％），OECD 平均は 32.5％である。

これまで見てきたのは，子どもの経済的な貧困の状況を社会のなかで相対的にみたものである。貧困は経済的な少なさだけにとどまるものでないところに重要な課題がある。子どもの貧困への対策としては，世界中でさまざまに取り組まれてきた歴史がある。

1960 年代アメリカでは全米の就学前の子どもを対象とした Head Start program によって，どんな家庭に生まれた子どもも必要な時に全米で共通の保育を受けられるという仕組みをつくり，貧困の解消を進めようとした。また 1990 年代のイギリスでは 4 歳未満の子どもへの家庭支援プログラム Sure Start Local Program が創設され，2010 年には子どもの貧困対策法が制定されている。

そうした状況に対して，日本では，2013 年「子どもの貧困対策の推進に関する法律」が制定され，2014 年に施行された。これを受けて，「子供の貧困対策に関する大綱」（2014 年）が制定されている。ここでは，基本方針として子どもの貧困に関する指標とその改善に向けた重点施策，自治体での調査や施策の推進体制などを定めている。そこで重点施策としてあげられたのは，①教育の支援，②生活の支援，③保護者に対する就労支援，④経済的支援調査研究等，⑤施策の推進体制である。子どもの貧困率や，スクールソーシャルワーカーの配置，母子家庭の就業率など「子供の貧困に対する 25 指標」が制定されて，文部科学省や厚生労働省など省庁を超えた取り組みがはじまった。

文部科学省では，幼児期から高等教育段階までの教育費負担の軽減のために，2018 年度には大学等の給付型奨学金制度が，2019 年 10 月から

7) OECD Family database "Child poverty" 2020 年 7 月 1 日閲覧。

は，文部科学省と厚生労働省が一体となって調整をした保育・教育の無償化がはじまっている。2019年には法律と大綱が改正されている。そこでの特徴は子どもの貧困は，子どもの現在および将来がその生まれ育った環境によって左右されることのないようにするという，子どもの「現在」の環境に視点をあてた点，また子どもの貧困の解消に向けて子どもの権利条約に則るという視点が加筆されていることである。また，基本理念としても，子どもの意見の尊重や最善の利益が優先して考慮されることなどが採用され，市町村においても子どもの貧困対策を総合的に取り組むための枠組み作りを努力義務として求めるなど，子どもの権利条約に根差した省庁を超えた取り組みを重視したものに変更してきている。

3）虐待と子ども

①　虐待件数の増加と対象の変化

児童相談所への虐待相談件数の集計がはじまったのは，1990年である。この時期から子どもへの虐待が社会で認識され支援の取り組みがはじまったといえる。全国の児童相談所が2020年度に受け付けた虐待相談件数は，過去最多の205,029件で，集計をはじめた1990年度（1,101件）から約30年連続増加し，対前年度比＋5.8%，11,249件増加している（図6－3）。

また日本の虐待相談対応は都道府県の児童相談所が中心であったが，2004年には虐待防止法の改正により，市区町村の家庭児童相談部門も通報を受け対応するようになり，その件数も2018年度には126,246件と増加している。

虐待は心理的，身体的，ネグレクト，性的虐待の4種類に分けられている。このなかで近年心理的虐待が急増し59.2%を占めている。この増加は，2004年児童虐待防止法改正により，配偶者間の暴力等（面前

DV）が，心理的虐待に含まれることが明確化され，配偶者等に対する暴力，暴言 DV 等を面前で体験したことによって，心理的虐待を受けているとみなされることになった。また 2013 年には，「子ども虐待対応の手引き」において，きょうだいへの虐待を当該子どもへの心理的虐待にあたると例示したこと，警察が DV 事案への積極的介入や体制を確立したことに伴い，警察から児童相談所への通報が増加したと分析されている。

個人や組織を通じて，市町村や児童相談所に対して行われる相談通告からはじまる虐待対応の流れを図 6－4 に示した。児童相談所は立ち入り調査の権限が与えられている。さまざまな子どもに関わるものがこれは虐待ではないかと思われるときに通報することは，職場で要請される守秘義務違反にあたらないことが条文に明示される形で，2004 年に児童虐待防止法が改正された。このことによって，重篤な虐待になる前に救済対応することが，できることになったと言われている。また自分の虐待行為を認めない親に対しては，2011 年民法改正により，2 年間の期限を定めて親権を停止する制度も導入され，児童相談所に法的な権限が与えられることになった。

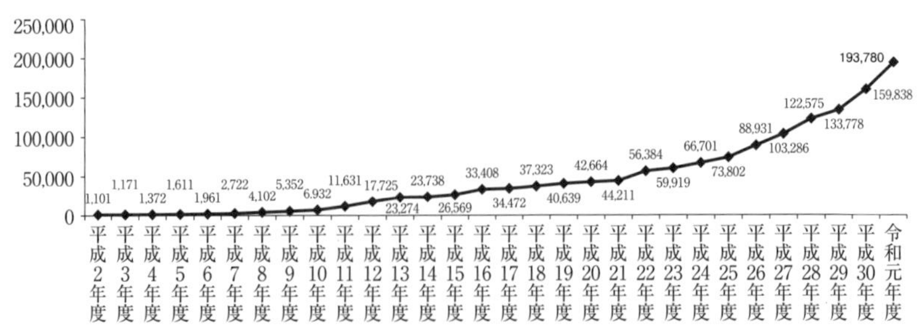

年　度	平成 21 年度	平成 22 年度	平成 23 年度	平成 24 年度	平成 25 年度	平成 26 年度	平成 27 年度	平成 28 年度	平成 29 年度	平成 30 年度	令和元年度
件　数	44,211	注 56,384	59,919	66,701	73,802	88,931	103,286	122,575	133,778	159,838	193,780
対前年度比	+3.6%	—	—	+11.3%	+10.6%	+20.5%	+16.1%	+18.7%	+9.1%	+19.5%	+21.2%

（注）平成 22 年度の件数は，東日本大震災の影響により，福島県を除いて集計した数値。
出所：厚生労働省

図 6－3　児童相談所の子ども虐待相談対応件数の推移

② 虐待死

虐待死については，社会保障審議会児童部会児童虐待等要保護事例の検証に関する専門部会が2003年からたち上がり，「子ども虐待による死亡事例等の検証結果等について」が毎年発表され，2021年8月に第17次報告が発表されている（心中以外57人，心中21人，合計78人）。2009年には142人（心中以外78人，心中64人）と最大になって以降減少し，2013年度分の第11次報告では69人（心中以外36人，心中33人）と最少になった。また日本固有の考え方である親子心中については，第2次調査から分析が行われている。虐待死分析を発表することで虐待防止の施策化に取り組み，さまざまな法律の変更などを講じているが，その数はあまり減らない状況にある。

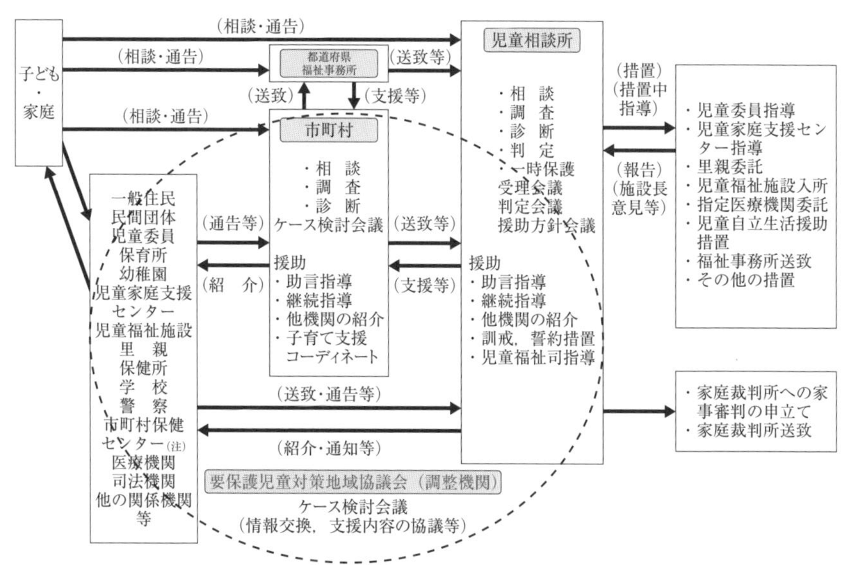

（注）市町村保健センターについては，市町村の児童家庭相談の窓口として，一般住民等からの通告等を受け，相談援助業務を実施する場合も想定される。

出典：厚生労働省

図6−4　市町村・児童相談所における相談援助活動系統図

4. おわりに―子どもの権利条約と子どもと家族

子どもの権利条約は，子どもが成長・発達する主体として日本の子ども施策における子ども観の変更を迫ったものであった。1994 批准以降条約のルールに則り，日本政府は，日本の子どもの権利状況に関する 5 回の審査を受けてきた[8]。そのことによって，少しずつではあるが，日本の子どもを取り巻く環境が変化しており，子ども福祉を考える上で，その対象となる子どもの概念についても変更がはじまった。そのことによって，子ども福祉の制度の見直しが総合的にはじまったのである。

【学習課題】

1．国連子どもの権利委員会からの日本への統括所見（勧告）を調べてみよう。
2．2022 年 4 月民法改正の内容を調べてみよう。

参考文献

・喜多明人・森田明美・広沢明・荒牧重人（2009）『逐条解説子どもの権利条約』日本評論社
・子どもの権利条約 NGO レポート連絡会議編（2020）『子どもの権利条約から見た日本の課題―国連・子どもの権利委員会による第 4 回・第 5 回日本審査と総括所見』アドバンテージサーバー
・宮本みち子・佐藤洋作・宮本太郎編著（2021）『アンダークラス化する若者たち』明石書店

8) 子どもの権利委員会第 4・5 回審査は 2019 年 1 月 16 ～ 17 日に開催され，2 月 7 日に日本に対する総括所見（list of Issues）が出された。

7 子ども福祉の法と実施体制

森田明美

《ねらい》 子ども福祉に関する法律やその実施体制について，国や自治体における行政機関の取り組みを説明する。その上で，福祉施設の機能や利用の実態を整理し，諸外国との比較による財政支出などの課題を論じる。

《キーワード》 児童福祉六法，子ども条例，行政，財政，子どもの権利擁護，子ども福祉施設，社会的養育，児童相談所

1．子ども福祉の法体系

（1） 子ども福祉の法体系の基礎

日本の子ども福祉の法体系の根幹には，日本国憲法がある。基本的人権（第11条），個人の尊重と幸福追求権（第13条），法の下の平等（第14条），生存権（第25条）などが規定されている。多くの国で憲法のもとに子ども支援の基本を定める法律を定め[1)]，それに基づき多様な法律が整備されるが，日本は子どもに関する総合的な法律はない[2)]。

日本の子ども福祉は，日本国憲法（1946年）に基づき，1947年12月に制定された児童福祉法を中心に定められたさまざまな法律・政令・省令・通達等によって実施されている。また子どもへの大人の関わり方の基準としては，1951年に子どもへの大人の関わり方を示した児童憲章[3)]

1） イギリスでは1989年にChildren Act子ども法が制定されている。

2） 第1回子どもの権利委員会からの日本政府第1回審査ではすでに「包括的な子ども法を制定し，条約の原則を子どもにかかわるあらゆる法律とともに包括的な形でまとめること」を求められている。子どもの人権連他（1999）『子どもの権利条約のこれから』エイデル研究所，p.244

3） すべての子どもの幸福をはかるために，子どもが守られるべき，保護される存在であることを定めた。

が制定され，それに基づき制度や政策が作られてきた。

子ども福祉に関する法律としては，「児童福祉六法」（児童福祉法，児童扶養手当法，母子及び父子並びに寡婦福祉法，特別児童扶養手当法，母子保健法，児童手当法〔第6章表6－1参照〕）が作られた。完成したのは1971年である。それ以降も，子どもの問題への取り組みとして多くの法律が作られている。

（2） 国の子ども福祉の法律

1） 児童福祉六法

① 児童福祉法（1947年制定）

第2次世界大戦後，すべての子どもを対象にして制定された子ども福祉の根幹となる，総合的な法律である。第6章で述べたとおり，この法律は制定後幾度も改正をして今日の法になっている[4)]。

また，児童福祉の実施のために，1948年には児童福祉法施行令，児童福祉法施行規則，児童福祉施設最低基準（2008年に児童福祉施設の設備及び運営に関する基準に法律名改正）や関連法が整備されている。

② 児童扶養手当法

1961年制定の法律は当初，離別母子家庭への支援として作られた。2010年には父子家庭を対象に含め，現在ではひとり親家庭の経済的な支援を行うための法律となっている。これまでの法改正で，支給金額計算に就労収入や養育費を含めたり，期間に制限をかけたり，支給時期が18歳の年度末までに延長されたりしてきた。近年の法改正では，2016年に，第2子・3子以降の加算額が増えた。また2018年には支給方法の見直しもされた。支給が毎月ではないために，支給の有無によってその月の所得金額の変化への対応が難しいこと，所得が特定の月に増える

4） 子どもの権利条約の理念と内容が具体的に児童福祉法に記載されたのは，2016年5月の改正時である。それまで関連法などへの子どもの権利の記載が少しずつ行われたが，こうした総合的な記載が行われるまでには，日本が子どもの権利条約を批准してから，22年が必要であった。

ことによって，生活保護受給世帯にとっては，その月の保護の受給額への影響が出ることになる。こうしたことへの配慮のため4か月に1回が2か月に1回の支給となった。

③　母子及び父子並びに寡婦福祉法

1964年に母子福祉法として制定され，1981年には寡婦を，2002年には，それまでの経済的支援中心から就業による自立支援を目的とする体系に施策を抜本的に見直し，子育て・生活支援，就業支援，養育費確保の推進，経済的支援の4つの柱で進め，父子を対象に加えた。なお2014年には父子家庭を法律名にも加え，現在の名称の法律になった。この法律は，福祉資金の貸し付けや生活支援事業，施設などひとり親家庭支援の基本法として位置づけている。

④　特別児童扶養手当の支給に関する法律

1964年に制定，精神または身体に障害を有する児童に対する20歳未満の障害児を対象とした特別児童扶養手当，20歳未満の重度障害児を対象とした障害児福祉手当，20歳以上の重度障害者を対象とした特別障害者手当が定められる。特別児童扶養手当と障害児福祉手当は重度障害児の在宅での暮らしに対して合わせて支給される。これらの手当は障害児の在宅生活を支援し，福祉の増進のための法律である。

⑤　母子保健法

1965年に母子保健の向上を目的として，児童福祉法から独立して制定された法律である。2016年の改正では特に母子健康包括支援センター（子育て世代包括支援センター）を市町村に設置の努力義務を規定し，子ども福祉との密接な連携を要請する機関になっている。

⑥　児童手当法

1971年に家庭等における生活の安定と次代の社会を担う子どもの健やかな成長を目的に制定された。日本に居住していれば国籍を問わず支給される。2021年度は0～3歳未満は15,000円，3歳～小学校終了まで第1子・第2子は10,000円，第3子以降は15,000円，中学生は一律10,000円である。この制度は，2010年に政権交代により子ども手当として月額13,000円が15歳に達する最初の年度末まで所得制限なく支給された。だが，2012年4月には現行の児童手当となり，中学生の年度末までを対象とし，保護者の所得制限が設けられることになった。

2）子どもが家庭で抱える人権侵害に対する法律

21世紀の初期に，家庭での子どもの暮らしのなかで起きていた虐待などの人権侵害に関わることを防止するために，それまでの民事不介入[5)]の原則の見直しがされた。その結果，児童虐待防止法（2000年）やDV防止法（2001年）の制定，子どもの虐待防止のために児童福祉法などの改正が行われた。

児童虐待防止法（正式には「児童虐待の防止等に関する法律」）は，急増し，深刻化していた子ども虐待に対して議員立法によって作られた。児童福祉法には被虐待児発見者に課せられた通告義務（第25条），虐待親への訓戒や児童福祉司等による指導（第26条），親の同意を得た上での児童の保護（第27条），親の同意に関わる家庭裁判所の承認を経た児童の保護，児童相談所長による親権喪失宣言の請求（第33条）などあったが，有効に問題へ対応していないとされた。

児童虐待防止法では初めて児童虐待を4つの種類（身体的虐待，性的虐待，ネグレクト，心理的虐待）に定義した。またこの法律は3年後の見直し規定が盛り込まれたことも特徴的であった。言うなればそれほど急ぎ法律を定める必要があったといえる。予定どおり実施された2004年改正では，児童虐待の定義などが見直され，子ども（18歳未満）の目の前で配偶者や家族に対して暴力を振るうことを心理的虐待の一つと認定した。また2007年改正では子どもの安全の確認のための立ち入り

5）警察や児童相談所などが家庭の問題に直接入ることはしないこと。

調査などの強化なども規定され，その後も改正が行われている。

DV（ドメスティックバイオレンス）防止法（正式名称「配偶者からの暴力及び被害者の保護等に関する法律」）は，男性女性は問わず配偶者からの暴力の防止と被害者の保護を目的として成立した。この法律は，2013年法改正では婚姻関係にないものも対象にし，また精神・性的暴力も保護等の対象にした。またDVと子どもへの虐待が密接な関係があるとして，親のDVを目撃した子どもを「被虐待者」と認定して支援の対象にしている。2019年6月改正では，DV被害者の保護にあたり，相互に連携・協力すべき機関として児童相談所を明確化するとともに，その保護の対象である「被害者」にその同伴する家族も含めた。また，児童虐待防止法改正では，配偶者暴力相談支援センターの職員についても児童虐待の早期発見に努めるものとする規定が盛り込まれた。家庭内で起きている虐待を総合的に捉える視点を徹底するため，このような児童虐待対応担当とDV対応担当の間で迅速に情報共有できるようにする法令やガイドライン等の整備が進められている6)。

3）子どもの貧困や子ども・子育て支援計画の推進のための法律

また深刻化する子ども・子育て問題や子どもの貧困への対応のために，子ども・子育て支援法（2012年）や子どもの貧困対策の推進に関する法律（2013年）などが制定され，自治体ごとに子どもの保護と支援事業の実施や基準の策定などが要請され，自治体が主体となった施策の推進が行われるようになった。

特に税と社会保障の一体的改革の一環として整備された子ども・子育て支援法と関連法の制定により，2015年度から全国の自治体で子ども・子育て新制度が本格的に実施されることになった。この法の整備は，児童福祉法における虐待防止制度の整備への傾斜を強めている。また同時に，相対的に保育所や仕事と子育ての両立支援などの位置づけを下げる

6）内閣府「令和元年度DVセンター調査結果」によれば，DVは直接子どもへの虐待行為がなくても，心理的虐待となると認識をもち，子ども虐待支援との連携が進められている。

ことになり，自治体における子ども福祉に関わる児童福祉施設としての保育所，地域子育て支援の果たす役割が問われている。

(3) 地方自治体の法律—子ども施策を総合的に推進する子ども条例

地方自治体は，1995 年に地方分権推進法が制定されて以降，自治体方針に沿った独自の子ども施策の条例を自治体で作り進めている。1998 年 12 月には兵庫県川西市で子どもの人権を守るオンブズパーソン制度が個別条例によって制定された。また 2000 年 12 月には川崎市子どもの権利に関する条例が制定され，以降毎年のように自治体が固有の子ども施策を展開する根拠として，条例の制定をしている。2021 年 10 月末段階で，48 自治体に，子どもや子どもの権利に関する総合条例が作られており，子ども条例に基づく子どもの相談・救済機関（公的第三者機関）を擁しているのは 36 自治体である[7]。

2. 子ども福祉に関わる行政機関

(1) 国の行政機関—省庁を横断する行政

1) 厚生労働省中心の組織

国には，現在子どもに特化した行政組織はない。子ども福祉に関わる国の行政機関は，厚生労働省[8]子ども家庭局である。2001 年創設時には，働くことと子育てを一体的に行うことをめざして雇用均等・児童家庭局が設置されたが，2017 年には，働き方改革を進める雇用環境均等局と子育て支援を担う子ども家庭局に分割されて現在に至っている。

図 7−1 のように，児童福祉行政の基本は，厚生労働省を中心にして，都道府県・指定都市が施設の設置認可や入所措置，また，多くの直接施策を担う市区町村や，児童相談所などの機関への指導監督を行う。

---

7) 子どもの権利条約総合研究所 HP からの引用。2021 年 1 月 25 日アクセス。2021 年 3 月 26 日には東京都こども基本条例が制定された。

8) 2001 年に中央省庁の再編成によって，厚生省と労働省が統合され作られた組織である。

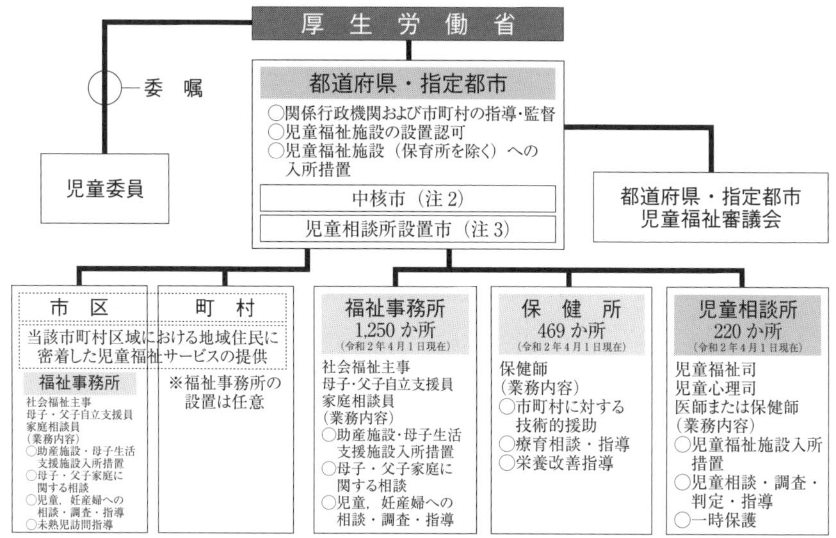

(注2) 中核市　平成8年4月より，中核市が設けられ，特定児童福祉施設の設置認可等，一部の児童福祉行政について都道府県・指定都市の事務を行うこととされた。

(注3) 児童相談所設置市　平成18年4月より，児童相談所設置市（指定都市以外の市であって政令による指定を受けて児童相談所を設置する市）が設けられ，児童福祉施設への入所措置等，一部の児童福祉行政について，都道府県の事務を行うこととされた。なお，「児童福祉法等の一部を改正する法律」（平成28年法律第63号）において，平成29年4月より特別区についても政令の指定を受けて，児童相談所を設置することができることとされた。

出所：(公財)児童育成協会『目で見る児童福祉』(2021)

図7－1　児童福祉行政の仕組み

2）省庁横断型の行政組織の展開

近年，暮らしの課題解決の事業を作るために，行政横断型の仕組みが作られている。少子化対策では，1990年に14の関係省庁連絡会が組織されて議論[9]がはじまった。また子ども・子育て支援法が施行された

9）子ども福祉に関連する分野としては，1990年に合計特殊出生率が1.57に低下したことに対して顕在化した少子化に関連する取り組みとして，関連省庁が一堂に会して計画を作ろうとしたエンゼルプランの取り組みがある。1990年8月には出生率問題に関わる14の関係省庁によって結成された「健やかに子どもを産み育てる環境づくりに関する関係省庁連絡会」が当時の厚生省を中心に同じテーブルで議論する試みがはじまった。

2015年4月1日には，内閣府特別機関子ども・子育て本部（少子化対策担当内閣府特命担当大臣）が担っている。本部は，「子ども・子育て支援のための基本的な政策や少子化の進展への対処に係る企画立案・総合調整，少子化に対処するための施策の大綱の作成及び推進，子ども・子育て支援給付等の子ども・子育て支援法に基づく事務，認定こども園に関する制度に関すること」を所管する特別の機関であるとされている。つまり，法律の目的（第1条）にも書かれているように，児童福祉法とその他の子どもに関する施策と相まって，子ども・子育て支援給付や支援を行っている。

こうした内閣府の行政機関の設置や，事業計画の推進などが進むなかで，児童福祉法条文に記載され，児童福祉施設として，子ども福祉の中核を担ってきた保育所や地域子育て支援は，行政組織の中心は内閣府，法律は子ども・子育て支援法に移行している[10)]。また若者施策については当初から内閣府にその役割が課せられており，子ども・若者白書などの発行はすべて内閣府で行われている。厚生労働省や児童福祉法の子ども福祉の行政的な取り組みは，限定的保護的な子ども福祉分野となっており，特に近年は，虐待対応行政がその中心に位置づき，その関連施策はほかの行政組織に移ったり，共同実施になったりする傾向にある。

（2） 地方行政機関—総合的子ども施策を担当する子ども行政

1） 国と地方自治体の関係

かつては，社会福祉行政における地方自治体は，国の出先機関としての役割を中心に果たし，独自性が弱いものであった。それが1980年代後半に地方分権化が進むなかで，中央行政機関から，より生活に近い地方自治体に移譲する方向が強まることになり，今日に至っている。

10） 2021年6月，国会では，子ども庁，子ども家庭省の提案が与野党から提案され，議論がはじまっている。

2）都道府県（政令市と中核市を含む）の子ども福祉行政

都道府県は，国の方針を受けてまたそれをその地域に合わせた形で制度を作るために，行政機関をもち，全域をカバーする形で条例や計画を作り出す役割が求められている。特に人口の少ない市町村を支える広域行政を行う。都道府県は，子ども福祉に関する企画，児童相談所や福祉事務所，保健所など関係行政機関の設置・運営，児童福祉施設の設置・認可，児童福祉施設への入所決定，市町村の児童相談に関する支援，子ども・子育て支援制度に関わる広域的な業務を行っている（政令市は都道府県と同様の活動を行っている）。新しい子ども福祉を特に子どもの権利条約を反映した形で展開しようとすると，その行政組織では具体化を進めることが難しい。よって，従来型の国の福祉サービスを中継する形で企画，実施，評価検証を行っていくことになる。たとえば東京都では，福祉保健局少子社会対策部に計画課，家庭支援課，育成支援課，保育課の4課を擁している。これに加えて，教育委員会や，生活文化局でも子どもや子育てに関する事業を展開している[11)]。

2018年4月に中核市になった明石市は[12)]，「こども総合支援条例」を策定（2017年4月）後，2019年にこども局を創設し，こども健康課，児童福祉課，明石こどもセンター（児童相談所2020年7月創設），子育て支援室，待機児童対策室，こども育成室を擁している。つまり，子どもに関わる総合的な条例を制定し，それを中軸に，市の行政としてこども局を中心に，子ども支援の施策を総合的に展開している。

3）市区町村の子ども福祉行政

市区町村は，暮らしの最も身近な自治体としてさまざまな子ども福祉を担っている。都道府県が広域でもつ行政機関や施設の利用調整，市区町村が整備する保育施設などの許認可や指導監督は都道府県が行うな

11）子ども条例を策定している自治体でも同様である。2015年7月に「長野の未来を担う子どもの支援に関する条例」は，県民文化部こども・家庭課が担当している。2013年9月に滋賀県子ども条例を作った滋賀県は健康医療福祉部子ども・青少年局が担当である。

12）明石市HP. 2021年1月25日アクセス。

ど，都道府県と市区町村の関係は多様である。また保育施設などについて開設経費も市区町村と都道府県が分担するもの，また利用者（子どもは利用負担ができないので保護者が負担することになる）が利用料として負担するものも多く，その経費を自治体がどれだけ負担するかによって，それぞれの利用料に影響が出ることになる。

3. 子ども福祉を支える実施体制

(1) 児童相談所—身近な自治体での設置

児童相談所は，都道府県（政令市を含む）は子ども福祉の行政機関として設置しなければならない機関である。児童相談所の業務は，第6章図6－4に示されるように，市区町村に寄せられた相談のなかで児童相談所へ送致されたものについて援助するほか，直接家庭や子どもが暮らす学校や地域からの相談に応じて，それぞれの子どもに最も適切な援助を行うための子ども福祉を行うことを目的として設置されている。相談，判定，指導，措置，一時保護という5つの業務について児童福祉司を中心に多様な職種の協力で運営されている。中核市でも2006年に，児童相談所を中核市で設置できるように整備された（人口50万人に1か所程度の設置，2020年7月現在，220か所）。

これにより子どもが住み慣れた家庭に近い自治体で，相談から保護，救済，そして回復から自立まで一貫して見守られ，必要な時に迅速にまた総合的継続した支援を受けることができるということを意味し，児童相談所による介入保護が，地域の子ども福祉の支援と密接につながることによって，地域における，自立への見通しが早く立てられることになる。子どもの権利の視点からすると重要な価値のある施策である。

また，1997（平成9）年の児童福祉法改正により児童家庭支援センターが第44条の2第1項に定められ，18歳までのすべての子どもと，子どもがいる家庭の支援を目的に，児童相談所（児相）よりも身近な相談窓口として，児童福祉施設に併設する形で全国に設置された。特に東京都は，子ども家庭支援センターとしてほぼすべての自治体内（青ヶ島村のみこうした名称をもつ機関がない）に相談から保護を一体的に用意し，子どもたちの危機的な状況に対する早期介入や，回復のための地域支援を連携して行うことをはじめた。2004年には，児童福祉法改正により，市区町村にも児童相談に対応する役割が定められることになった。また2016年の改正では，東京都23特別区が中核市と同様に児童相談所を設置することができるようになり，2020年4月には第1号として東京都世田谷区，7月には江戸川区が開設している。

こうした取り組みが進むなかで，近年先に見た明石市など中核市などが都道府県から独立して自治体内で児童相談所を作る傾向にある。児童福祉課題について，自治体の支援組織が一緒に課題を整理し，当事者団体や自治体，施設と協働して継続的な支援を行いながら，問題の解決のために，予防と回復の方策を整備するということは十分に可能である。

（2） 福祉事務所（家庭児童相談室）

都道府県には，生活保護，高齢者，障害者，子どもへの社会福祉の第一線の現業機関として福祉事務所が設置されている（指定都市，中核市その他政令で定める市や特別区に設置される）。この機関での子ども福祉機能を充実することを目的として家庭児童相談室が1964年から設置されている。職員は非常勤の家庭相談員の配置が多いが，専任で相談員を配置したり，ケースワーカーなどを配置している自治体もある。また，2004年児童福祉法改正ではこの機関が児童家庭相談に応じることを市町村の業務として法律上明確化した。

2005年に厚生労働省が制定した市町村児童家庭相談援助指針では，住民に身近な市町村において，子どもに関する各般の問題につき，家庭その他からの相談に応じ，子どもが有する問題または子どもの真のニーズ，子どもの置かれた環境の状況等を的確に捉え，個々の子どもや家庭に最も効果的な援助を行い，子ども福祉を図るとともに，その権利を擁護することが記されている。そこでは，初期相談の窓口の役割を果たすだけでなく，個別事例の援助方針を決め，援助を行う役割をもとめられ①相談・通告の受付，②受理会議（緊急受理会議），③調査，④ケース検討会議，⑤市町村による援助，児童相談所への送致等，⑥援助内容の評価，⑦相談援助活動の終結など子どもと家庭相談のすべての過程で市町村が第一義的な役割を担うことが求められることになった。この機関を，市町村の児童課や福祉センターに子育て相談室などとして位置づけている自治体もある。また家庭児童相談室を含めた行政組織として子ども関連部署を作り，ひとり親相談員や婦人相談員の配置をしたり（非常勤の配置が多い），近年では，保育所選択を中心とした利用者支援事業の相談員の配置や，要保護児童対策地域協議会担当事務局として位置づける自治体もある。

(3) 保健所，保健センター

都道府県（指定都市，中核市その他の政令で定める市や特別区にも設置される）に設置されている保健所は，人口10万人に1か所，地域保健法に規定された機関である。1937年保健所設置，感染症予防対策活動など公衆衛生を中心とした活動を担ってきた。保健所という名称は地域保健法で名称独占となっており，この法律による保健所でなければ，保健所という言葉を使用してはならないということになっている。

そこでは，専門的母子保健サービス事業が行われ，身体に障害があったり，長期に療養を必要とする子どもに対する療育指導，育成医療の給付業務が行われている。

市町村の保健センターは，より身近な地域や，地域住民の保健ニーズに対応するために，1994 年地域保健法（保健所法の名称が改正された）において法定化された事業である。任意設置ではあるが，市町村レベルでの保健業務, 特に母子保健サービスを担う機関として期待されている。そこでは，母子健康手帳の交付（出産前の保健指導），妊産婦，乳幼児の健康診査，新生児訪問指導などを担ってきた。今後は子育て世代包括支援センターとして地域での妊娠，出産，子育ての総合支援の場として，保健と福祉の総合的な支援の場としての役割が期待されている。

（4） 児童家庭支援センター

児童家庭支援センターの創設は，1997 年児童福祉法改正時である。子ども虐待の増加を背景に，児童相談所を開設しない地方自治体におけるミニ児童相談所の機能を期待されて設けられた。地域の子ども福祉に関する多様な問題について相談を受け，関係機関との連携協力を取り合いながら子どもおよび家庭への支援対応・援助をする場である。施設に併設するかたちで作られていた。大きく注目されたのは東日本大震災時の遺児や孤児を中心とした子ども支援活動である。当時岩手県では県庁のある盛岡市と，北沿岸部の宮古市に児童相談所があったが，南の沿岸部にも必要となり，児童養護施設に併設されていた児童家庭支援センターが緊急の児童相談所として役割を担った。2008 年児童福祉法改正で，都道府県には市町村の求めに応じて技術的助言，その他必要な援助を行うことが定められ，東日本大震災後には里親やファミリーホームへの支援が加わるようになったこともその背景にある。2016 年度 104 か所から 2019 年度末までに 340 か所に増加する予定だったが，2020 年 12 月段階で147か所にとどまっている。

(5) 要保護児童対策地域協議会の設置と役割

要保護児童対策地域協議会は，2004年児童福祉法改正で児童福祉法に位置づけられ，2008年には地方公共団体に設置を努力義務化した。その結果，現段階ではほぼすべての自治体でこの組織が設置されている。この活動は，要保護児童を対象としているが，ほとんどが，虐待を受けている子どもたちである。こうした子どもたちを家庭や地域学校などで守り育てるために，要保護児童対策地域協議会の運営は，行政の家庭児童相談室などを中心にして行われている。その重要な組織は，地域で暮らす子どもの育ちに関わる多くの機関が参加する①代表者会議，②当該の子どもの育ち支援に関わる関係機関の実務者会議，そして，③中心的なケアの進行をつかさどる個別ケース検討会議の3層で構成されている。この会議体の運営の仕方，参加メンバーや議論の仕方など，それぞれの自治体によって異なっており，この会議体が関わっていた案件であったにもかかわらず，死亡に至ってしまうなどの問題が発生し，子ども支援に関する市民組織や健全育成などの地域での育成機関と福祉の保護機関，加えて福祉以外の教育や医療，学校や，病院，警察などとの有効な連携の進め方に関する指摘が厚生労働省『子ども虐待による死亡事例等の検証結果について』では，たびたびなされている。

(6) 子どもの権利擁護機関

日本政府は，人権擁護委員を子どもの権利擁護委員であると国連子どもの権利委員会に報告をしている[13)]。2019年1月1日段階で全国に約14,000人の人権擁護委員がいる。子どもの人権問題については，これら

---

13) 子どもの権利委員会からの第1回総括所見パラグラフ10で指摘がある。子どもの権利委員会は「子どもの人権専門委員」による監視制度は，現在では，政府からの独立，ならびに子どもたちの権利の効果的な監視を全面的に確保するのに必要な権威および権限を欠いていることに留意する」とある。

の委員にいじめや体罰，児童虐待，児童買春などに関する知識の習得が図られている。ただ，この委員には，子どもの権利侵害を現行制度や取り組みで解決できないときに執行する行政などへの勧告権限がない。

世界では，国単位の子どもの人権オンブズパーソンやコミッショナー[14)]が多いのに対して，日本は，自治体がオンブズパーソンを整備している。日本で最初に子どもの人権オンブズパーソンを整備したのは兵庫県川西市である。子どもの権利条約を日本が批准したにもかかわらず，「生きているのがつらい」と回答した市内小中学生を助けるために1999年に，子どもの人権オンブズパーソン条例（1998年12月制定）を策定。自治体に子どもの声を直接聞く相談員3人（のち4人）を擁し，事務局と3人のオンブズパーソンを配置した。以来，子どもの相談や救済，制度改善のための勧告などの役割を担い全国36自治体で活動している[15)]。多くのオンブズパーソンは子ども自身からの相談を直接受けると同時に子ども自身の困り感に視点をあてて，その制度の不都合や不具合や関わり方の変更を迫るなどの機能をもっている。子どもの環境（家庭，地域，学校，人）に働きかけて，子どもの抱える困り感を軽減させ，解決するために動く人であり，仕組みである。そのなかには，子ども福祉に関連する施設を利用したり，入所している子どもたちもいる。

（7） 地域における多様な公的支援者

日本の地域での福祉の担い手の特徴は，国や地方公共団体が任命する公的ボランティアが多いことである。以下いくつか特徴的な担い手の類型を紹介する。

児童委員は，民生委員と兼ねており，2019年12月現在全国で約23万人が厚生労働大臣から委嘱されて活動している。子どもと妊産婦の地域での相談相手として保護・援助・指導を，地域の関係機関と連携して

14）1981年，ノルウェーで法的な権限を有する国家機関として世界で初めて制度化された。

15）子ども条例に基づく子どもの相談・救済機関（公的第三機関），子どもの権利条約総合研究所ホームページ（2021年10月現在）

活動している。1994 年に，より専門的な援助活動を行うことを求められるようになったことから創設された主任児童委員（2001 年，児童福祉法第 16 条第 3 項に規定）は，児童委員のなかから約 2 万人が任命されている。各地域を担当する民生委員児童委員協議会において，最低 2 人の主任児童委員が配置され，関係機関と児童委員との連絡調整や，児童委員の活動の援助と協力を行う，地域での子ども支援者としての活動を担っている。

保護司（法務省）は，保護司法（1950 年）に定められる法務大臣から委嘱された民間ボランティアであり，身分は非常勤の国家公務員である。民間人として保護観察官と協働して地域社会における犯罪予防活動にあたっている。2020 年 1 月 1 日現在全国で約 47,000 人の保護司が保護区ごとに配属され，地域で活動している。

更生保護関係施設や法務省保護司以外に地域で更生保護を支えている民間の施設や団体としては，以下の施設や団体がある。①更生保護施設，②更生保護女性会，③ BBS（Big Brothers and Sisters Movement），こうした団体が地域の市民の協力によって，多様な関わりを子どもたちともち，子どもたちと社会との接点として重要な役割を果たしている。

だが，こうした地域での公的ボランティア活動も，暮らしや仕事の多忙のため，担い手が減り，児童委員の構成は女性が 6 割を超える（2020 年 3 月末は 61.4%）など，地域支援への市民の関わり方については，緊急の見直しが求められている。

(8) 審議機関―市民や当事者の参加

子ども福祉に関わる施策づくりは，行政担当者だけが担うのではなく，一般市民や当事者の実態や専門家から意見を求めて作り出す必要があるということで，国は社会保障審議会のなかに児童福祉部会を設置している。また地方自治体に関しては，都道府県（政令指定都市を含む）では児童福祉審議会（その他の合議制の機関）を設置することが義務づけられている（児童福祉法8条)。また市区町村は置くことができるという規定になっている。また，子ども・子育て支援法の制定に伴い，子ども・子育て会議を自治体が設置し，子ども・子育て支援事業計画を定め，変更する際は，市民や当事者を入れてその自治体に必要なサービスについて条例や，実施のための基準などについて議論をし，自治体らしい子どもの育ちや子育てを具体化するための事業種類や量，その実施基準を整備していくことをその会議体の役割として求めている。子ども支援のためのサービスの制度設計について，その実施に関わる基準や体制の整備，実施に関わる質や量の整備，利用者の選抜方法や利用料の設定などについても，自治体ごとにその整備を国から求められて，2014年までに多くの自治体が検討組織を立ち上げ，調査や討議をして，確定させた。現在では，それを踏まえて，子どもの育ちや子育てを支える自治体の基準が作られ，2015年度から2024年度まで（2019年度末までが前期計画）の子ども・子育て支援事業の計画的な供給体制の確保とその利用支援について自治体が実施主体となっている。

4. 子ども福祉施設と機能

児童福祉法に定められた児童福祉施設は12種類ある。助産施設，乳児院，母子生活支援施設，保育所，幼保連携型認定こども園，児童厚生施設（児童館，児童遊園)，児童養護施設，障害児入所施設（福祉型・医療型)，児童発達支援センター（福祉型・医療型)，児童心理治療施設，児童自立支援施設，児童家庭支援センターである。これらの施設以外にも児童福祉六法などに定められる施設などが，子ども福祉の実現のために整備されている。これらの施設は，その対象としている子どもの抱える課題やその受け入れの形で整理することができる。課題別に整理すると，①養護，②障害，③健全育成，④保健に分けられる。また暮らし（利用）の形態によって，①入所（24時間，許可された人が利用），②通所（1日の一定時間，契約された人が利用可能），③利用（1日の一定時間，対象となる人なら誰もが利用可能）の形に分かれる。

こうした施設などが，子どもが第一義的に必要とする家庭での養育をどのように支えているかという視点で整理すると図7－2のようになる。入所，通所，利用の形で地域に整備されている。

こうした施設等は，地域や課題によって，配置場所，数や事業内容など取り組み状況が違う。一人ひとりの子どもにとって最も良い社会的養育の方法を子どもの状況にあわせて探っていくことになる。たとえば，

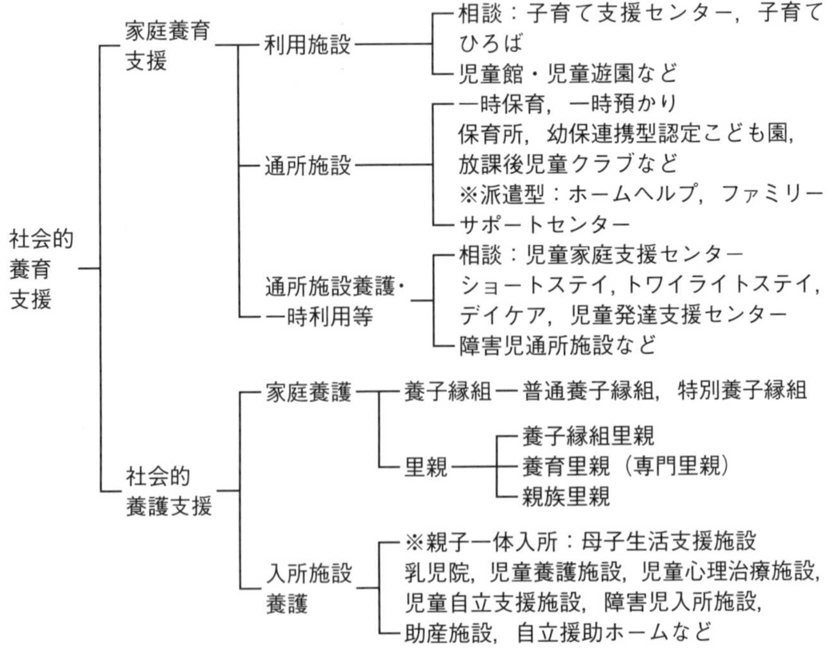

出所：筆者作成

図7－2　日本の子ども福祉等施設の利用の形別体系

種　類	要　　件
養育里親	要保護児童を預かり養育する里親 基本的には，実親の元で暮らすことができるようになるまで（期間は数か月以上数年ないし長年にわたるケースもある）
専門里親	虐待された児童や非行等の問題を有する児童，障害児など一定の専門的ケアを必要とする児童を養育する里親　※2002年創設 専門的な研修を受ける必要がある
養子縁組里親	保護者のない子どもや家庭での養育が困難で実親が親権を放棄する意思が明確な場合の養子縁組を前提とした里親 ※2008年児童福祉法改正で養育里親と区分，2016年児童福祉法改正で法律上の明記，里親手当なし
親族里親	3親等以内の親族の児童の親が死亡，行方不明，拘禁，入院や疾患などで養育できない場合の里親　※2002年創設 児童の精神的な負担を考慮し，養育里親よりも親族里親が優先されることが多い，里親手当なし

対象は原則18歳未満の要保護児童
給付される手当；①里親手当　②一般生活費　③その他（教育費，医療費など）
出所：筆者作成

図７−３　日本の里親の種類と要件

子ども一人ひとりの在宅家庭生活を支える家庭養育支援が充実していたり，社会的養護の通所施設，一時利用の整備が進む地域では，社会的養護の入所施設や家庭養護の適用を短くさせたり，その使用を遅らせることができる。社会的養育がどの段階で家庭に提供できるかによって，子どもの養育環境は大きく変化することになる。

代替養育については，社会的養育[16)]（「新しい社会的養育ビジョン」厚生労働省2017年8月2日）として，「子どもが権利の主体であることを明確にし，家庭への養育支援から代替養育までの社会的養育の充実とともに，家庭養育優先の原則の理念を規定し，実親による養育が困難であ

16)　家庭の代替養育を社会的養護といわれてきたが，この時に家庭での養育をも対象にした支援として社会的養育という言葉が使われている。

●里親数，施設数，児童数等

保護者のない児童，被虐待児など家庭環境上養護を必要とする児童などに対し，公的な責任として，社会的に養護を行う。対象児童は，約４万５千人。

里親	家庭における養育を里親に委託	登録里親数	委託里親数	委託児童数
		13,485 世帯	4,609 世帯	5,832 人
区分（里親は重複登録有り）	養育里親	11,047 世帯	3,627 世帯	4,456 人
	専門里親	716 世帯	188 世帯	215 人
	養子縁組里親	5,053 世帯	351 世帯	344 人
	親族里親	618 世帯	576 世帯	817 人

ファミリーホーム	養育者の住居において家庭養護を行う（定員５～６名）
ホーム数	417 か所
委託児童数	1,660 人

施設	乳児院	児童養護施設	児童心理治療施設	児童自立支援施設	母子生活支援施設	自立援助ホーム
対象児童	乳児（特に必要な場合は，幼児を含む）	保護者のない児童，虐待されている児童その他環境上養護を要する児童（特に必要な場合は，乳児を含む）	家庭環境，学校における交友関係その他の環境上の理由により社会生活への適応が困難となった児童	不良行為をなし，又はなすおそれのある児童及び家庭環境その他の環境上の理由により生活指導等を要する児童	配偶者のない女子又はこれに準ずる事情にある女子及びその者の監護すべき児童	義務教育を終了した児童であって，児童養護施設等を退所した児童等
施設数	144 か所	612 か所	51 か所	58 か所	221 か所	193 か所
定員	3,906 人	31,494 人	1,992 人	3,464 人	4,592 世帯	1,255 人
現員	2,760 人	24,539 人	1,370 人	1,201 人	3,367 世帯 児童 5,626 人	662 人
職員総数	5,226 人	19,239 人	1,456 人	1,799 人	2,075 人	885 人

小規模グループケア	1,936 か所
地域小規模児童養護施設	456 か所

※里親数，FH ホーム数，委託児童数，乳児院・児童養護施設・児童心理治療施設・母子生活支援施設の施設数・定員・現員は福祉行政報告例（令和２年３月末現在）
※児童自立支援施設・自立援助ホームの施設数・定員・現員，小規模グループケア，地域小規模児童養護施設のか所数は家庭福祉課調べ（令和元年 10 月 1 日現在）
※職員数（自立援助ホームを除く）は，社会福祉施設等調査報告（令和元年 10 月 1 日現在）
※自立支援ホームの職員数は家庭福祉課調べ（令和２年３月１日現在）
※児童自立支援施設は国立２施設含む

出所：厚生労働省 HP

図７−４　社会的養育の整備状況

れば特別養子縁組[17]によるパーマネンシーの保障や，里親による養育を推進する」ことを明確にし，今後乳児院や児童養護施設は里親などを支援する事業を担う機関として変更する方針が出されている。現在里親には図７−３に示すように，養育里親，専門里親，養子縁組里親，親族里親と４種類の里親の形がある。2016 年児童福祉法改正によって，継続的な養育関係をめざし，代替養育が必要な場合には里親委託を原則とすることが明確にされ，里親養育包括支援（フォスタリング）事業を担う児童養護施設等が少しずつ整備されてきている。2020 年段階では委託子ども数 5,832 人，委託里親数 4,609 世帯である。登録里親数が 13,485 世帯であることからすると，委託が簡単には進まないことが推察できる（図７−４）。

17）子ども福祉の増進のため，実父母の同意等のある 15 歳未満の子が，25 歳以上の配偶者のいる人（夫婦）である養親との間で実の子と同じ親子関係を家庭裁判所の決定により結ぶ制度。

5. 子ども財政

日本政府が子ども施策に対して支出している金額は，家族関係支出として提示されている。先進諸国と比較するとその総額の低さが顕著である。総額では2018年度の少子化関連予算の増額分，保育・教育無償化によってやっと増加させた。2020年の対GDP比率をもってしても，2010年の1.23から6.7ポイント増の1.9％でしかない（2015年は1.31％）。2018年度以降の国・少子化関連予算の増額分，子ども・子育て支援制度予算の増額分，高等教育無償化予算の増額分によって，「その他の現物給付」が2015年度の0.04％から，0.5％に急増し，それがほぼ5年間の増加の中心となっている。就学前保育・教育については，仕事・子育て両立支援事業，子ども・子育て支援対策費，保育対策費は，0.44

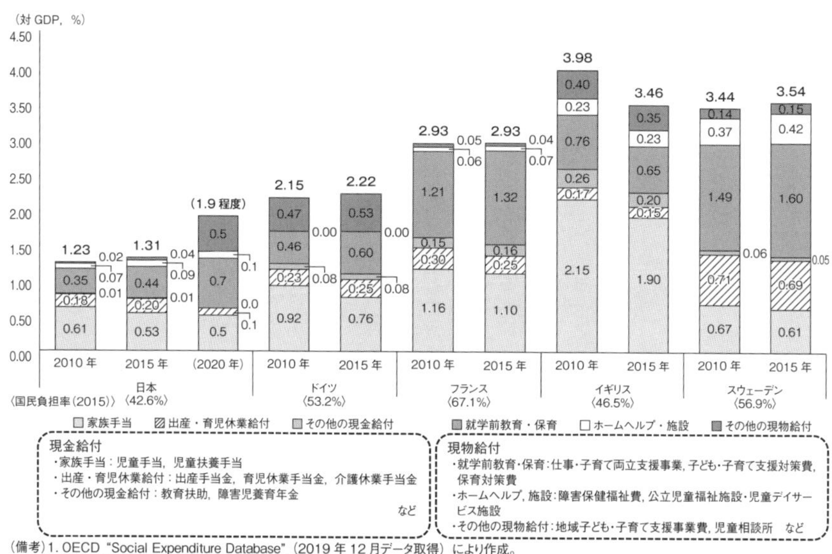

（備考）1. OECD "Social Expenditure Database"（2019年12月データ取得）により作成。
2. 日本の2020年の数値については，国立社会保障人口問題研究所「社会保障費用統計」（平成27～29年度）の値，2018年度以降の国・少子化関連予算の増額分，子ども・子育て支援制度予算の増額分，高等教育無償化予算の増額分を用いて推計。なお，消費税率引上げに伴う高等教育無償化について，給付型奨学金の上乗せ分は「その他の現金給付」に計上し，その他は「その他の現物給付」として便宜的に計上。
3. 国民負担率は財務省資料により引用，対国民所得比。

出所：内閣府

図7－5　主要国の家族関係支出の変化

%から0.7%へ，ホームヘルプ，施設：障害保健福祉費，公立児童福祉施設・児童デイサービス施設は，0.09%から0.1%への変化である。

家族関係支出は，国によって現物給付と現金給付の割合に違いがある（図7－5参照）。2015年の対GDP比率についてみると，スウェーデン3.54，イギリス3.46，フランス2.93，ドイツ2.22である。給付の内容は，イギリスは手当中心，スウェーデンは就学前・教育保育の現物給付中心の支出である。

このように日本は，諸外国に比べて総額の国の家族関係財政負担がなかなか増えない状況にある。子どもが暮らす地域で，必要とする子ども福祉事業を進める自治体は，実施の量や基準を上げて，地域で暮らす子どもや子育て家庭への対応をしなければならない状況にあり，自治体の財政負担が増加することになる。

6. 子どもの権利の具体化を進めるための子ども福祉行政の課題

子ども福祉行政では，これまで児童福祉法を中心とした児童福祉六法で構成される対象別の子ども福祉に関する法体系と実施体制により，在宅か施設かという二者択一の制度が作られてきた。そうした子ども福祉制度によって，保護が必要になるまで子ども自身の抱える福祉問題は，家庭の責任とされ，地域での暮らしを維持するための支援は，あまり用意されないという家庭への依存の強い制度設計であったといえる。それをいくつかの自治体が子どもの権利条約の批准を契機に条例づくりや権利擁護の仕組みを使って，子どもが必要としている子ども福祉の改革を進めてきた。改革のためには，法律や条例，行政の仕組みづくりに子ども自身や市民の参加による意見表明の機会が重要であることが示された。また，日本の子ども福祉の課題は，諸外国に比べて，国の財政の投入が少ないこと，子どもの権利による評価検証，勧告の仕組みがないことなども顕在化している。

その結果，従来の仕組みが国際的な標準に合わない状況であるときも，改善に向かうために時間がかかり，その遅れが，子どもの命や発達の機会を奪ってしまうことにもつながっていることが，子ども虐待などの検証から明らかにされてきている。

せっかく策定された計画もそこで作られた制度や施策が子どもの困難を解決するものでなければ価値がない。子ども福祉の対象になる子どもたちは，自分たちの置かれている状態が権利をはく奪された結果であるという認識をもちえず，それを年齢にふさわしい言葉で分かりやすく適切に教えてもらうチャンスがないし，それをいう手立てがないという何重もの苦悩のなかに置かれているのである。

【学習課題】

1．児童福祉法について，1947 年制定時と現代のものを較べてみよう。

2．自治体の子ども福祉行政について調べてみよう。

参考文献

・子どもの権利条約 NPO レポート連絡会議編（2020）『子どもの権利条約から見た日本の課題』アドバンテージサーバー

・子どもの人権連他編（1999）『子どもの権利条約のこれから』エイデル研究所

・喜多明人，荒牧重人，森田明美，内田塔子編著（2004）『子どもにやさしい街づくり』，喜多明人，荒牧重人，森田明美，内田塔子，半田勝久編著（2013）『子どもにやさしい街づくり第２集』日本評論社

・荒牧重人，半田勝久，吉永省三編著（2016）『子どもの相談・救済と子ども支援」日本評論社

8 地域で子どもの暮らしを支える

森田明美

《ねらい》 子ども福祉に地域で暮らす子どもがどのようにつながっていくのか，またそのつながりがどのように子どもの家族や家庭を変化させていくのかについて学ぶ。ここでは，10代親家庭で育つ子どもを事例にして，基礎自治体の子どもの権利を支える諸施策が，どのように子どもの暮らしを支えていくのかを手掛かりにして考える。

《キーワード》 地域子育て支援コーディネーター，10代親，利用者支援事業，子育て世代包括支援センター，市民参加，子ども食堂

1. 地域で暮らす子どもを支える仕組みと子ども福祉

(1) 子ども支援の仕組みと方法

子どもは，自治体（市区町村や政令市など含む）で暮らし，自治体や都道府県，国の施策を利用する。自治体では，自分の状態を言葉で表現することが難しい状態や年齢などの段階にある子どもの固有性に着目し，子どもの置かれている状況が，深刻な状態になる前に，できれば予防的な段階で，子どもを行政支援につなぐことをめざしてさまざまな仕組みを作っている。そのなかで子ども福祉は，保健，医療，教育，司法，心理等の専門分野や，地域社会の支援を配慮しながら，一人ひとりの子どもの幸せの実現のために，経済的な支援やサービスの提供によって，その子の最善の利益を考えた取り組みをしている。

本章では，子どもが表出したSOSがどのように地域の大人によって

キャッチされ，支援につながったのかを通して，子ども福祉の整備と多様な支援の連携を学ぶ。

(2) 自治体での子ども福祉

ここでの事例は筆者がこれまでの研究や実践のなかで出会った子どもの実態に合わせて作り上げた仮の状況を使うことにするが，そこで使う支援は，筆者が長く制度づくりに関わっている東京都世田谷区の子ども支援の実際の仕組みである。

世田谷区は東京都23特別区のなかで一番人口が多く，約92万人，子ども人口（0～17歳）126,891人（2020年1月1日現在），出生数は7,371人（2018年）である。2009年から2015年までは0～5歳の子どもが毎年約1,000人増加しつづけ，また10代から30代前半までの年齢層は転入超過の状況である。合計特殊出生率0.77人（2002年）だったが，1.07人（2018年）まで増加，20代後半から30代前半では核家族世帯も含め，転入が転出を上回っており，子どもや子育て家庭の減少が目立つ日本のなかで，積極的な子どもや子育て家庭支援を進めることによって，子どもや子育て家庭の増加につなげている自治体の一つである[1)]。

世田谷区の子ども施策全体を定める子ども計画は，図8－1に示すように，国の児童福祉法，子ども・子育て支援法，次世代育成支援対策推進法，子どもの貧困対策推進法，子ども・若者育成支援推進法などの法律を具体化するための自治体計画を内包する形で作成されている。

それぞれの計画を施策化していく際に，子どもの権利の視点を自治体では共有しており，その理念を胎児期から18歳になるまでの施策で展開している。そうした意味では，児童福祉法を中心としながらも多くの関連法から構成される子ども福祉は，一人ひとりの子どもがもつ成長発達を具体化するためにどのように子どもの支援を支えることができるか

1）世田谷区子ども計画（第2期）後期計画2020年3月と世田谷区資料による。

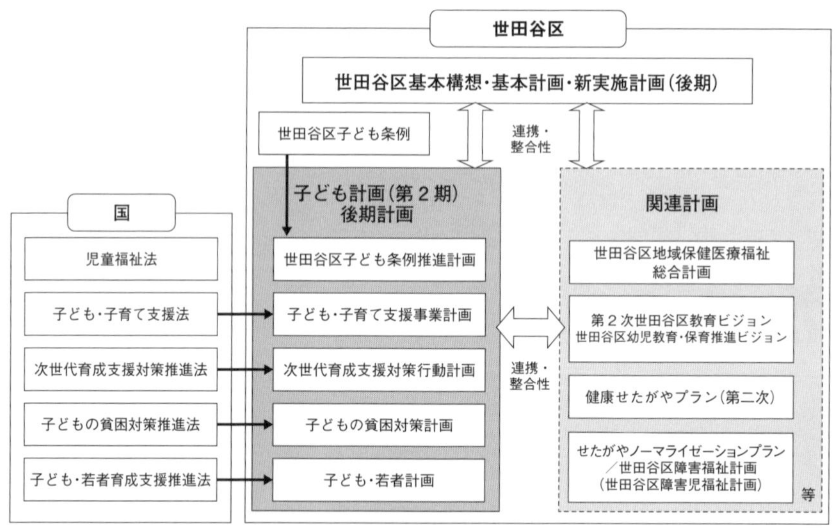

図８－１　世田谷区子ども計画の位置

ということが重要になってくる。

これだけの法律が関わっていれば福祉を必要とする子どもが使える施策は，多く思えるが，実際マネージメントするとそれほど多くない。

次に実際の事例を参考（本人が特定できないように実際の事例に修正を加えている）に，どのように制度を活用して子ども自身の最善の利益を考えて，自分の力を最大限伸ばしていくのかを考えてみたい。

2．事例にみる子ども福祉へのつながり方

（1）10 代親に育てられている A 君の事例

〈概要〉　A 君３歳。20 歳の両親と世田谷区賃貸アパート在住。父は求

職中，母は深夜の飲食店勤務，家族の健康は良い
・経済的状況：20歳の夫婦のアルバイト収入
・生活歴：Bさんは20歳。10歳で児童養護施設に入所。16歳高校を2年で中退し，自宅に戻り，精神を病む母親を介護しながら働く。17歳に施設で一緒だった現在の夫Cさんと同棲し，妊娠。母もCさんも出産時は経済，世話共に支援できないということで，婦人保護施設に入所して出産と出産後支援を受けた。3か月後に母子生活支援施設に入所先の変更。19歳まで母子生活支援施設で暮らし，夫Cさんが，就職ができアパートを借りたということで，施設を出て同居をはじめた。2人が20歳になって入籍をした。だが，最近また夫は失業した。

1）A君との出会い

11月のある日，「3歳くらいの男児（A君）が時々，公園に一人で遊んでいる」のをみかけた地域子育て支援拠点事業[2)]（以下，「子育てひろば」という。）の地域子育て支援コーディネーター[3)]から子ども家庭支援センター[4)]に問い合わせがあった。

子ども家庭支援センターには届いていないケースであるようなので，次に見かけたときに声をかけてほしいといわれた。

気にかけていたら，すぐに同じ公園で姿をみかけた。子どもに声をかけて「一人で来たの？」「家はどこ？」と聞くと，一緒に連れて行ってくれるというので，家に一緒に行った。母親Bさんは，自宅で深夜の仕事から明け方に帰宅し，疲れて寝ていた。その間に子どもが一人で遊びに出てしまっていたので探していた。Bさんは20歳。同じ年齢のBさんの夫は失業中で求職活動をしているということであった。

2）10代母Bさんの生育歴

Bさんはひろばで地域子育て支援コーディネーターたちと一緒に過ご

2）地域の子育て支援の拠点となる事業。
3）利用者支援事業基本型に配置された子ども・子育て事業計画に配置が要請された子育て支援事業の利用に際して相談に乗る人。
4）子ども家庭支援センターは，東京都で2004年に地域子育て支援施設としてはじまり，現在では東京都の基礎自治体の児童相談機能をもつ機関である。

すなかで，少しずつ自分のこれまでの暮らしについて語り出した。

Bさんは児童養護施設で10歳から16歳まで暮らしたが，高校2年で中退して，母が暮らす実家にいったん戻った。再びはじめた母との暮らしはうまくいかず，今のパートナーである児童養護施設の同級生とアパートで同棲することになった。その直後に妊娠した。だが，パートナーがちょうど失業してしまい，お金の蓄えもないことから，出産と産褥期は婦人保護施設で生活保護を受けながら過ごすことになった。

婦人保護施設のことは，児童養護施設時代の職員の人に電話で相談したら，教えてくれた。臨月に入り入所し，連携している産院で無事出産した。母子となり戻った婦人保護施設は個室で，赤ちゃんの育て方を教えてくれた。施設内には同じ時期に出産・子育てをしている女性が何人もいたので話をすることができた。また夜中も誰かが職員室にいたので，泣き止まなければ相談に行けたし，自分が入浴するときは預かってくれたので，安心してシャワーを浴びることもできた。最初はルールが多く，厳しくていやだなと思ったが，結構居心地がよかった。残念ながらそこには3か月までしかいられないので，小学生まで暮らした土地勘のある地域の母子生活支援施設に移動することにした。その施設は，個室で，子どもと2人の生活ができるように指導員の人が世話の仕方や調理，片づけや家事を一緒にやってくれて，少しずつ子どもと2人で暮らすことができるようになった。ちょうど離乳食づくりや夜泣きなどがつらい時期で，一人で育てるのは大変だった。そんなことを考えてはいけないと思っていたけれど，時々遊びに行ったり，眠れないときには預かってほしかった。同年代の子は皆学校に通っているので話があわず，外に出ることもあまりなかったので，そこでの暮らしはあまりおもしろくなかった。お金もなかったので，我慢して子どもが2歳になるまで暮らした。

施設を出るきっかけは，A君の父から「仕事が順調に続いているので一緒に暮らそう」と連絡があったので，母子生活支援施設を出て，パートナーが住む世田谷区のアパートで同居を開始した。20歳で自分が成人したら，結婚に親の許可がいらなくなるので，入籍したいと思っていたのでちょうどよい時期だった。パートナーは気持ちの優しい人で好きだが，仕事は長続きしないので，生活は苦しいだろうとは想像していた。

むしろ母子生活支援施設で，生活保護と児童扶養手当や児童手当などひとり親世帯や子どもの手当を受けて暮らしていた時のほうが，生活にゆとりがあった[5)]。今パートナーは内装業の仕事をして1か月税込みで15万円位，自分は夜の居酒屋のアルバイトを夜中までしているが，パートナーが帰宅して入れ替わりで仕事に出ることしかできないので，1日5時間くらいしか勤務できない。1か月の収入は10万円位がやっと。特に今はパートナーが失業中なので，収入を上げるために，深夜まで働いたら，朝起きられなくなってしまった。1DK 7万円のアパートの家賃を払い，親子3人が暮らすには1か月20万円の収入が必要である。子どももかわいいし，パートナーも大好きだから，仲のいい楽しい家庭を作りたいのに，このままでは夢を実現できないと泣き崩れた。

(2) A君と家族の支え方

1) 10代母Bさんへの支援の考え方

Bさんは20歳であるが，3歳の子どもも20歳のパートナーも愛している。この家族を大切に守りたいと思っている。そのことを大切にして，家族で生きるために，地域の人たちの協力を得ながら，子ども福祉や自治体の支援策を総合的に利用する方針で支えることにした。

2) 4月からの暮らしへの希望

Bさんの今後の暮らしは，最初に公園で一人遊ぶBさんの子であるA君を見つけて支援につないだ子育てひろばの地域子育て支援コーデ

---

5) 2020年4月現在では，毎月公的手当とは児童扶養手当43,160円，3歳未満児児童手当15,000円，東京都児童育成手当13,500円が支給されている。また生活保護を受給していたため，家賃や利用料，食費などは無料。

ィネーターが，Bさんを中心に，パートナーも交えて一緒に考えた。

A君は，4月から3歳児で保育所入所をする。Bさんは，仕事を昼間に変え，高校卒業認定を取得するために勉強をする。認定が取れたら，働きながら准看護師資格を取得する。Bさんのパートナーは内装業の仕事を継続する。毎週日曜日は家族全員が休みにして一緒に過ごす。

3）支援の展開

①　支援の開始

3歳のA君は，12月の段階では2歳児クラスの対象となる。3歳未満の子どもは，4月の段階でほぼ満員であり，年度途中で入所できるのは偶然空きが出た特別な場合のみである。特に世田谷区は3歳未満児を中心にして認可保育所の待機児が多い自治体である。(2021年4月時点の保育待機児童はゼロになったが，年度途中の入所は難しい。)

そこで，このA君の保育については，この自治体で採用している緊急一時保育が利用できないか早速保育課へ連絡を取った。お父さんがハローワークに出かける前に送って行かれるような場所にある自治体立保育所には，残念ながら緊急一時保育の空きがなかった。そこで1日午前午後の預かりを受けている子育てひろば等で行われている理由を問わない一時預かり（ほっとスティ）事業で，午前中3時間（2,500円）だけ預かってもらい，その間にお母さんが眠るということにした。そして午後は，一緒に子育てひろばで遊ぶことにした。子育てひろばで，ほかの親子との交流，子どもとの会話や関わり方，子どもの興味・関心にどのように対応するかということを体験してもらった。

認可保育所と緊急一時保育の申請も同時に行った。たくさん自分で資料を調べたりして書く欄があって，漢字を調べ，一つずつ一緒に書いた。これだけの書類の作成には忍耐と努力が必要である。午後，スタッフや子育て中の親たちに見守られ，子どもを遊ばせながら何日もかけて申請書の記入をした。

②　支援後のＡ君と母Ｂさんの変化

地域の人との交流がほとんどないＢさんにとっては，この体験は貴重であり，これまではほとんど地域に出ることもなかったが，子どもと一緒に地域の公園などに出かけることも頻繁に行うようになった。行政につながったことから，いくつかの子ども福祉サービスを受けることができるようになった。

・経済的保障：転入の手続きがされていなかったので，児童手当の手続きもされていなかった。３歳第１子であることから10,000円が毎月給付されることになった。
・医療給付：医療費の無償の手続きができておらず，お金がないので医者への受診ができていなかった。歯の治療がなされていない，アトピーが放置ということで，子ども医療費助成の申請をして無料で治療を受けることになった。

Ａ君は，午前中子育てひろばでほかの子どもと一緒に外遊びを中心に過ごすようになり，昼食を食べると短時間の午睡もできるように生活リズムができてきた。午睡の間にもう一度お母さんが一緒に眠ることや，またその間に部屋の片づけや洗濯・調理などもできるようになり，家が落ち着いて過ごす場所になってきた。またお父さんが仕事探しから帰宅してから，夕食づくりや子どもの相手ができるようになり，子ども自身が落ち着いた。この体験から，Ｂさんは保育所への入所をしたい，もしも保育所に入所できれば昼間の仕事に切り替えて生活リズムも整えることができると思うようになってきた。

4）今後の見通し

この事例では，子どもが危険な状態になる前に発見され，適切な支援を利用することができた。子どもにとって，安心安全な場で思い切り遊ぶことは，この時期の子どもたちに重要な環境である。お母さんにとって半日であっても子どものことを心配しないで，ゆっくり眠ることができるようになることは，意欲の回復にもつながった。地域子育て支援コーディネーターから世田谷区は待機児がたくさんいて，認可保育所への入所は難しいが，世田谷区の入所基準には出生日に保護者のいずれかが18歳未満の場合は，親への子ども期の支援としてその子どもを優先入所できるという基準[6)]があることを教えられた。A君は母親が17歳の出産であるため，その対象になるとのことであった。またA君が3歳になる4月からの入所は，確保できそうになった。

1か月ほどしたら，お父さんの仕事も探せたので，1月からはお母さんは，高卒認定試験の準備をすること，お父さんの仕事が休みの週末だけ，近所の高齢者の入所施設でアルバイトをすることにした（1か月妻6万円，夫18万円，児童手当1万円，合計収入25万円）。

（3） 10代で妊娠・出産・子育てをする家庭への支援

ここでは10代で親になったA君の母親のことを手掛かりにして，子ども福祉の支援を学習する。

1） 10代親の状況

まず10代の親たちが置かれている状況をみていこう。

出生数が減少している日本では，10代での出産数が減少しており，対比率も減少している。にもかかわらずその対象への支援の重要性については，むしろ上昇してきている。具体的には子どもの虐待死等の継続的な実態調査によって，10代での出産母の孤立と問題状況の深刻さによって，その必要性が語られている[7)]。

---

6) 同様の基準が東京都八王子市，西東京市で作られており，毎年1～2名の利用者があると報告されている。

7) 厚生労働省『子ども虐待による死亡事例検証結果について（第14次報告）』2018年8月は，若年（10代）妊娠を特集しており「第5次から14次報告の10年間で心中以外の虐待死が99件あり，全出生数のうち母親の年齢が若年（10代）の割合は約1.3%前後で推移しているが，心中以外の虐待死事例における若年（10代）妊娠の平均割合は17%である」と，その高さを指摘している。

結婚や出産年齢が低かった1950年には，19歳以下の出生数は56,365人と全出生数の2.4％を占めていたが，1975年には0.8％まで下がった。また，2002年には1.85まで上がり，その後は減少に転じ，2018年にはその人数も1万人を割り，全出生数918,397人の0.96％にまで人数もその占める割合も下がっている。

この1万人は，特別な福祉などの支援の対象にはなっていない。特別な支援が必要であると認識されて，妊娠中は「特定妊婦」[8)]として子ども・若者育成支援推進計画[9)]では，特別に配慮をする対象になっているが，こうした10代で出産した親に特別な支援は，ほとんどの自治体で講じられていない。

それでは，どんな特別な状況があるのか。筆者が行ってきた調査[10)]から固有な課題を整理してみよう。

第1に，10代親には，高校を中退して自分のキャリアを探っている間に妊娠・出産・子育てをすることになっている人たちが多い。

第2に，10代で親になっている人の割合は少ないので，仲間を得にくいと同時に孤立化しやすい。

第3に，子育てと仕事，家事に関する時間と体力の調整が難しく，自己実現（高卒認定など自分のため）の時間が取れない。

2）子ども支援の難しさ

Bさんは，パートナーと子を愛しており，一緒に幸せになりたいと思っている。この気持ちを大切にした支援が彼女の頑張りを暮らしに活かすことにつながる。また，親など親族や友達からは，適切で正しい情報や知識などが受けられないことも多い。支援も役所の相談窓口だけで支

8）特定妊婦については，子ども虐待による死亡事例等の検証結果等について第14次報告で特定妊婦の支援の必要性を述べている。

9）子ども・若者育成支援計画では10代親が対象になったが，特別な事業は取り組まれていない。

10）筆者は2002年に東京都社会福祉協議会保育部会の協力を得て，10代親の出産・子育て調査を行い，以降2013年，2019年に量的調査と，この間，継続的事例研究を行っている。

援につなごうとすると難しい。B さんの場合幸いなことに，出産の前後に婦人保護施設と母子生活支援施設の支援を受けており，そのために，支援を受けることにそれほど抵抗感がない。ただ，自治体が違ったり，結婚を前提に退所したため，施設のアフターケアとして地域生活へのていねいな移行への連携ができなかった。その結果，A 君が昼間ひとり公園で遊ぶという状況を発生させた。

この家族の場合，近所で信頼できる子育て相談に乗ってくれる人と場が見つかり，子どもも安心して育つ環境が 24 時間用意され，親もまた自分らしい暮らしをみつけるための時間ができるようになった。

支援前は子どもの預け先を見つけることができず，自分が頑張ればいいと，夜間の仕事をしながら，子どもの世話を日中しようと考えた。自分が当たり前に必要とする生活の時間，眠る時間すら考えないで，暮らしていた。A 君の場合には予防的に地域で発見されて支援につながったが，そうはならない場合には，A 君が事故や事件に巻き込まれる，被虐待状況になる，B さんが病気になる，B さん夫婦の関係が悪くなっていくということも考えられる。さまざまな A 君自身の育ち，家族などの課題に波及していくことになる。

3. 自治体がつくる子ども福祉

(1) 世田谷区の子ども福祉の特徴

1）子ども条例と子どもの権利に基づく子ども支援制度

表 8-1 のとおり世田谷区の制度は，年々子どもの権利の具体化のために整備されてきている。その核になっているのが，2002 年東京都内で最初に作られた子ども条例である。この条例を軸に，子どもの権利擁護の仕組み，せたがやホッと子どもサポート（略称：せたホッと）を作

るために2013年に条例を改正し，子どもの権利という視点を明確にするために2015年３月には「子ども・子育て応援都市宣言」の発布，その計画の内容を補強し，行政組織としても子ども部に若者支援を位置づけ，子ども・若者部[11]という行政組織を作っている。つまり，子どもの権利の視点で，第１に妊娠から若者期まで，長期に継続的支援を整備している。第２に市民，事業者，行政がネットワークを組んでいること。第３に地域での在宅支援から保護まで連携支援が組める状況である。

２）児童相談所と子ども家庭支援センターの併用（のりしろ）型支援[12]（図８−２参照）

世田谷区は，東京23特別区の第１号として，2020年４月に児童相談所を東京都から移管し設置した。2004年に作られた子ども家庭支援センターはもともと，地域子育て支援の拠点として作られたものである。国が児童相談機能をミニ地域児童相談所として自治体に置く方針を決めてから，子ども家庭支援センターをその拠点として作り上げてきた。自治体内に児童相談所を設置することになり，世田谷区は子ども家庭支援センターを地域支援型の最後の相談機関として残し，そこで支援ができない子ども家庭を児童相談所で対応する形で子ども福祉の相談支援制度を作っている。この２つの相談救済組織に加えて，子どもの権利擁護機関「せたホッと」による第三者機関としての勧告権限をもつ組織によって，子どもの権利が総合的に具体化されようとしている自治体である。

３）子ども支援と若者支援をつなぐ

若者の引きこもり，ヤングケアラーなどは子どもと大人，高齢者などを貫く課題である。年齢別の施策づくりではどうしても見えにくくなる。

不登校の子どもを訪問してみたら，両親，きょうだい，祖父母など家

11）役割が多くなるなかで，子ども・若者部から，保育部（2018年度）と児童相談所（2020年度）を部として分けている。

12）併用型にして，子ども福祉の地域支援を支援制度の重なりを十分にとり，行う意味で，「のりしろ型」とよんでいる。それによって，手厚いサービスをすることをめざしている。

表8－1　国，世田谷区の子ども条例・計画・主な施策

	条例・計画・行政組織	主な施策	国の新制度への対応
96年		子ども家庭支援センター設置	
99年	子どもを取り巻く環境整備プラン策定		
00年			社会福祉基礎構造改革：介護保険法施行
02年	子ども条例施行		
03年			厚労省新制度議論開始「社会連帯による次世代育成支援にむけて」
04年	子ども部を設置	保育サービス第三者評価開始 保育内容の助言等，巡回指導員制度の充実（看護師による健康管理等巡回指導は81年度～）	
05年	子ども計画（第1期）前期計画	保育ネット烏山発足	障害者自立支援法に基づく給付制度開始
06年		子育てステーション（成城）開設，子ども基金設置	
08年		産後ケア事業開始	
09年		保育ネット5地域すべてで発足，24時間保育実施園開園 発達障害相談・療育センター「げんき」開設	子ども・若者育成支援推進法
10年	子ども計画（第1期）後期計画（若者支援計画を包含）	子育てステーション5地域すべてで開設 ユースミーティング世田谷発足	
12年			子ども・子育て支援法
13年	子ども部に若者支援担当課を設置，子ども条例改正	子どもの人権擁護機関「せたホッと」開設	地方青少年問題協議会法改正，貧困対策推進法
14年	子ども・若者部に組織改正	青少年交流センター開設，若者総合支援センター開設	次世代育成支援対策推進法改正，貧困対策に関する大綱
15年	前期子ども計画（第2期）	世田谷区保育の質ガイドライン 子ども・子育て応援都市宣言	子ども・子育て支援新制度施行
16年		世田谷区版ネウボラ	児童福祉法，子ども・子育て支援法改正：理念の改正と児童相談所改革
19年			幼児教育・保育の無償化
20年	後期子ども計画（第2期） 子ども条例改正	児童相談所開設	

出所：筆者作成

族のケアをしていたという事例に遭遇することは昔から多かったが，やっとこの状態が子どもの成長発達する環境としてふさわしくないということを社会が認知しはじめたということである。世田谷区が若者施策の必要性を認識したのは，2009 年に計画の作成に努めるよう求め，子ども・若者育成支援推進法ができたときである。当時の世田谷区では引きこもりの若者数が 1,500 人と報告され，この人たちの暮らしを支援して，社会との関係を作り出すことが必要であると考え，子ども・青少年協議会に若者たちが参加して作り出す施策や計画，権利擁護の仕組みづくり，

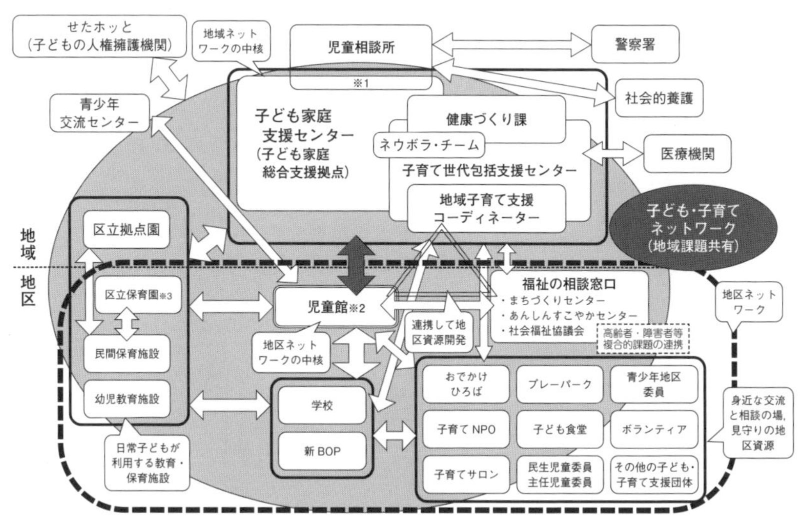

※1 子ども家庭支援センターと児童相談所は，それぞれがもつ専門的な機能や権限を発揮し，それぞれの役割を果たしつつ，必要に応じて問題の解決まで協働で関わる「のりしろ型支援」の体制を構築する。

※2 児童の健全育成（あそび）を基盤に，そのなかから相談や気づき，見守り等を行うとともに，地区の関係機関等との関わりを強化し，地域の見守りの中核を担う機関として地区のネットワークの構築を図る。

※3 地区における身近な公設の児童福祉施設としての専門性を活かし，支援を必要とする家庭の早期発見および継続的な見守り・支援を行うとともに，関係機関と協働・連携しながら，子育て支援を実施する。

出所：世田谷区『子ども計画（第 2 期）後期計画』2020 年 3 月

図 8－2　世田谷区における子ども・子育てにかかる相談支援のネットワーク

仲間づくり，活動，相談，就労支援などの場づくりなどを行っている。

子ども福祉の領域では，保健，医療，教育と福祉の分野の事業が協力して子どもを支援する。子育て支援ではそこに就労支援が深く関わる。若者支援では，それに文化やまちづくりといったさらに地域の主体として暮らすときのさまざまな問題への関わり方などの見直しや情報提供の仕方や居場所支援などが行われている。

4）地域や家庭で子どもが暮らすことの支援へ

子ども福祉施設には，これまでのように施設入所と在宅のどちらかの選択ではなく，地域で暮らしながら，施設も利用するという子育て環境の整備や，子育て支援が求められている。

2009年に国連総会で決議された「子どもの代替的養護に関する指針」では，特に成長発達期にある子ども期は，人への信頼を形成する時期であり，安心と信頼できる場所で，人との関係を構築する経験が重要である。こうした時期の家庭に代わる環境として，社会的に用意される環境を第1に家庭に代わる家庭（養子縁組，里親）で用意する。第2に家庭が用意できないときには少人数が暮らすグループホームで暮らす。第3に家庭的な暮らしを市民が提供する際に身近で相談に乗る機関を用意するといった方法が模索されている。

地域で，その子どもに最もよい暮らしについて考え，サービスにつなぐ児童家庭支援センターや，子ども自身が自分の希望する暮らしを考え，その暮らしを実現する試みである。

養育者を必要とする子どもに寄り添い，家庭に代わる環境を用意し調整していくことである。子どもが自分の人生の今を主人公として生きることが大切にされて，逆境のなかで生き抜くことを支える仕組みである。自分が自分のことを考え，自分らしく生きる方法を探り，不足する支援を適切に提供されることが重要である。そうしたことの先に，苦しい時も頑張れる自分らしい生き方を見つけ，めざすことができる。

（2） すべての子どもの権利を最大限実現する子ども福祉

こうしてみると，子ども福祉は地域の子どものおかれているさまざまな暮らしの課題に目配りしながら，子どもの権利侵害に迅速かつ適切に機能することが必要である。つまり，地域の一人ひとりの子どもたちの最善の方法を考える人と場がそこでの支援を展開するのである。

適切な支援が適切な時に行われることが重要であるが，基盤となる自治体政策の中心となる子ども計画は重要な存在である。そこでは，公的，市民的子ども支援の取り組みの実際が一緒に考えられる。専門家や行政と市民の協力が多様に組み合わさることでよりよい子ども支援がつくられていく。そうした意味で世田谷で取り組まれている区民版子ども・子育て会議の開催はまさにそうした市民活動と自治体活動の中継をする事業[13]になっている。

子どもたちは，安心できる地域で信頼できる大人たちと，仲間のなかで支えられる安心観を得て，自分の力をつけて育つ。仲間がいる地域，支え合える地域を求める。必要な時にしっかりと保護された子どもたちは，支えられながら自立することに向かっていく。その安心感を地域に作り出すことが重要である。

世田谷区は「せたがや若者フェアスタート事業」として社会的養護で育った子どもたちの専門教育を受ける時の給付型奨学金，住まいと相談支援を展開しているが，そのうちの給付型奨学金はそうした市民の寄附による支え合いの事業である。こうした事業で支えられて，専門知識や技術を身に着けた子どもたちは地域への良き評価を得て成長する。寄附

13）この事業を活動として位置づけるのは，世田谷区内で子育てひろば事業を運営する世田谷子育てネットである。2013年末に子ども・子育て会議区民版が立ち上がり，計画策定の年の2014年4月に行われた初回には計画策定を担当する子ども部長が参加している。この年はほぼ毎月，合計11回の会議を実施。その後は年に4回程度実施し，これまでに約30回開催されており，多くの自治体職員も参加している。

は多くの市民から寄せられ，対象者が助成額を大きく上回っており，新しい支援活動を開発しなければならないほどの金額になっている。

まさに社会的養護の子どもたちの存在が，地域で困っている子どもたちを取り残さないという地域文化の醸成をもたらしているといえる。この循環が子どもの権利を具体化するまちをつくることにつながる。

（3） 子ども福祉に求められる市民社会との共同

子供の貧困に関する対策大綱に学習支援や子ども食堂による支援事業が入り，これまで地域の子どもたちを対象とした事業，健全育成事業としては児童館，児童遊園等における事業に限られていたものが，市民社会の多様な場所での多様な活動がその対象として入ってくることによって，新しい展開がはじまっている。

2020 年 12 月現在，子ども食堂の箇所数は NPO 法人全国子ども食堂支援センターむすびえ調査[14]によると，5,086 か所。前回発表時（2019 年 6 月 26 日）より，1,368 か所増。コロナ禍（2020 年 2 月以降）も，少なくとも 186 か所の新設を確認されている。2018 ～ 2019 年の 1,423 か所増（過去最高）に次ぐ増加数ということである。コロナ禍だからこそ，一層困窮度を増している子どもたちへ，食事の提供を増加させるという市民活動のエネルギーである。

世田谷区内では，47 か所の子ども食堂が運営されている。

さらにコロナ禍で，新しい活動を模索する地域活動もある。「せたがやこどもフードパントリー」は，多様な子どもや子育て家庭，若者を応援している団体が集まって活動している。その活動には，市民の寄附や寄附団体の事業補助などが使われている。子ども食堂の活動として食事の提供ができなくなったことが背景にあり，お弁当の配布や食料の配布ということをはじめるなかで，市民の活動が共同して行えるようになっ

14）「子ども食堂全国箇所数調査 2020」2020 年 12 月 23 日発表，NPO 法人全国子ども食堂支援センターむすびえ 2021 年 1 月 28 日アクセス。

ている。地域の食堂が協力して弁当を作る余裕の食材を提供するのがフードバンクである。また子育てのひろばを運営する団体が行政とつながって支援を必要としている人たちに活動の情報を流す。そして必要としている人たちがSNSなどを使って参加してくる。また配られる場においては，相談支援が展開されるなどそこでは多様な市民活動が重なり合って人々の孤立した心を少し緩めていく効果も生み出していく。

そこで大事な事は，行政が市民活動に全面的に頼らず，必要な専門性や経済的，総合的な支援を必要な人にしっかりと提供していく重層的な支援が繰り広げられることである。利用に際して入り口のハードルの低さから，支援の広がりと継続性につながる。さらに困った状況があるときは，行政保護につなぐことができる。そうした市民同士，市民と行政などが連携した仕組みが子ども福祉の場に生まれはじめている。

4. おわりに

子どもは子どもの遊びや仲間集団の活動のなかで育つが，子育て家庭の孤立化は，子どもが多様な大人や社会の考え方や，支援の存在を知り，家庭，地域，学校，社会での課題を乗り越える機会と出会いを妨げる。また，子どもを孤立化させ救済につながる機会を遅らせる。

子どもを孤立から，子どもを社会につなぐためには，連帯する社会への転換を進めなければならないが，地域での暮らしを前提にする社会づくり，子どもを社会で権利の主体として位置づけて，社会の一翼を担いたいと思えるような地域での良い体験を積み上げていくことが重要である。

とりわけ，保護者が家庭での支援が受けられないなかで育った場合の養育支援は，慎重にかつ，地域で寄り添う仕組みづくりが重要である。

そのためには，市民の力を借りること，また支援者が地域に出て，課題を抱えて困っている子どもたちに早く出会うこと，そしてその出会いから救済につなぎ，救済から回復につなぐことが重要である。この章の冒頭に登場したＡ君は，市民と専門家の共働により自分たちの暮らしを展開させることができている。そうしたまちを福祉が中核になって地域に作り上げてくれることを子どもたちは期待している。これが国連の提唱する子どもにやさしいまち[15)]を創るための重要な考え方である。

【学習課題】

1．自治体の子ども・子育て支援計画を調べてみよう。

2．教育・保育施設入所申請手続きを調べてみよう。

参考文献

・東洋大学福祉社会開発研究センター編（2011）『地域におけるつながり・見守りのかたち』中央法規

・東洋大学福祉社会開発研究センター編（2018）『つながり支えあう福祉社会の仕組みづくり』中央法規

・相馬直子・松木洋人編著（2020）『子育て支援を労働と考える』勁草書房

・加藤悦雄・西村昌記編著（2020）『〈つながり〉の社会福祉』生活書院

15）第６章で学んだ子どもの権利条約を具体化するまちとして，国連がユニセフに託して実施している活動である。

9 障害者の現状と障害者福祉理念の変遷

石渡和実

《ねらい》 日本の障害者の現状を押さえ，脱施設化が叫ばれ地域生活が進む国際的な流れに反し，入所施設や精神科病院が増加した「逆ノーマライゼーション」とよばれる日本の実態を理解する。また，ノーマライゼーション，リハビリテーション，自立生活運動，インクルージョンなど，障害者福祉の理念の変遷に注目し，その過程に当事者運動がどのような影響を与えたかを理解し，これからの社会のあり方，社会福祉の意義を考える。

《キーワード》 身体障害者，知的障害者，精神障害者，ノーマライゼーション，リハビリテーション，自立生活運動，インクルージョン，当事者主体

1. わが国の障害者の現状

(1) 日本の障害者数と暮らしの場

障害者福祉の基盤である障害者基本法では，1993（平成5）年の改正で障害を身体障害，知的障害，精神障害に分類し，「3障害」といわれる障害種別に福祉サービスが提供される。表9-1は，障害種別に在宅者と施設入所者とに分け，わが国の障害者数を示したものである。身体障害者が約436万3,000人（人口1,000人あたり34人），知的障害者が108万2,000人（同9人），精神障害者が419万3,000人（同33人），合計963万5,000人となり，国民の約7.6%が障害を有していることになる。

さらに，3障害について年齢別の分類も示されている。身体障害と知的障害は児童福祉法の対象となる18歳未満と18歳以上とで分けられて

いる。精神障害は「精神障害者」だけで,「20 歳未満, 20 歳以上」となっている。精神障害者は精神病院に入院するなど早くから医療サービスは受けてきたが, 福祉サービスを受けられるようになったのは, 1993年の障害者基本法への改正後と理解できる。これは, 精神障害者とは思春期頃から人間関係などの問題で病気を発症する, と理解されてきたことによる。つまり, 子どもには精神疾患も精神障害もないと認識されてきたのであり, 児童福祉法には位置づけられていなかったのである。

ここで「精神疾患」と言うときは, まさに「心の病い」で医療の対象であり,「精神障害」は年金をもらうなど福祉サービスを受ける場合とする区別もある。日本の歴史において,「心の病い」をもつ人が置かれてきた厳しい社会状況を示しているとも理解できる。国の統計でも「20 歳未満」「20 歳以上」という分類が登場してから 10 年も経っていない。若い精神障害者が注目されるようになったのは, 自閉症や注意欠陥障害

表 9－1　わが国の障害者数（在宅・入所別）

		総　数	在宅者	施設入所者
身体障害児・者	18 歳未満	7.1 万人	6.8 万人	0.3 万人
	18 歳以上	419.4 万人	412.5 万人	6.9 万人
	年齢不詳	9.3 万人	9.3 万人	－
	合　計	436.0 万人	428.7 万人	7.3 万人
知的障害児・者	18 歳未満	22.1 万人	21.4 万人	0.7 万人
	18 歳以上	84.2 万人	72.9 万人	11.3 万人
	年齢不詳	1.8 万人	1.8 万人	－
	合　計	108.2 万人	96.2 万人	12.0 万人

		総　数	外来患者	入院患者
精神障害者	20 歳未満	27.6 万人	27.3 万人	0.3 万人
	20 歳以上	391.6 万人	361.8 万人	29.8 万人
	年齢不詳	0.7 万人	0.7 万人	0.0 万人
	合　計	419.3 万人	389.1 万人	30.2 万人

出所：2018 年厚生労働省調査等

などの「発達障害児」への支援が重視されてきたことにもよる[1)]。

このように，わが国の障害者福祉は，身体障害か，知的障害か，精神障害か，という障害種別でサービスに格差があることが大きな問題であり，少しずつ是正されてきているがなおその課題は大きい。

そして，施設や病院で暮らしているか，自宅などで暮らしているか，が「施設入所者」と「在宅者」，精神障害の場合は，「入院患者」と「外来患者」とで分類されている。施設入所者が身体障害児・者は 7 万 3,000 人，知的障害児・者は 12 万人，精神障害者の入院は 30 万 2,000 人である。特に入所している知的障害児・者や入院中の精神障害者は，地域移行が叫ばれたこの 20 年余りも大きな変化がない。「地域で共に生きる」というノーマライゼーションの理念に逆行しており，日本のこのような状況は「逆ノーマライゼーション」などともよばれる[2)]。

（2） 身体障害者の特徴

身体障害は，①見えない，視力が弱い，視野が狭いなどの視覚障害，②聞こえない，言語でのコミュニケーションが難しいなどの聴覚・言語障害，③手足にマヒや欠損があるなどの肢体不自由，④心臓や腎臓など内臓機能のはたらきに支障がある内部障害に分類される。

図 9－1 は，18 歳未満，18 歳から 64 歳まで，65 歳以上に分類して，1970（昭和 45）年からの身体障害児・者数の変化を示したものである。身体障害者は全体として大きく増加しているが，18 歳から 64 歳の稼働年齢層は減少している。これは労働災害が減ったことや，生活習慣病対策で脳血管障害などが減少したことなどによる。図から明らかなように，65 歳以上の高齢障害者が激増して 4 分の 3 近くを占めている。高齢になると身体機能の衰えや病気を発症し，その結果，障害を有することになるからである。また，心臓病や腎臓病などの内部障害の増加も顕著で

1） 内閣府（2020）『令和 2 年版障害者白書』pp.239-245
2） 小澤温編（2020）『よくわかる障害者福祉［第 7 版］』ミネルヴァ書房，p.35

あるが，これはその範囲が広がっていることもある。大腸がんによる人工肛門造設者（オストメイト）やHIV感染者，肝臓機能障害者など，医学の進歩とともに「障害と共に生きる人」は確実に増加している。さらに，2011年の障害者基本法の改正後，指定された難病も身体障害者と認められ，身体障害者はますます増加の傾向にある。

身体障害者手帳は，最も重い1級から6級までの6段階に分かれ，重度の1・2級の人が増えている。複数の身体障害や，知的障害，精神障害を合併するなどの重複障害を有する人も増加している。したがって，身体障害は「高齢化，重複化，重度化」の傾向が顕著だと言われる。

(3) 知的障害者の特徴

知的障害は，知的機能のはたらきに障害があり，計算ができない，漢字の読み書きが難しい，抽象的な考え方ができない，などの特徴がある。

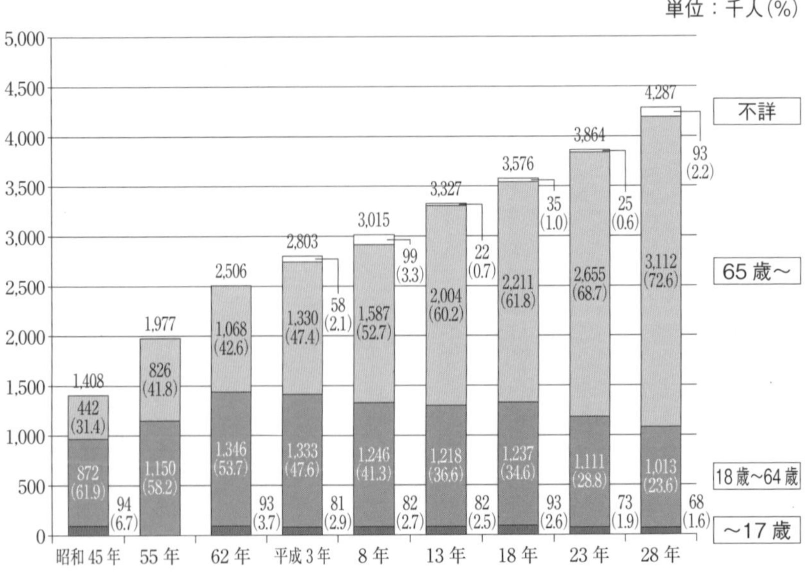

出所：2018年厚生労働省調査等

図9−1 年齢別の身体障害者数の変遷

以前は「精神薄弱」とよばれたが，この言葉は差別的な語感も強いので，1999（平成 11）年に関連する法律改正が行われ，すべて「知的障害」に改められた。表 9－1 からも明らかなように入所施設で暮らす人が 12 万人もいて，これらの人々の地域生活への移行を実現することがわが国の障害者福祉の大きな課題である。1989 年にグループホーム（共同生活援助）が制度化され，知的障害者が 4 ～ 6 人くらいで地域で暮らす場が増えつつある。10 人単位のグループホームが認められたことなどもあり，2020 年にはグループホームで暮らす人が入所施設利用者数を超えることになった。地域での暮らしを望む人が増えるとともに，親の高齢化が進んで一緒に暮らせなくなったという人も多く，グループホームのニーズはますます高まっている。

以前は，知的障害の人は短命であるなどとも言われていたが，医療の進展や生活習慣の改善などにより，知的障害者自身の高齢化も確実に進んでいる。いわゆる「親亡き後」への対応も，地域で暮らし続けるための支援が求められており，認知症を発症した場合などの医療対応や成年後見制度の利用など，新たな支援の形が検討されている。

（4） 精神障害者の特徴

精神障害とは，精神機能面の障害を総称するものとされる。近年，うつと診断される人が増え，アルツハイマー型の認知症が注目されるなど，精神障害は特別なものではないとの認識が広まりつつある。統計上の精神障害者数も急増し，「疾病」と診断されていない「引きこもり」などの社会問題もあり，さまざまな立場への支援の必要性が高まっている。

精神障害の症状や程度はさまざまであり，「揺れる障害」と言われるほど，1 人の人のなかでも症状の変化が大きいことが指摘されている。統合失調症では厳しい状況のときは妄想・幻聴などもみられ，今なお長期入院が続いている患者も多い。しかし，投薬管理なども進み，地域でそれぞれの暮らしを続ける人は確実に増えている。現在の入院患者のうち 10 万人ほどは，地域の受け入れ体制が整えば退院可能とも言われている。したがって，入所中の知的障害者と同じく，精神病院の長期入院患者の地域移行に向けた支援も，障害者福祉の大きな課題である。

また，精神障害は医療的な関わりが必要な場合と福祉の対象として考えるときとでは，その範囲が異なるとされている。医療のほうが範囲が広く，福祉の対象となるのは長期にわたり日常生活や社会生活に相当な制限を受ける者とされる。しかし，このような捉え方でよいのかという疑問が，支援を必要とする本人からも支援者からも出されている。精神保健福祉手帳の等級は 1 級（重度），2 級（中度），3 級（軽度）に分かれている。しかし，身体障害者や知的障害者に比べて受けられるサービスに制約があり，取得している人は少ないと言わざるをえない。

2011 年 7 月の障害者基本法改正により，学習障害（LD）などの発達障害が「精神障害」の範疇で支援を受けることができるようになった。これまで，「狭間の障害」とか「グレーゾーン」などと言われ，障害者福祉の対象となっていないことが多かった。しかし，「見えない障害」と言われるように障害による困難が理解されにくく，「態度が悪い」とか，「人間性の問題」などと誤解されることも多かった。その結果，「二次障害」としての「生きにくさ」などを抱えるようになり，むしろ，このことが最大の問題と認識されるようになった。それゆえ，2005 年に発達障害者支援法が制定され，2006 年には特殊教育が特別支援教育に改められ，通常学級に在籍する発達障害児も「特別な支援」が受けられることになった。また，子どもの頃の発達障害と，思春期以降の統合失調症発症との関係性などを指摘する医学的見解も出され，子どもの精神障害への認識も大きく変化している。

2. 障害者福祉の理念

(1) ノーマライゼーション

1) ノーマライゼーション理念の誕生

ノーマライゼーションの考え方は，1950年代後半，デンマークにおける知的障害者の親の会の運動が契機となって誕生した。当時，生涯を安心して暮らせる場をめざし，コロニーとよばれる大規模収容施設が各国で建設された。しかし，市民の目が届かない場で「力のある職員」と「弱い障害者」という構造が生まれ，著しい人権侵害が行われる場となってしまったのである。

デンマークの社会省行政官であったバンク＝ミケルセンは，親たちの声を受け止めて「1959年法」を制定し，障害がある人々の地域での暮らしをめざした。ミケルセンは第2次世界大戦中にナチスの強制収容所での生活を体験し，そのことが不当な人権侵害を許さないという姿勢を貫かせたのである。「ノーマライゼーションの父」とよばれ，その理念を次のように説明している。「障害のある人たちに，障害のない人々と同じ生活条件をつくりだすことを『ノーマライゼーション』と言います。『ノーマライズ』とは，障害がある人をノーマルにすることではありません。彼らの生活の条件をノーマルにすることです。ノーマルな生活条件とは，その国の人々が生活している通常の生活条件ということです[3)]」。

2) ノーマライゼーションの8つの原則

スウェーデンではニーリエ（ニルジェともよぶ）が，ノーマライゼーションの理論化・制度化に努め，1969年に「8つの原則」を整理した。すなわち，①1日のノーマルなリズム，②1週間のノーマルなリズム，③1年間のノーマルなリズム，④ライフサイクルでのノーマルな経験，⑤ノーマルな要求の尊重，⑥異性との生活，⑦ノーマルな経済水準，⑧

3) 花村春樹（1994）『「ノーマライゼーションの父」N・E・バンク－ミケルセン　その生涯と思想』ミネルヴァ書房，p.167

ノーマルな環境水準，の8つである[4)]。人生のあらゆる場面・段階において，障害がない人と変わらない生活を保障する，ということである。

筆者は特に，「⑥異性との生活」に注目している。恋愛や結婚，家庭をもつ，という「性的役割」に関することであるが，日本では今も「寝た子を起こすな」という言葉をしばしば耳にする。しかし，LGBTQなど，性的マイノリティと言われる人々の権利も注目され，「性」に関する異なる価値観を認めた上で，どう生きるかはそれぞれに尊重されなくてはならない。障害がある人も同じで，50年以上も前にこのような主張をしていたニーリエの人間観には改めて敬服させられる。

3）アメリカにおけるノーマライゼーション原理

ドイツ生まれのヴォルフェンスベルガーはカナダ・アメリカに渡り，北欧とは異なるノーマライゼーション原理を集大成したと言われる。ミケルセンやニーリエが環境条件を強調したのに対し，ヴォルフェンスベルガーは支援者の養成プログラムなどにも注目した。

1984年には，『ソーシャル・ロール・ヴァロリゼーション（Social Role Varolization：SRV）』を出版し，次のように主張した。「可能な限り，文化的に価値のある手段を用いて，人々―ことに価値評価の点でリスクを抱えている人々―のために，価値ある社会的役割を可能にすること[5)]」。すなわち，社会の側の価値観を問い，後述するインクルージョンや自立生活運動などと関わる新しい流れを生み出すことになっていく。

4）国連の障害者権利宣言

1975年12月，国際連合（以下，国連）は「障害者の権利宣言」を採択し，リハビリテーションや労働・経済保障，差別や搾取からの保護などを主張した。第3条ではノーマライゼーションの理念を掲げ，次のように謳っている。「障害者は，障害の原因，特質および程度にかかわらず，

4）江草安彦（1988）『ノーマリゼーションへの道（改訂増補版）』全国社会福祉協議会，p.47

5）ヴォルフェンスベルガー著（冨安芳和訳）（1995）『ソーシャル・ロール・ヴァロリゼーション入門―ノーマリゼーションの神髄―』学苑社，p.76

同年齢の市民と同等の基本的権利をもち，このことは，まず第1に，できるかぎり普通の，また十分に満たされた，相応の生活を送ることができる権利を有することである」。ここで，「同年齢の市民と同等」とあることが注目される。大人になったら新たな家庭をもつことも含め，人生のあらゆる段階で，それぞれの生き方を尊重するという視点が貫かれ，しばしば「格調高い」と評される理念である。

しかし，採択後も各国の取り組みは進まず，国連は1981年を国際障害者年とし，「完全参加と平等（Full Participation and Equality）」をテーマに世界規模のキャンペーンを展開した。さらに，1983年から1992年までを「国連・障害者の10年」と位置づけ，粘り強い活動を続けることになる。こうしたなかで，1980年代に日本にもノーマライゼーションの理念が浸透し，障害者福祉施策も大きく転換していく。

(2) リハビリテーション

1) リハビリテーションとはなにか

一般に，リハビリテーションというと手足の機能訓練などを連想しがちである。その語源は，ラテン語の「habilis（＝fit　適した）」に「re（再び）」が付いた，つまり「人間たるにふさわしい状態に再び戻すこと」という意味だという。医師として，わが国のリハビリテーションをリードしてきた上田敏は次のように主張する。「リハビリテーションとは，障害者が人間らしく生きるためのあらゆる権利の回復，すなわち『全人間的復権』にほかならない[6]」。機能回復は1つの手段にすぎず，めざすところは「その人ならではの生き方ができるよう，必要なさまざまな支援を提供する」ということである。そこで，「総合リハビリテーション（Total Rehabilitation）」といった言葉も用いられる。

リハビリテーションという言葉が初めて法律に登場するのは，1920

6)　上田敏（1983）『リハビリテーションを考える―障害者の全人間的復権―』青木書店，序文年，アメリカの「職業リハビリテーション法」においてである。第1次世界大戦で障害者となった兵士（傷痍軍人）を，年金などで暮らす「税金に依存する者（tax dependent)」から，働いて税金を納める「納税者(tax payer)」にすることがめざされた。当時は，障害者という個人の権利より社会が優先される時代であった，ということもできる。したがって，「納税者」になることが期待できない重度障害者は法律の対象とはならず，何の支援も受けられなかったのである。

職業リハビリテーション法から「職業」が取れ，「リハビリテーション法」に改正されるのは1973年である。第2次世界大戦後に「人権尊重」という考え方が浸透したことや，後述する自立生活運動の影響も大きい。

この少し前，1968年に，世界保健機関（WHO）は「リハビリテーション」を次のように定義する。「機能的能力（functional ability）が可能なかぎりの最高レベルに達するように，個体を訓練あるいは再訓練するため，医学的・社会的・教育的・職業的手段を併せ，かつ調整して用いること」。この定義からもリハビリテーションが「全人間的復権」をめざすことが理解できる。そのために，医学的なアプローチの「医学的リハビリテーション」だけでなく，福祉サービスなどの「社会的リハビリテーション」，障害児教育などの「教育的リハビリテーション」，働くことを支援する「職業的リハビリテーション」という「4分野」が位置づけられ，さまざまな専門職が支援に携わっている。

2）リハビリテーションの目標の変化：ADLからQOLへ

リハビリテーション創設時の目標は職業的自立であり，そのために身の回りのことは自分でできる身辺自立が求められた。この身辺自立について，「日常生活動作（Activities of Daily Living：ADL)」という言葉が使われ，「リハビリテーションはADLの自立をめざす」と言われた。

1980年代になると，ADLだけでなく，働くことや趣味，地域の活動なども含めて「生活の質（Quality of Life：QOL）」全体を向上させることが目標となってくる。そのためには，まさに4分野が連携した「総合リハビリテーション」が重要となる。さらに，上田はQOLを「人生の質」と訳すべきだと主張する。乳幼児期から学齢期，就労している時期，高齢期まで，ライフステージごとに必要な支援は変わってくる。それぞれの段階に応じた，一人ひとりの希望に沿った支援を提供しなくてはならない，という視点からである。

このような視点からリハビリテーションの目標の変化として，「ADLからQOLへ」という言葉も登場する。障害者に「普通の人」になることを求めた時代から，障害をもった人の「新しい生き方」を支援するリハビリテーションへと理念も支援も大きく変化している。上田は，「失われた機能を回復させるだけでなく，障害をもった本人も気づいていないような隠れた能力を引き出して，生きがいのある人生を創る[7)]」のがリハビリテーションだと主張している。

（3）自立生活運動（IL運動）

1）「自立」概念のコペルニクス的転換

このような理念の変化に大きな影響を与えたのが，1970年代にアメリカで重度障害者によって展開された自立生活運動（Independent Living Movement：IL運動）である。特に注目されるのは，「自立（independence）」の概念を大きく変えたことである。

従来の「自立」とは，自分が得た収入で生計を成り立たせるという経済的自立であり，その前提として身体的自立が求められた。そのために，リハビリテーションは大きな役割を果たしてきたのである。

しかし，このような自立観では重度の障害がある人は自立が困難ということになり，家族や施設職員などに「依存（dependence）」せざるを

7）上田敏（1996）『リハビリテーション―新しい生き方を創る医学―』ブルーバックス，p.6

えない存在となる。しかし，重い障害があっても納得できる人生を歩みたいと，施設や病院を出て地域で自分ならではの暮らしを求めていく。こうした運動を通して，必要なサービスや支援を受けながら自分の信念に基づいた生き方を貫く，それこそが本当の意味の自立である，という考え方に到達する。

これまでの経済的自立や身体的自立に対して，むしろ自己決定・自己選択に基づく「精神的自立」だと主張する。自分ができないことは積極的に支援を求めることが必要，という視点から，敢えて「援助付き自立(supported independence)」といった言葉も用いられた。このような「自立」概念の大きな変化について，「コペルニクス的転換」という言葉もしばしば用いられた。

しかし，障害がない人であっても自分の力だけで生きている人はいない。誰もが何らかの支援を受けながら暮らしているのだ，という「支え合い (interdependence)」といった考え方に発展する。このようにして，多様な人々が「支え，支えられて」生きているのが真の「共生社会」，「多様性が尊重された社会」である，という発想へとつながっていく。

2）エドワード・ロバーツと自立生活センター

この運動の誕生は，「自立生活運動の父」とよばれるエドワード・ロバーツがカリフォルニア大学バークレー校に入学した1962年とされる。ポリオの重度の後遺症で，首から下が動かずに電動車イスを利用し，呼吸器障害もあって「鉄の肺」とよばれる旧式の人工呼吸器を用いていた。キャンパス内の病院から通学することになったが，病院は生活の場とはなりえず，管理され，保護される日々であったという。

当時のアメリカは，1964年に公民権法が制定され，黒人運動や女性運動が盛んであり，障害がある学生も学ぶ権利を主張し，介助等を求めるようになった。1972年，バークレーに自立生活センター（Center for

Independent Living：CIL）が設置され，障害学生へのさまざまな支援が整備されていく。その後，バークレーは「自立生活運動のメッカ」ともよばれ，世界中から障害がある学生を受け入れていくことになる[8)]。

1973年，自立生活運動の成果もあり，職業リハビリテーション法がリハビリテーション法に改正され，ロバーツはカリフォルニア州のリハビリテーション局長という重責に就いた。世界中の障害者に大きな影響を与え，1980年，カナダのウイニペッグで行った「慈善から自立へ！」という講演は有名である。「寿命が伸び，誰もが障害者になる可能性をもつようになった。障害は人間全体の問題です。…人間は障害をもつことによって，却って強い精神力をもつ。他人を援助できるようになる」。

当時の日本では，重い障害があると「社会のお荷物」「穀潰し」などと否定され，親子心中なども頻発していた。国際障害者年の1981年に，ロバーツをはじめアメリカの自立生活運動のリーダーたちが来日し，日本の障害者と交流を重ねた。バークレーに留学した障害者も多く，1980年代半ばから日本でも障害者自らが運営する自立生活センターが各地に設置される。当事者の視点で必要な介助を提供し，地域に働きかけ，多くの市民の共感を得て活動を展開していく。特に自らの体験を生かして，同じ立場の障害者の相談に応じるピア・カウンセリング（peer counseling）は，当事者ならではの役割として社会にも大きな影響を与えた。この後，癌の患者同士とか，いじめを受けた者など，さまざまな分野にもピア・カウンセリングが広まっていくことになる。

（4）インクルージョン

1）ノーマライゼーションとインクルージョン

インクルージョン（Inclusion）とは「include（包み込む）」の名詞形で，「包容」「包摂」などとも訳される。「exclude（排除する）」の反対語であ

8）定藤丈弘他編（1993）『「自立生活の思想と展望」―福祉のまちづくりと新しい地域福祉の展望をめざして』ミネルヴァ書房，pp.45-63

り，地域からどのような人も排除しないという考え方である。やや飛躍するが，国連は2015年のサミットで，「持続可能な開発目標（Sustainable Development Goals：SDGs）」を全加盟国が合意し，2030年の実現をめざす17のゴールを設定した。このなかでしばしば強調されるのが，「No One Will Be Left Behind（誰ひとり取り残さない）」というフレーズである。このような発想が誕生したのも，インクルージョンの理念があったからこそと捉えることもできよう。

インクルージョンはノーマライゼーションの発展形とも言われ，1980年代に学校教育の場で注目された。この理念の明確な起源と言い切れるものはないが，敢えて指摘するならアメリカの1954年のブラウン判決だと言われる。白人と黒人の学びの場が分けられているのは差別だと断じ，白人と黒人との「共に学ぶ」を実現した判決である。そのアメリカや移民の多いオーストラリアなどで，あらゆる子どもが地域の学校に包み込まれ，必要な支援を受けて学ぶ「インクルーシブな教育（Inclusive Education）」という方向性が示された。

1992年，「障害者の10年」が終了するにあたり，国連はそれまでの「完全参加と平等」に変えて，「万人のための社会へ向けて（Toward A Society for All）」という新しいキャッチフレーズを打ち出す。地域から排除されるのは障害者だけではなく，お年寄りも子どもも外国籍の人も同様である。そこで，すべての人を包み込む社会を2010年には実現することをめざす，ということで新しい理念を示したのである。

ユネスコは1994年，スペインで「サラマンカ宣言」を採択し，「すべての者への教育（Education for All）」というキャッチフレーズを掲げる。日本では「インクルーシブ教育」と言うと，「障害がある子もない子も共に学ぶ」という障害児教育の視点がまず思い浮かぶ。しかし，ユネスコの発想は，むしろグローバライゼーションが一気に進み難民問題なども顕著ななかで，「移民」の子どもの教育という視点が重視されていたと考えられる。今，日本でも外国籍の人々は急増し，労働の場も教育も「移民」を抜きに考えられない社会になっている。わが国の特別支援学校で学ぶ子どもの1割が外国籍である，などの報道もあり，インクルージョンの理念はますます広がりを見せている。

教育分野の「Inclusive Education」に対して，福祉や社会問題として考えるときは「Social Inclusion」という言葉が使われることも多い。後述する障害者権利条約では，第19条が「Living Independency and being included in the community」で自立生活運動とインクルージョンの考え方が示されている。外務省の公定訳では，「自立した生活及び地域社会への包容」と訳されている。

2）インクルージョンと当事者運動

福祉分野では，1994年，知的障害児・者の親の会の国際組織が「Inclusion International」と組織名を改め，日本の親の会も英語での表記を「Inclusion Japan」とした。当時，親の会で活躍していた松友了は，インクルージョンを「通常な場面における援助付きの共生戦略」と規定し，福祉分野でもこの考え方が浸透していく。

「通常の場面」とは，学校なら普通クラス，障害のない人と同じ職場や暮らしの場，ということである。「援助付き」が重要で，それぞれの障害やニーズに応じて必要な援助が提供されること，すなわち個別化された支援の重要性が指摘された。また，敢えて「共生戦略」という言葉を用いているが，「共生」を次のように整理している。「物理的な環境や生活様式の問題ではなく，重要なことは社会における地位（position）と役割（role）が保障され，関係性（relationship）が保てることである[9)]」。

筆者は，特に「役割」を指摘している点に注目している。「お世話になる」だけではなく，障害と共に生きてきたからこそ果たせる役割があ

9）松友了（1996）「『インクルージョン』の理念と実現への動向①」『月刊福祉』第79巻6号，pp.64-69

る，ということは自立生活運動で重度身体障害者が主張してきた視点でもある。知的障害の分野についても，インクルージョンの理念のもとに，障害がある本人の声を中心に，自信をもって新たな活動が展開されていく。このような運動の１つの成果として，1999 年に精神薄弱者福祉法が知的障害者福祉法に改正され，「精神薄弱」という言葉が日本の社会から消失した。このような流れは，欧米も同様である。

その後のわが国の動向から，筆者は，position，role，relationship を，「居場所」「役割」「支え合い」と訳すことを提唱している。高齢化，核家族化が進むなかで，福祉財源の厳しさもあり，国も「地域共生社会」といった考え方を打ち出した。「公助」ですべて対応するのではなく，「住民の支え合い」としての「共助」「互助」の重要性が注目されている。「公助の逃げ」にされてはならないが，「元気高齢者の地域での活躍」などはもっと強調されてよいと考える。

自分が誰かの役に立てているという想いがあるからこそ，自らを肯定し，尊厳を保つことが可能となる。今まで，「社会的弱者」とされていた人は決して「弱者」などではない。社会から排除され，「弱者」に追いやられていたのである。このことを明確にしたのが，自立生活運動をはじめとする障害者の当事者運動である。今まで，排除され，否定されていた立場であるからこそ，「誰もがかけがえのない存在である」という人権意識を基盤に，自己決定に基づく自らの生活を築き，お互いを尊重し合いながら，新しい社会の構築に向かっているのである。

3）インクルージョンと「新しい地平を拓く」

インクルージョンの理念は「多様性の尊重」とセットで語られる，と筆者は考える。地域に異なる立場の人が共に暮らしているからこそ，お互いの得意なところを生かし，苦手なところを補い合う，これが「支え合い」である。英語なら，relationship であり，interdependence とも言えよう。認知症のお年寄りも子どもへの対応はプロ，という方が多い。高齢者施設と保育園が合築されている所では，お年寄りが子どもの世話をしている場面がよく見られる。そして，子どもの笑顔がお年寄りを力づけている，生きる力を与えていることは言うまでもない。このような場が，さらに広がっていくことが望まれる。

日本地域福祉学会は 2006 年に開かれた第 20 回記念大会で，「これからの地域福祉の理念をインクルージョンとする」と宣言し，インクルージョンを次のように整理した。「障碍がある人も，介護が必要なお年寄りも，小さな子どもも，外国籍の人も，全ての人が必要な支援を受け，地域に包み込まれ，役割をもって，生き生きと暮らす」。まさに，SDGs で言われる「誰ひとり取り残さない」という姿勢である。自分でできないことには「支援を受け」，地域で役割があるからこそ，誇りをもって生き生きと暮らせるのである。ここで，「障害」ではなく，「障碍」と記されていることも注目される。表記の仕方にはいろいろな議論があるが，決して「害をなす」ような存在ではない，という視点から「障碍」と表されているのである。

社会福祉サービスを必要とする人は，「弱者」ではない。日本で初めて八王子に自立生活センターを作り，社会にさまざまな発信を続けている中西正司は，社会学者の上野千鶴子と共著で，2003 年に『当事者主権』という本を出した。その序章で次のように主張している。

「ニーズを持ったとき，人はだれでも当事者なる。…当事者とは，『問題を抱えた人々』ではない。問題を生み出す社会に適応してしまっては，ニーズは発生しない。ニーズ（必要）とは，欠乏や不足という意味から来ている。私の現在の状態を，こうあってほしい状態に対する不足ととらえて，そうではない新しい現実をつくりだそうとする構想力を持ったとき，はじめて自分のニーズとは何かがわかり，人は当事者となる。…

当事者主権は，何より人権の尊厳に基づいている[10]」。

まさに，本著のタイトル「社会福祉—新しい地平を拓く」である。社会福祉とは，当事者と共に動いていくなかで，「新しい地平を拓く」ことにつながっていくのである。

【学習課題】

1．身近な障害がある人を思い浮かべ，その障害がどのようなものかを考え，その方が利用している福祉サービスについて整理してみよう。
2．ノーマライゼーションとインクルージョンの理念の違いはどのようなものか，自分なりに整理してみよう。

参考文献

・定藤丈弘他編（1993）『自立生活の思想と展望—福祉のまちづくりと新しい地域福祉の展望をめざして』ミネルヴァ書房
・中西正司・上野千鶴子（2003）『当事者主権』岩波新書
・熊谷晋一郎（2009）『リハビリの夜』医学書院
・佐藤久夫・小澤温（2016）『障害者福祉の世界（第５版）』有斐閣
・小澤温編（2020）『よくわかる障害者福祉［第７版］』ミネルヴァ書房

10） 中西正司・上野千鶴子（2003）『当事者主権』岩波新書，pp.2-3

10 障害者権利条約と意思決定支援

石渡和実

《ねらい》「社会のお荷物」などと言われ，優生思想によって存在を否定されていた重度障害者が，自ら声をあげ，行動を展開した当事者運動の成果として，2006 年 12 月に障害者権利条約が採択された。この経過を踏まえ，条約の最大の意義と言われる障害者観の変遷について，「医学モデル」と「社会モデル」との違い，関連の深い「合理的配慮」について理解する。特に注目される第 12 条と意思決定支援について整理し，この条約が障害に限定されない人間観の変化をもたらし，社会福祉における支援のあり方を問い直したことを考える。

《キーワード》 優生保護法，強制不妊手術，医学モデル，社会モデル，統合モデル，ADA，合理的配慮，障害者権利条約，意思決定支援

1.「否定される命」としての障害者観

（1） 神話に見る障害者観と「生きる権利」

日本の歴史に初めて「障害者」が登場するのは，『古事記』のヒルコ神話である。天地を創造した伊耶那岐命（いざなぎのみこと）と伊耶那美命（いざなみのみこと）の間に生まれた子は，全身が弛緩しており水蛭子（ヒルコ）とよばれる。3 歳になっても歩けず，葦の船に乗せて川に流したという。後に七福神の恵比寿になったと言われ，蛭子をエビスと読むのはそれゆえとの説もある。釣竿を持って座す「足萎えの神」は今の脳性マヒだったとされ，七福神はそれぞれがなんらかの困難を有しており 7 人とも障害者であるとも言われる。

障害ゆえの「異形（いぎょう）」が崇拝の対象となった例にも注目し，「文化史」

として多様な障害者観を論じているのは，自ら脳性マヒであり俳人として活躍する花田春兆である[1)]。一方，花田と同じ脳性マヒの俳人である横田弘は，「否定される命」という言葉で障害者の置かれた厳しい状況を強調した。横田は，1970年に横浜市金沢区で起きた母親による2歳の脳性マヒ児殺害事件を機に，自分たちは「この世にあってはならない存在か」と，障害者の生きる権利を真正面から問うていく[2)]。横田の思想は，2016年7月に相模原市で起こった，19人の知的障害者の命が奪われた津久井やまゆり園事件後にも多くの注目を集めることになる。

（2） 優生保護法と「否定される命」

横田らは，障害者が「社会のお荷物」などと言われる背景に，1948年に制定された優生保護法の存在も大きいと指摘した。第2次世界大戦中の1940年制定の国民優生法が改正されたもので，その起源は同盟国であったナチスドイツの遺伝病子孫予防法，いわゆる断種法にたどることができる。この法律によってナチスは600万人ものユダヤ人の大量虐殺，ホロコーストを行ったのである。その前には，毒ガスに殺傷力があるか否かの実験台として，20万人以上の障害者が殺されていた，という事実も明らかになっている[3)]。

優生保護法の第1条目的には，「この法律は優生上の見地から不良な子孫の出生を防止する」とある。そして，「不良な子孫」と位置づけられたのが，障害者とらい病（ハンセン病）患者の人々である。この法律によって不妊手術を受けた障害者は全国に8万人以上，だまされたり強制的に手術を受けさせられた人が1万6,000人以上もいる。2018年1月，仙台の女性が裁判を起こしたのを機に，全国で25人の障害者・家族が

1） 花田春兆（1997）『日本の障害者　その文化史的側面』中央法規，pp.7-8
2） 横田弘対談集（2004）『否定されるいのちからの問い　脳性マヒ者として生きて』現代書館，pp.15-20
3） 藤井克典（2018）『わたしで最後にして　ナチスの障害者虐殺と優生思想』合同出版，pp.23-70

提訴して係争中である。1947年には日本国憲法が制定され，すべての国民の基本的権利が保障されたにもかかわらず，障害者には非人道的な行為が行われ続けたのである。そして，このような強制手術は日本に限らず，福祉先進国と言われるスウェーデンやオランダ，ドイツなどでも行われてきたが，どの国でもタブー視されていたのである[4)]。

1994年8月，カイロで開かれた国際人口・開発会議に，骨形成不全を有する安積遊歩（本名・純子）が参加した。安積は自立生活運動のメッカ・バークレーに留学し，当事者の発信が社会を変革していくことを実感していた。カイロ行きを決意した時の思いを次のように語っている。「障害があっても命はそのままで美しい。障害者を，障害のある子供を産むことを恐れないでほしい。人口抑制の面からでなく，障害者の視点から人口問題を語りたい[5)]」。自らの体験をもとに優生保護法の非人道性を訴えると，国際的な批判が集中し，国内の議論も高まった。

当時のらい（ハンセン病）予防法の廃止などと相まって，1996年6月，優生保護法は母体保護法へと改正された。第1条の「不良な子孫」をはじめとする優生思想的な記述はすべて法律から削除された[6)]。当事者の発信を機に法律改正につながった意義は大きく，その後も障害当事者による運動は世界的な規模で加速されていく。国連の提唱ではじまった国際障害者年（1981年）からの潮流が，当事者運動の国際的な連携により，さらに大きく進展していくことになる。

(3)「障害をもつアメリカ人法（ADA）」の成立

アメリカの自立生活運動は，1960年代の黒人による公民権運動の影響を強く受けている。「奴隷」として「牛や馬以下」と言われる扱いを受け，

4) 優生手術に対する謝罪を求める会編（2018）『（増補改訂版）優生保護法が犯した罪 子どもをもつことを奪われた人々の証言』現代書館，pp.167-214，pp.277-321
5) 朝日新聞「命はそのままで美しい」『ひと（安積遊歩さん）』1994年9月13日
6) 石渡和実（1997）「障害者の『生命の尊厳』と優生思想」，濱田恂子編『いのち―生命について考える―』理想社，pp.251-254

人権を奪われてきた黒人がアメリカ市民としての権利を獲得した運動である。1964年7月，公民権法（Civil Rights Act）が成立し，長く続いた人種差別が終結へと向かうことになる。黒人運動と同様に，自立生活運動は1990年，「障害をもつアメリカ人法（American with Disabilities Act：ADA)」の成立で集大成されたと言われる。ADAは，アメリカの障害者が障害のないアメリカ市民と平等の権利を獲得した法律である。それゆえに，「障害者の公民権法」とよばれる。

この法律が制定された当時，「アメリカで画期的な障害者差別撤廃法が誕生した」といった報道がしばしばなされた。しかし，この法律の本質を知る人は，「これは，『障害者差別撤廃』というレベルの法律ではない」と，繰り返し強調した。「今ある差別だけでなく将来生まれてくる差別も視野に入れ，あらゆる差別を禁じ，障害がある市民が障害のない市民と対等にアメリカで暮らしていくことを保障する法律である」と指摘した。だからこそ，この日本語ではインパクトに欠けるが，「障害をもつアメリカ人法」と訳されたのである[7)]。

しかし，法律の内容そのものはまさに衝撃的で，わが国では「福祉の『黒船』来たる！」などと紹介された。この頃，障害当事者の間では，「日本にもJDA（Japanese with Disabilities Act）を！」が合言葉のように繰り返された。ADAのなかで注目されたのが，「合理的配慮（reasonable accommodation)」である。この言葉は，1973年に改正されたアメリカの「リハビリテーション法」にも登場し，筆者は障害分野の「専売特許」のように理解していた。ADAの成立で世界的な注目を浴びることになるが，1970年代に宗教差別との関連で使われたのがはじまりだという。そして，このADAの成立が，国連での障害者権利条約採択への流れを，一気に加速させることになる。

7）八代英太・冨安芳和編（1991）『ADAの衝撃』学苑社，pp.54-68

2.「障害」概念の国際的な変化

このようにして社会の変化が進むなかで,「障害」の概念も国際的な変革を遂げ，障害者権利条約が成立するにあたり，大きな影響を与えることとなる。

(1) 国際障害分類（ICIDH)

世界保健機関（WHO）は国際障害者年の前年，1980年に国際障害分類（International Classification of Impairments, Disabilities, and Handicaps：ICIDH）の試案を発表した。障害を3レベルに分けたことが画期的であり，わが国のリハビリテーションや福祉サービスのあり方にも大きな影響を与えた。

第1レベルが「機能障害（impairment)」で，医学的レベルで捉えた客観的な障害（不自由）である。たとえば，交通事故で脊髄損傷となり両足がマヒした場合，この両足マヒという純粋に医学的な障害を機能障害とよぶ。

第2レベルが「能力障害（disability)」である。これは個人の生活レベルの障害と言われ，その地域の人々が一般的に行う方法で動作や行動ができなくなった状態である。両足マヒ（機能障害）のため,「歩くことができない」が能力障害にあたる。しかし，車いすを利用すれば移動は可能となり,「歩けない」という能力障害は改善される。このように，機能訓練や福祉機器の利用，環境整備などにより，能力障害は軽減できるという点が重要である。

第3レベルが「社会的不利（handicap)」で，その人が暮らしている社会で保障されるはずの基本的人権が，障害ゆえに制限されたり奪われたりすることである。両足マヒ（機能障害）により，歩行ができず（能

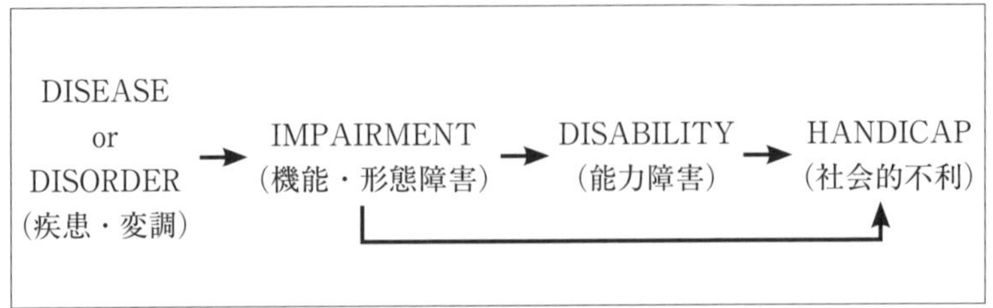

図 10－1　国際障害分類（ICIDH）

力障害），通勤や働くことが困難となり解雇されることなどが社会的不利にあたる。

社会的不利は機能障害や能力障害が同程度であっても，その人が暮らしている社会の状況によって大きく異なる。たとえば同じ車いす利用者でも，環境の整った地域で暮らしているか段差の多い地域に暮らしているかで，その行動や社会的役割は変わってくる。また物理的条件だけでなく，障害者に対する偏見があるか，理解が進んでいるかなど，社会の意識によっても大きな違いが生まれる。

このように障害を3つのレベルに分類することで，それぞれの障害の影響を軽減するために，どのような支援，アプローチが必要かが明らかになる。図 10－1 は，障害が生じる原因となる「病気（disease）」や交通事故などの「変調（disorder）」と，その後に続く障害の3レベルの関係を示したものである[8)]。

（2） 国際生活機能分類（ICF）

リハビリテーションのあり方などを大きく変えることになった ICIDH であるが，1990 年代に入るとさまざまな批判が登場する。ICIDH は障害を3レベルで捉え，教育や福祉，就労支援などの重要性に着目しているが，なお医学的な視点が強い「医学モデル」である，などの批判であ

8）佐藤久夫（1992）『障害構造論入門―ハンディキャップ克服のために―』青木書店，pp.41-67

る。

2001年，WHOの総会で，「国際生活機能分類（International Classification of Functioning, Disability and Health：ICF）」が採択された。

ICFでは，図10－2のようなモデルを提唱している。1次的な医学的レベルを「心身機能・身体構造（body functions and structures）」とよび，そのマイナス面をICIDHでも用いた「機能障害（impairment）」と位置づけている。2次的な個人生活レベルが「活動（activities）」で，その否定的側面が「活動の制限（limitation of activity）」，3次的な社会生活レベルが「参加（participation）」で，そのマイナス面が「参加の制約（restriction of participation）」である。

ICFは障害を3つのレベルで捉える点はICIDHと同じであるが，ICFでは，その流れが1方向だけでなく，3レベルが「行ったり来たり」の双方向になっている。たとえば，職場復帰して動く距離が多ければ（参加），歩行も安定してきて（活動），身体機能そのものもアップする（心身機能）。このような3次レベルから1次レベルへの流れも十分考えられ，また，その関係性は「厳しい状況に至る」というマイナス面だけを

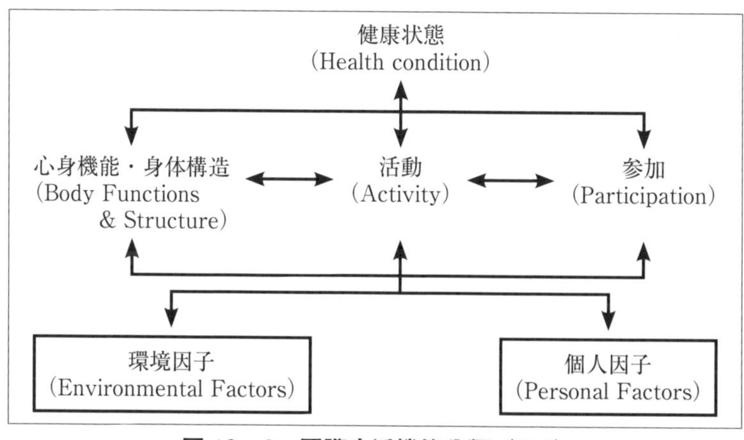

図10－2　国際生活機能分類（ICF）

指摘するものではない。

特に社会のあり方に注目しており，「社会モデル」などともよばれる。3つのレベルそれぞれに影響を及ぼす要因として，まず，「環境因子(environmental factors)」を位置づけている。その人がどのような環境で暮らしているかということで，段差が多いか少ないかなどの物理的側面と市民の意識・態度などの社会的側面とがある。また，障害者本人の経歴や周囲との人間関係といった「個人因子（personal factors)」も，3つのレベルに影響する。環境因子と個人因子とを合わせて「背景因子(contextual factors)」などとよぶこともある。むしろ「背景」，個人のバックにある社会のあり方の重要性を強調しているのがICFであり，「社会モデル」と言われるゆえんである。

しかし，日本にいち早くICFの考え方を紹介した上田は，「医学モデル」は病気などを過大視しており，一方で「社会モデル」は環境因子などを強調しすぎると指摘している。当初から，「ICFはこれら両極端を批判し，総合した『統合モデル』（生物・心理・社会モデル）です。」と主張する。ICFは，「心身機能」「活動」「参加」という3レベルのどれかにこだわることはなく，「人が生きることの全体像」を捉えようとするものだという。そして，「実は『人が生きる』ということの現実が非常に複雑で錯綜したものなのです。それを簡潔によく整理してくれるのがこのICFなのです。」と述べている。

さらに上田は，こうした環境因子や個人因子について，一番よく知っているのは本人・家族であり，かれらは「自分の生活・人生の専門家」であると指摘する。それゆえに，医療や福祉などの専門家と同等に発言すべきであり，「本人と専門家とが協力して自己決定権を正しく行使」することが重要だと強調する。後述する意思決定支援とも重なる，専門職の支援の姿勢について抜本的な改革を求めているとも言えよう[9)]。

9) 上田敏（2005）『ICFの理解と活用─人が「生きること」「生きることの困難（障害)」をどうとらえるか』萌文社，pp.7-43

このような上田の主張を踏まえつつ，本稿では当事者主体を強調する視点から，以下は条約との関連で「社会モデル」という言葉を用いることとする。

3. 障害者権利条約と障害者観

(1) 障害者権利条約の成立

障害者権利宣言の実現をめざす国際障害者年 (1981年)，その後の「障害者の10年」(1983年～1992年) など，国連は障害者の社会参加を進めるためにさまざまな方策を展開していった。しかし，「宣言」では法的拘束力をもたず，障害者の人権を確実に擁護していくことは困難であった。

国連は，第2次世界大戦後に「戦争こそが最大の人権侵害である」という認識から，1948年12月，世界人権宣言を採択した。その後，あらゆる立場の人権と自由を尊重し，確保するという理念を実現するために，女子差別撤廃条約 (1979年)，子どもの権利条約 (1989年) など，7つの主要人権条約が採択された。これらは法的な実効性はあるが，「障害者」の権利擁護という視点からはなお不十分なものでしかなかった。

そこで，障害者権利条約を作るべきだという気運が生まれ，1987年にイタリア，1989年にスウェーデンが条約作成を提起したが検討には至らなかった。特に障害者に限定した条約を作るまでもない，というのが世界の認識であった。しかし，1990年にADAが成立したことで状況が一変する。2001年にメキシコ政府が提案すると，2002年には，国連総会において障害者権利条約に関する特別 (アドホック) 委員会の設置が決議された。

特別委員会での検討が始まると，第1回 (2002年7月) から第8回

(2006年8月）まで，多くの障害当事者の団体が非政府組織（NGO）として論議に参加し，むしろ政府関係者をリードしていった。第8回には世界各国からさまざまな障害者が800人も集まり，条約が成立した際には拍手が鳴りやまなかったという。今も当事者が合言葉のように交わす，「Nothing about us without us!（私たち抜きに私たちのことを決めないで！）」のとおり，当事者主体で条約が作り上げられたのである。

2006年12月13日，国連のニューヨーク本部で，障害者の権利に関する条約（Convention on the Rights of Persons with Disabilities）（以下，「障害者権利条約」「条約」と略す）が採択された。前文25項と50条の条文から成り，多くの注目点があるが，最大の意義は「障害者観の転換」と言われる。障害がある人が守られるべき「庇護の対象」ではなく，必要な支援（条約の「合理的配慮」など）があれば障害がない人と対等に，「権利の主体者」として，一市民として，尊厳をもった生き方ができるという考え方である。そして，それは障害者だけではなく，高齢者や生活困窮者，虐待を受けた児童など，これまで「社会的弱者」と位置づけられた人々の「人間観の転換」へとつながっていく。

(2) 第1条と「社会モデル」

障害者権利条約の新しい障害者観を示す記述として，前文e項と第1条目的が紹介される。

前文とは条約の理念など説明する記述であるが，e項には次のように書かれている。「障害が発展する概念であることを認め，また，障害が，機能障害を有する者とこれらの者に対する態度及び環境による障壁との間の相互作用であって，これらの者が他の者との平等を基礎として社会に完全かつ効果的に参加することを妨げられるものによって生ずることを認め，…」たとえば，両足マヒなどの機能障害があることが段差の多い環境や周囲の無理解などと相まって，解雇など「社会参加を妨げられる」ことにつながってしまう，という指摘である。本人の「頑張り」よりの，社会のあり方が問われているのである。

また，第1条目的には，次のように記されている。「この条約は，全ての障害者によるあらゆる人権及び基本的自由の完全かつ平等な享有を促進し，保護し，及び確保すること並びに障害者の固有の尊厳の尊重を促進することを目的とする。障害〔ディスアビリティ〕のある人には，長期の身体的，精神的，知的又は感覚的な機能障害〔インペアメント〕のある人を含む。これらの機能障害は，種々の障壁と相互に作用することにより，機能障害のある人が他の者との平等を基礎として社会に完全かつ効果的に参加することを妨げることがある」。

後段の文章には障害の3つのレベルが示されている。「種々の障壁と相互に作用」とあるように，3次レベルの「参加」を阻んでいる「障壁」と，1次レベルのインペアメント，2次レベルのディスアビリティが相互に関連し合って厳しい状況が生み出されてしまうのである。このように，条約の「障害者観」は，ICFの「環境因子」などの概念を盛り込んだ，「社会モデル」であると強調されることが多い。

医師として知的障害児・者の支援に貢献してきた岡田喜篤は，条約が採択される前から次のように主張していた。「社会モデルとは『障害は個人の問題ではない』と考える立場である。障害者が不自由な生活を余儀なくされ，あるいは参加を阻まれるとすれば，それは社会環境によってもたらされる。したがって，環境を変え，支援を充実することが重要視され，その場合の課題は，社会変化を求める態度や思想の形成であり，究極的な目標は人権尊重である[10]」。人権を侵害されることが多い知的障害児・者と関わりが深い，岡田ならではの指摘である。その本質は「社会のあり方」であり，「究極的な目標は人権尊重」と述べ，第1条前段

10）岡田喜篤（2002）「知的障害児(者)のリハビリテーション」『リハビリテーション論』全国社会福祉協議会，p.88

の「障害者の固有の尊厳」にも重なる人権の視点を強調している。

(3) 第２条と「合理的配慮」

社会モデルの視点から，第２条にある「合理的配慮」の提供が社会に求められることになる。２条では，これを次のように定義している。「『合理的配慮』とは，障害者が他の者との平等を基礎として全ての人権及び基本的自由を享有し，又は行使することを確保するための必要かつ適当な変更及び調整であって，特定の場合において必要とされるものであり，かつ，均衡を失した又は過度の負担を課さないものをいう」（外務省公定訳）。ここで，「他の者との平等を基礎として」という言葉は，「他の児童との平等を基礎として」を入れると条約中に35回も登場する。すなわち，条約は障害者に特別の権利を認めているのではなく，「合理的配慮」があれば生活のあらゆる場面で，また人生のあらゆる段階で，障害がない人と「平等」に暮らすことができるはずだと主張しているのである。

「合理的配慮」という言葉は，2013年６月に成立したわが国の障害者差別解消法のキーワードでもあるが，法律では明確な定義がされていない。また，条約にもある「過度の負担を課さない」という言葉をどのように解釈するかも大きな問題である。経費がかかりすぎることなどを理由に，差別が容認されてしまうことにもなりかねない。そこで，障害者と事業者との「建設的対話」が重要だと指摘されている。事業者はなぜできないかを丁寧に説明し，障害者は100％ではなくともこのような方法で，といった代案を出すなど，お互いの「歩み寄り」が求められるとも言えよう。筆者は合理的配慮とは何かを説明するとき，「障害がある方から笑顔が引き出せるような関わり」と提案している。むしろ，差別を感じたことを機に，相互理解やどう環境を変えるかという前向きの姿勢が求められる。その前提には，それぞれの立場を尊重し合うという「思いやり」や，抽象的ではあるが「人権意識」が重要ということになってこよう。

(4) 第 12 条と「意思決定支援」

1) 条約第 12 条「法の前の平等」とは

この社会モデルの障害者観との関連で注目を集めているのが，わが国では「意思決定支援」という言葉で議論される第 12 条である。

特に知的障害者については，その障害ゆえに自分で判断することができないのが大きな特徴と長く思い込まれてきた。それゆえに，「代弁者」として親が主張し，「親亡き後」に安心して暮らせる入所施設建設をはじめ，さまざまな支援制度の確立に努力を重ねてきたのである。

こうした認識を根底から覆したのが，障害者権利条約第 12 条「法律の前にひとしく認められる権利（Equal recognition before the law：「法の前の平等」とも訳す）」である。長く精神障害者の支援に関わり，早くから第 12 条に注目していた弁護士の池原毅和は，「『法的能力』とは自己決定能力と理解できる」と主張し，12 条成立の背景について次のように述べる。「この条項は，障害者権利条約の策定の過程で，成年後見制度を容認するものか否定するものかについて激しく議論された結果生まれた条項である[11]」。

一般に，「成年後見制度は認知症や障害者の権利擁護のための制度」と言われる。制度の目的はそのとおりであり，2000 年に民法が改正されて新しい成年後見制度が誕生した時，新しい理念として強調されたのが次の 3 点であった。①自己決定の尊重，②ノーマライゼーション，③残存能力の活用，である。しかし，実践の場において「制度のジレンマ」などと言われるのが，1 点目の「自己決定の尊重」との関係である。「消

11) 池原毅和（2010）「第 12 章　法的能力」松井亮輔・川島聡編『概説　障害者権利条約』生活書院，pp.183-199

費者被害から本人を守る」ということで，本人が行った契約を取り消す，などができるのが「成年後見制度の強み」である。「最善の利益（Best Interest）」のために，自己決定を否定することになる。しばしば「両刃の剣」などと称されるが，この相反する要素を有しているのが「ジレンマ」と言われるゆえんである。

このように，成年後見制度が人権侵害につながるという当事者の声を受け，議論を重ねた結果，第12条が成立したのである。知的障害者や精神障害者が適切な判断ができないのは，入所施設や精神病院での暮らししか知らず，自分を支えてくれる人も限られているので，社会生活を送るための判断が難しいのである。経験の蓄積が少ないとか，理解ある支援者がいないという社会の側の問題である。なにかを決めようとするとき，決めるための支援が必要なのであり，本人に代わって決める「代行決定」というのは人権侵害そのもの，ということである。

そこで，「合理的配慮」の1つという考え方から，「支援付き自己決定（supported decision making）」という概念が登場する。すなわち，障害者が自分のことを自分で決める，自己決定を行うためには，本人にあった情報提供や体験の蓄積などの支援が必要であり，このような「合理的配慮」があるからこそ納得できる自己決定が可能となるのである。

2）国内法における「意思決定支援」

条約を批准するためには，国内の法律が条約の内容と矛盾することがないように国内法の整備をすることが求められる。先に紹介した成年後見制度の「ジレンマ」など，法律としてどのような改正をすべきかが政府や日本弁護士連合会などによって検討が進められている。

障害福祉関連の法律についても，2009年12月，内閣府に障がい者制度改革推進会議が設置され，検討が開始された。24人の構成員のうち，議長以下，14人が障害当事者であり，総理大臣をトップとする障がい者制度改革推進本部と連携して，まさに当事者主体で法改正を進めていった。こうして，2011 年 7 月に障害者基本法の改正，2012 年 6 月に障害者総合支援法の成立，2013 年 6 月に障害者差別解消法の制定など，重要な法律の改正，制定が行われたのである。

意思決定支援については，改正された障害者基本法第 23 条に以下のように記されている。「国及び地方公共団体は，障害者の意思決定の支援に配慮しつつ，障害者及びその家族その他の関係者に対する相談業務，成年後見制度その他の権利利益の保護等のための施策又は制度が，適切に行われ又は広く利用されるようにしなければならない」。同様の規定は，障害者総合支援法第 42 条・第 51 条，児童福祉法第 21 条，知的障害者福祉法第 15 条にも設けられ，相談支援事業や福祉サービスを提供する事業者に意思決定支援への配慮を求めた。

ここで，「自己決定支援」ではなく「意思決定支援」を用いる理由について，長く知的障害者支援に関わる柴田洋弥は主張する。「意思決定をするのは知的障害者自身であるが，支援者や環境との相互作用のなかで本人の意思が確立していくことから，『自己決定支援』ではなく『意思決定支援』と表現した方が適切である[12)]」。知的障害者の地域生活を，一人ひとりのニーズに応じて長く支援してきた柴田ならではの発言である。社会や支援のあり方を問う社会モデルの視点から，「意思決定支援」という言葉を位置づけたとも言えよう。

3）「意思決定支援」の広がり

このような流れのなかで，厚生労働省障害福祉部は 2017 年 3 月，『障害福祉サービス等の提供に係る意思決定ガイドライン』を作成し，「意思決定支援」を次のように定義した。「意思決定支援とは，自ら意思を決定することに困難を抱える障害者が，日常生活や社会生活に関して自らの意思が反映された生活を送ることができるように，可能な限り本人

12）柴田洋弥（2012）「知的障害者の意思決定支援について…経過と課題」『サポート研通信』（第 42 号）全国障害者生活支援研究会，p.3

が自ら意思決定できるように支援し，本人の意思の確認や意思及び選好を推定し，支援を尽くしても本人の意思及び選好の推定が困難な場合には，最後の手段として本人の最善の利益を検討するために事業所の職員が行う支援の行為及び仕組みをいう[13)]」。

この記述からも，とにかく障害がある人の力を信じ，可能な限りの支援を提供することが強調されている。また，条約第12条にある，「意思及び選好（will and preferences）」という言葉が登場することも注目される。その後の意思決定支援の場では，「大きな意思決定を行うためには，小さな意思決定の積み重ねが重要」ということが強調されている。意思決定とは，「どんな仕事に就くか」「どこに住むか」といったことばかりではない。むしろ，「何を食べる」「何を着る」といった，日常生活での小さな決定を重ねるなかで大事なことを決めていけるのである。「選好」，すなわち「好み」という言葉には小さな決定の重要性が示されており，これは障害がない人も同じである。施設や病院の生活では，このような決定の機会が奪われていることが多いのは言うまでもない。

その後，2018年3月には終末期の医療やケアの決定[14)]について，2018年6月には認知症の意思決定支援[15)]，2020年10月には成年後見制度の利用における意思決定支援[16)]など，意思決定が難しい人や場面に応じた支援に関するガイドラインが次々に出されている。今まで代行決定しかないと思われていた人々が，適切な支援があれば納得できる意思決定ができること，そのような力を本人が有しているのだという人間観の転換が，福祉や医療，司法などさまざまな分野で起こっている。このよ

13）厚生労働省・障害福祉部（2017）『障害福祉サービス等の提供に係る意思決定ガイドライン』

14）人生の最終段階における医療の普及・啓発の在り方に関する検討会（2018）『人生の最終段階における医療・ケアの決定プロセスに関するガイドライン』

15）厚生労働省（2018）『認知症の人の日常生活・社会生活における意思決定支援ガイドライン』

16）意思決定支援ワーキング・グループ（2020）『意思決定支援を踏まえた後見事務のガイドライン』

うな背景に，障害者権利条約の批准が大きな意味をもっていたことが，今，再認識されているのである。

【学習課題】

1．「障害」の概念が ICIDH から ICF に変わったことにより，障害がある人にとってどのようなメリットが生まれたかを考えてみよう。
2．障害者権利条約で注目された「合理的配慮」について，自分が体験した事例について考えてみよう。

参考文献

・横田弘対談集（2004）『否定されるいのちからの問い　脳性マヒ者として生きて』現代書館
・上田敏（2005）『ICF の理解と活用―人が「生きること」「生きることの困難（障害）」をどうとらえるか』萌文社
・藤井克徳（2014）『私たち抜きに私たちのことを決めないで　Nothing About Us Without Us 障害者権利条約の軌跡と本質』やどかり出版
・藤井克典（2018）『わたしで最後にして　ナチスの障害者虐殺と優生思想』合同出版
・優生手術に対する謝罪を求める会編（2018）『（増補改訂版）優生保護法が犯した罪　子どもをもつことを奪われた人々の証言』現代書館

11 差別，偏見と闘う人々

石渡和実

《ねらい》 多くの障害者が殺傷された津久井やまゆり園事件について概観し，その背景にある優生思想やヘイトクライム，入所施設のあり方など，事件から浮き彫りになった課題を考える。これらを踏まえて福祉実践としてのエンパワメントに注目し，意思決定支援や地域変革，地域で障害者が果たす役割について理解する。コロナ禍での社会の変化にも着目し，福祉実践になにが求められるかを考える。

《キーワード》 津久井やまゆり園事件，優生思想，ヘイトクライム，入所施設，エンパワメント，地域変革，障害者の社会的役割，差別・偏見の解消

1. 津久井やまゆり園事件と優生思想

(1) 事件の概要

2016年7月26日午前2時頃，相模原市にある知的障害者施設津久井やまゆり園で，入所者19人が命を奪われ，職員3人を含む27名が負傷するという事件が起こった。2001年に大阪府で小学生8名が亡くなった池田小事件をはるかに上回る，戦後最大の被害をもたらした事件とされた。その後，2019年7月18日に京都アニメーション事件が起こり，36人が死亡，33人が重軽傷を負った。しかし，京都の事件はガソリンを撒いての放火であるのに対し，津久井やまゆり園事件は，犯人が1時間も経たない間に全員を包丁で死傷させたという，異常なまでの殺意を感じさせられる犯罪でもあった。

さらに，事件を起こした植松聖（2020年3月に死刑確定）が施設の元

職員であり，2 月 15 日に衆議院議長に宛てて「犯行予告」の手紙を渡していた。手紙には「障害者は不幸を作ることしかできません」，だから「安楽死」が当然といった論理展開で，優生思想そのものと言える内容が書かれ，関係者を慄然とさせた。この手紙がきっかけで植松は精神科に措置入院となるが，退院後にほぼ「予告」どおりの犯行が行われ，事件を防ぐことができなかったのか，も含めて社会に大きな衝撃を与えた。

（2） 事件から検討すべき課題

1） 知的障害者の地域生活支援

神奈川県の黒岩祐二知事は，事件が起こった当日，園に駆け付け，悲惨な現場や嘆き悲しむ家族を目の当たりにした。それだけに家族の声を受け止め，事件から 2 か月も経たない 9 月には 60 ～ 80 億円をかけても再建するという方針を即決した。しかし，障害当事者などから，「大規模施設の再建は時代錯誤」「当事者不在」といった批判が続出し，県は翌 2017 年 2 月，再生に関する検討会を設置し，10 月に最終報告書が公開された。

大きく，2 点について検討がなされた。1 つは，「当事者不在」という批判を踏まえて，「入所者本人の意思をいかにして確認するか」であった。この「意思決定支援」の検討に力を注ぎ，国の障害者向け「意思決定支援ガイドライン」を参考に，「神奈川バージョン」とよばれる支援システムが作られた。また，本人の意思を尊重するためにも，入所施設という 1 つの選択肢しかない，という状況はありえない。そこで，2 点目は「県立施設の役割」の検討とともに，グループホーム入居なども含め，多様な選択肢をどれだけ示せるか，ということであった[1)]。

2） 優生思想の克服・ヘイトクライム

第 2 に，「優生思想の克服」という課題である。「障害者は不幸」「安楽死」などと書かれた手紙を機に，優生思想に関する議論が一気に高ま

1） 神奈川県（2017）『津久井やまゆり園再生基本構想』

った。ナチスドイツがユダヤ人虐殺の実験台として，障害者20万人以上を殺害したT4作戦への関心，強制不妊手術の裁判がはじまったことも，この傾向を後押しした。しかし，植松の考えに同調する声がネット上に広まったというのも現実で，人権教育や福祉教育，市民の意識啓発の必要性が改めて問われることにもなった。

精神科医として臨床にも詳しい立教大学教授の香山リカは，こう主張している。「社会的マイノリティを本人に変えることのできない属性（今回なら障害があること）だけで差別・憎悪の対象として攻撃する犯罪を，海外では『ヘイトクライム（憎悪犯罪）』と呼ぶ。今回の事件は精神疾患ゆえの行為などではなく，やはりヘイトクライムと考えてよいのではないか…。今後の裁判では，この男性をごく特殊なケースと片づけることなく，彼を生んだ社会背景や，人権を軽視するいまの空気についてもぜひ迫ってほしいと考えている[2)]」。

元衆議院議員，現在は世田谷区長として活躍する保坂展人は，事件2日後の7月28日，自らのブログに「ヘイトクライムの拡散・連鎖の根を断つために」を投稿した。事件の報道を聞き，衆議院議長宛ての手紙を見て，「襲撃・殺戮行為」を正当化している点でヘイトクライムとしての特質をもつと判断したのだという。そして，2016年6月に，アメリカフロリダ州の銃乱射で49人が殺害された事件を引き，「ヘイトクライムと大量殺人事件は，深刻な連鎖反応状態」になっていると主張する。教育問題に熱心に取り組んできた保坂は，夏休み中に起きたやまゆり園事件が子どもたちにどのような影響を与えるかを何よりも心配していたのである[3)]。

3）入所施設への疑問

やまゆり園の支援に社会が疑問を呈した契機は，事件から2年後の

---

2) 香山リカ（2016）「精神科医の立場から相模原事件をどう見るか」『生きたかった　相模原障害者殺傷事件が問いかけるもの』大月書店，pp.55-69

3) 保坂展人（2016）『相模原事件とヘイトクライム』（岩波ブックレット No.959）岩波書店，pp.53-54

2018 年 7 月，テレビの特集番組[4]で入所していた女性（当時 39 歳）が「見守りが困難」との理由で，車いすに 12 時間以上も身体拘束されていたという報道である。しかし，別の法人で本人の意思を尊重した支援を受けるようになった結果，この女性がレストランでメニューを選び，笑顔で食事をしている場面が紹介された。筆者もあるセミナーで，現在の支援をしている法人理事長の講演を聞き，まさに「愕然」とさせられた。以前の苦虫をつぶしたような表情と，今の満面の笑顔の写真とが並べて紹介されたのを見て，「環境次第で人間はこれほど変わるものなのか」と，その「落差」に驚嘆させられたのである。

この報道も影響したということだが，2019 年 12 月，黒岩知事が津久井やまゆり園を運営する「かながわ共同会」に対し，県立施設の指定管理者としての委託を打ち切るとの意向を表明した。翌 2020 年 1 月には，津久井やまゆり園の実態を調査するために弁護士らによる「検証委員会」が設置された。調査の結果，津久井やまゆり園で身体拘束など少なくとも 3 件の虐待があったと報告されている。しかし，家族会などからの批判もあり，3 月に知事が「譲歩」した形で運営は継続されている。さらに「検証委員会」の調査を他の県立施設にも拡げ，施設支援のあり方を検討するために，神奈川県は 7 月 29 日，「障害者支援施設における利用者目線の支援推進検討部会」を設置して検討を進めている。

2020 年 3 月 16 日，横浜地裁で判決が出て植松被告に死刑が求刑された。しかし，裁判では犯人の責任能力だけが争点となり，先の香山が期待していたような事件の背景にはほとんど迫ることができなかった。また，裁判でも「当事者不在」という批判が高まり，被害者が匿名のままという異例の審議に対して，「障害者差別である」との指摘も数多くなされた。判決でわずかに納得できたのは，植松の障害者観の変化に触れた部分である。津久井やまゆり園で働きはじめた当時，この仕事を「天

4）NHK スペシャル「ともに生きる　相模原障害者殺傷事件から 2 年」2018 年 7 月 21 日

表 11－1　津久井やまゆり事件の概要と経過

2012 年	12 月	植松聖をやまゆり園職員として採用
2016 年	2 月 15 日	植松が衆院議長宛ての手紙を持参
	7 月 26 日午前 2 時頃	**事件発生，19 人死亡 27 名負傷**
	9 月 21 日	神奈川県（事件の）検証委員会設置（7 回開催）
	11 月 25 日	神奈川県検証委員会の報告書提出
2017 年	1 月 10 日	やまゆり園再生基本構想の公聴会開催
	2 月 27 日	再生基本構想策定について検討部会設置
	10 月	再生の最終報告書提出（分散化，**意思決定支援**）
2020 年	1 月	津久井やまゆり園利用者支援検証委員会設置
	3 月 16 日	植松に死刑判決（公判中に園の支援へ疑問も）
	5 月	利用者支援検証委員会中間報告書（虐待の疑い 3 件など）
	7 月	障害者支援施設における利用者目線の支援推進検討部会 県立 6 施設の支援実態の検証，あり方の検討など

出所：筆者作成

職」と称していた被告が，身体拘束や職員の対応，家族の様子などから「障害者は不幸を作り出す」という考えに至ったと述べている。判決後，入所施設での虐待や支援の質が改めて問われ，神奈川県の「利用者目線」の検討をはじめ，さまざまな議論が展開されることになった。

毎日新聞記者の上東麻子は，事件について知事や共同会，元職員，家族などさまざまな立場にインタビューし，「福祉を問う」という連載記事を発表した。長期にわたる居室施錠の実態などに触れ，入所施設について他県の状況なども調査し，職員の専門知識やスキルが不十分であると指摘している。全国的に地域移行が進まない現状なども明らかにし，やまゆり園から出て地域で暮らす元入所者の生き生きとした生活も紹介している。歴史も振り返りつつ，今後の障害者福祉のあり方を問うた渾身の企画である[5)]。

5)　千葉紀和・上東麻子（2020）『ルポ「命の選別」誰が弱者を切り捨てるのか？』文藝春秋，pp.235-278

2. エンパワメントと地域生活

(1) 成年後見制度の理念再考

先に紹介した，2000年改正の成年後見制度の新しい理念，①自己決定の尊重，②ノーマライゼーション，③残存能力の活用について，20年を経過した現在，次の3点に改めてよいのでは，と筆者は考えている。すなわち，①意思決定支援，②インクルージョン，③エンパワメント，の3点である。

特に「残存能力の活用」という言葉は，1980年代に「スウェーデンの高齢者福祉の3原則」として紹介されており，成年後見制度でも同じような視点から取り上げたと考えられる。しかし，障害分野で当事者の活躍に感嘆させられていた筆者にとって，「残存能力」という言葉は後ろ向きで，高齢者を「弱者」と捉える感が強く納得できないものであった。障害者観も変わって，意思決定支援が展開していくなかで，「これはエンパワメントそのものだ」と実感させられる場面が増えていった。同様の指摘をする研究者も多く，以下ではエンパワメントについて整理してみたい。

(2) エンパワメントの概念

「エンパワメント（empowerment）」の概念は，1976年に『黒人のエンパワメント』を著したバーバラ・ソロモンによって次のように整理された。「エンパワメントとは，スティグマ（烙印）の対象となり，否定的な評価を受けてパワーが欠如した状態になった人々に対し，そこから脱するための一連の援助」である。その援助のなかでも「本人への否定的な評価を変えるよう社会に働きかけるソーシャルアクション」が重要であると指摘されている[6)]。

6) 谷口政隆（1999）「社会福祉実践におけるエンパワメント」『社会福祉研究』（第75巻），pp.49-56

エンパワメントを直訳すると「力を付けること」となり，医学モデルの訓練をイメージしてしまうかもしれない。しかし，問題にしているのは，力がありながらそれを発揮しきれないパワーレスな状況に追いやっている社会の側である。その本来の力を引き出すためのアプローチがエンパワメントなのである。現在では，障害者や高齢者のみならず，生活困窮者やLGBTQなどまで，理由は違ってもパワーレスな状況に追いやられている人々に対する有効な支援と認識されている。障害者権利条約採択後は，意思決定支援とエンパワメントとが結びつき，「寄り添う支援」とよばれて福祉実践の大きな潮流となっている。

特に障害分野においては，精神障害者の退院後の支援として展開された，カンザス大学の「強さ活用モデル（Strengths Model）」が注目されている。障害による困難や問題行動などの否定的側面ではなく，一人ひとりの長所，力，強さに支援者が着目して関わっていく。その結果，達成感を味わうことができると障害者本人も自信をもち，次の課題解決に向けて主体的に行動できるようになる。そのためには「夢」や「希望」をもつことが大切であり，それらを達成するには地域（community）において住民を巻き込んだ支援を展開することが重要である。地域は社会資源の宝庫（oasis of resources）であり，住民の協力があるからこそ，支援を必要とする人も自己決定（意思決定）に基づいて自分らしく生きることが可能となる。そして，このようなプロセスを経ることで支援の輪が広がり，地域も福祉力を高め，社会変革が実現していくのである[7)]。

(3) エンパワメントと地域変革

筆者は，兵庫県西宮市で重症心身障害児・者の地域生活を40年近く支援している清水明彦の実践に強く共感し，随所で紹介させていただい

---

7) 小澤温監修（2015）『相談支援専門員のためのストレングスモデルに基づく障害者ケアマネジメントマニュアル』中央法規，pp.24-47

ている[8),9),10)]。清水は，意思決定支援を次のように整理する。「意思決定支援とは，意思決定をしていくことの『相談支援』，そして意思決定したことを実現していく『活動・生活支援』，さらに意思決定を阻止することを払いのける『権利擁護支援』，の全てであり，自治体の全体構造の中で展開される支援の総体だと捉えています[11)]」。

このように意思決定支援にはさまざまな側面があり，地域が一丸となった「支援の総体」と主張し，徹底した「本人中心支援」の重要性を指摘している。この場合，支援者となるのは医師やソーシャルワーカーといった専門職だけではない。買物をする時のコンビニの店員，道に迷った時は近くにいる小学生も心強い存在となる。障害があろうとなかろうと，地域の暮らしとは，本来そのような助け合い，支え合いによって成り立っているのである。

清水はこのような地域での支援について，図11－1のように整理している。ここで，中心にある本人と取り巻く支援をする人との関係性が，双方向の矢印になっていることに注目していただきたい。つまり，障害がある人も「やってもらう」「支えられる」だけの存在ではないのである。障害者の道案内をした小学生は，認知症のお年寄りや外国から来た人にも頼もしい存在に成長するであろう。コンビニの店員も同じである。このように障害がある人が，「地域の福祉力を高める」という重要な社会貢献をしているのである。

清水は，このような本人中心の支援を展開することを「物語を紡ぐ」と表現する。エンパワメントの視点に立って本人の力を信じ，本人を主人公にした物語が丁寧に紡がれていくと，重い障害がある人たちも地域

8）石渡和実（2014）「『意思決定支援』の考え方からみた未来―障害者の人権尊重を実現するために―」『実践成年後見』（No.50）pp.44-52

9）石渡和実（2015）「地域移行における意思決定支援のあり方」『社会福祉研究』（第124号），pp.22-31

10）石渡和実（2015）「意思決定支援とソーシャルワーク―求められる障害者観・人間観の転換―」『ソーシャルワーク研究』（第164号）pp.3-17

11）清水明彦（2012）「障害の重い人の意思決定支援」『手をつなぐ』（No.678）pp.14-15

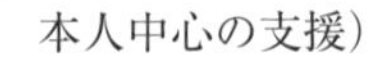

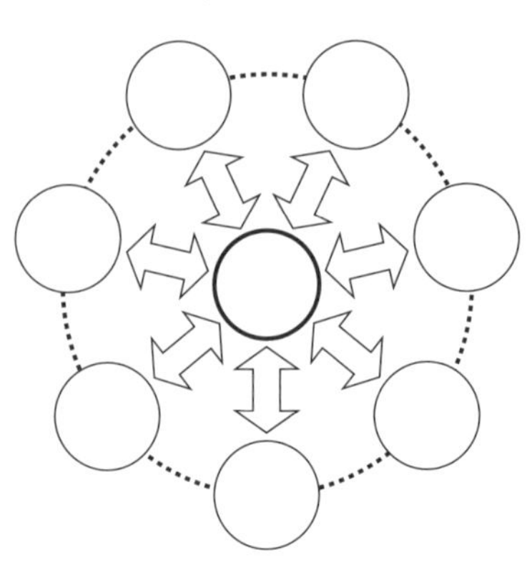

出所：西宮市「青葉園」施設長・清水明彦氏：2014[12)]

図 11－1　今後に向けて：本人中心支援の展開

で重要な役割を果たし，新しい地域づくりにつながっていくと主張する。さらに，本人主体で地域生活を支援することは本人がエンパワメントされるだけではない。本人に関わる支援者や親・家族，地域の人々も力を付け，地域の福祉力が高まっていくことになり，清水はこれを「エンパワメント連鎖」とよんでいる。そして，「本人中心で，本人の希望に基づいて支援を展開すること」が新しい「地域の支え合い」を築き，「地域社会再生への希望」をもたらすと結んでいる。その結果，誰もが生き生きと暮らせる社会，誰一人はじき出すことのないソーシャル・インクルージョンの実現につながっていくのである（図 11－2 参照）[12)]。

（4） 障害者の社会的役割

障害者権利条約 17 条には，「全ての障害者は，他の者との平等を基礎として，その心身がそのままの状態で尊重される権利を有する」と記されている。全 50 条のなかで最も短い条文であるが，津久井やまゆり園

12）　清水明彦（2014）「意思決定支援に困難を抱える人を支え合う社会を目指して」大阪弁護士会主催パネルディスカッション清水発表資料より

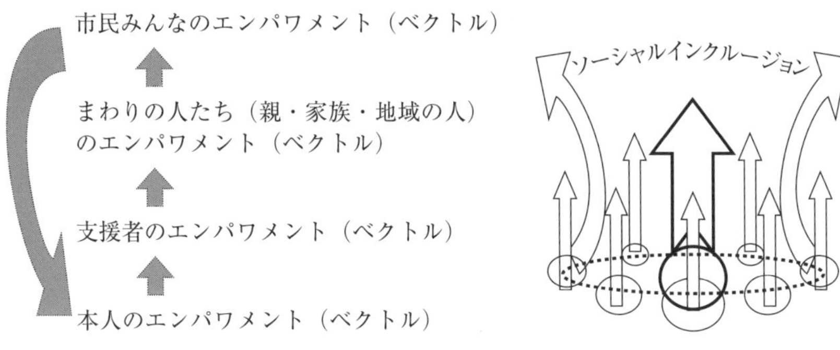

図11－2　本人中心で（希望に基づいて）支援展開することによるエンパワメント連鎖（地域社会再生への希望）

事件が起こった後，改めて注目を集めた文章である。いかに重い障害があっても，まずは「あるがままの状態で尊重」し，本人の意思を汲み取って，本人が納得できる暮らしを築くことが周囲や社会に求められる。このような暮らしが実現できれば本人が大きな社会的役割を果たすこともできる，とみなすのが条約の障害者観である，と言うこともできよう。

先に紹介した西宮市の青葉園とともに，「西の青葉園，東の朋（とも）」と並び称されるのが，横浜市栄区にある「朋」である。重症心身障害児・者の地域生活を40年以上支え，長く施設長を務めた日浦美智江は，早くから次のように主張する。「時々，私は半ば冗談のように『重症心身障害のみんなに働く場を下さい』と言います。働くとは，お金を稼ぐことではありません。みんながその役割を果たせる場のことです。みんなは何もできない人ではありません。その場が与えられれば社会の一員として，私たちにはできない『心をつなぐ』仕事ができるのです[13)]」。

日浦は朋に通う重い障害者を，「この人たちは磁石みたい」と言う。声を出して人をよぶこともできないし，手招きをするわけでもないが，

13)　日浦美智江（1997）『朋はみんなの青春ステージ』ぶどう社，p.139

そこに存在しているだけで「この人の笑顔が見たい」と人が寄ってくる。「結果として知らない人同士をくっつける，磁石みたいな役割をしている」と日浦は主張する。筆者も朋を何度も訪問し，多くの出会いにつながっていることを感謝している。「人をつなぐ」という難しい仕事を，朋の利用者は，その存在を通して果たしているのである。

また，長く神奈川県で障害児教育に携わり，川崎市にある教会の牧師としてホームレス支援でも活躍する鈴木は，ホームレスに障害者が多いことも指摘しつつ次のように主張する。「今日の障害者観では障害をマイナスとは考えない。むしろ，障害の観点から社会のあり方を探り，共生社会の実現をめざす原点と考えられるようになっている。障害が人と人を結び付ける『ソーシャルボンド』（社会的絆）の役割をもつことの重要性も指摘されている[14]」。鈴木はその後，大学で教鞭をとりつつ，障害がある人々やホームレスの方とともに新たな地域づくりを続けている。

横浜市緑区にある障害者の通所施設「ぷかぷか」は集合住宅内の商店街に位置し，作ったパンや小物などを販売したり，親子連れがランチに来ていたり，まさに地域に根差している。津久井やまゆり園事件が起きた後は社会にさまざまな発信を続け，2019年1月には，『ぷかぷかな物語　障がいのある人と一緒に，今日もせっせと街を耕して[15]』を出版した。その帯には，メッセージのエッセンスとも言える言葉が記されている。「障害者はいない方がいい？　障害者は不幸しか生まない？　いいえ，障がいのある人と一緒に生きていった方がトク！　障がいのある人と一緒にいることで生まれるほっこり自由な空気が，生きづらくやせこけた社会を変えていく。そんな『ぷかぷかな世界』へようこそ！」。地域の人々は，自閉症の方のこだわりや特徴的な言い回しをニコニコしながら見守っている。仕事をしないで幸せそうに眠っているSさんの写

14）鈴木文治（2018）『障害を抱きしめて　もう1つの生き方の原理：インクルージョン』ぷねうま社，p.188

15）高崎明（2019）『ぷかぷかな物語 障がいのある人と一緒に，今日もせっせと街を耕して』現代書館

真がブログにアップされると，アクセス数が格段に増えるそうである。「ぷかぷかさん」たちの存在が地域で求められており，大きな役割を果たしていることをいつも実感させられる。

(5) 差別・偏見の解消

津久井やまゆり園事件に象徴される優生思想，差別・偏見をいかにして解消していくかは，社会福祉の大きな課題である。障害者差別解消法の制定は解決策の1つであり，「建設的対話」を重ねて，障害がある人とない人との相互理解を進めていくことは必要であろう。

全盲という障害があり，今は日本障害者協議会（Japan Council on Disability：JD）代表として，50年以上にわたって社会に発信を続けている藤井克徳は，先の世田谷区長保坂との対談で次のように述べている。優生思想とどう対決するかという保坂の問いに，藤井は教育の重要性を強調する。「一般の市民，特に小中学生，高校生に対して訴えたいことがあります。それは，差別の反対は何かということです。普通に考えれば，差別の反対は平等とか公平ということになりますが，いまの社会を見ているとそうとは言いにくいのです。実は，今の社会にあっては，差別の反対は無関心なのです。この無関心が一番曲者（くせもの）で，怪物のようなものです。これこそ，教育がもっとも力を入れるべきところです。そのためには，障害のある人に直に接してもらうことが大事だと考えています[16)]」。

改めて，福祉教育や人権教育の重要性が問われている，と言うこともできよう。最後の，「障害のある人と直に接してもらうことが大事」という指摘に改めて注目していただきたい。西宮市の清水らが主張し，実践するように，障害がある人を真ん中にして地域の暮らしを支えていくことが地域を変え，差別・偏見をなくしていくことに通ずるのである。

16）保坂展人（2016）『相模原事件とヘイトクライム』（岩波ブックレット No.959）岩波書店，pp.50-51

これこそが，真の「共生社会」，ソーシャルインクルージョンの実現である。

また，毎日新聞記者の上東も，さまざまな障害者福祉の課題，差別の実態などを取材してきた最後に，「なぜ『優生社会』化が進むのか」という問いを発し，こう述べている。「共通する恐れや不安。それは，対象を知らない，ということから生じるのではないだろうか。自分の生活が，人生が，一変してしまうかもしれない。そんなことは許されないと。逆に言えば，障害や病気の程度や状態は一人一人全く違うのに，あまりにステレオタイプなイメージがあるのかもしれない」。

そして，上東はコロナ禍の体験を振り返りつつ，『五体不満足』から注目された作家の乙武洋匡のブログの文章を紹介している。「自由に仕事ができないって，しんどいですよね。自由に学校に通えないって，しんどいですよね。自由に遊びにいけないって，しんどいですよね。でもね，知ってほしいんです。この世の中には，コロナが蔓延する前から，そうした生活を強いられてきた人々がいることを。そう，私たちの社会には障害や病気とともに生きている人がいます」。

さらに，脳性マヒがある小児科医で，東京大学先端科学技術研究センター准教授の熊谷晋一郎の言葉を紹介している。「コロナで社会の側ががらりと変わったことで，みんなが馴染まず，摩擦を感じるようになった。その意味で，（障害の）社会モデルの観点からすると，『総障害化』が起きたのです[17]」。熊谷は，コロナ禍後の社会が進む方向性として，全く逆の，2つの可能性を示唆する。今だからこそ誰もが困難を共有し，「連帯」できるという方向と，余裕がなくなって他人を後回しにする「差別化」が進む，という二極化である。まさにこの社会は今，「分岐点」に立っているのである。

社会福祉を学ぶ私たちが，めざすべき方向性は明らかである。

17) 千葉紀和・上東麻子（2020）『ルポ「命の選別」誰が弱者を切り捨てるのか？』文藝春秋，pp.305-314

3. おわりに

1970 年代まで，「否定される命」と言わざるをえなかった障害者観が，1981 年の国際障害者年を契機にわが国でも大きく変わってきた。国連や福祉関係者の努力も大きかったが，何よりも障害者自身が社会に発信し，行動していったことが社会変革を促していったと考える。

障害者権利条約の採択は，そのような流れに大きな弾みをつけることになった。その影響は障害分野にとどまらず，人権を侵害されがちだった高齢者，女性，子ども，生活困窮者，外国籍の人，LGBTQ など，さまざまな人々に及んでいる。「多様性の尊重」が叫ばれ，国連が SDGs で強調する「誰ひとり取り残さない」という視点とも重なるものである。筆者は，ここが重要であると考える。「障害者が暮らしやすい社会は誰にとっても暮らしやすい」というユニバーサル発想とも言えよう。

2020 年はコロナではじまり，コロナに振り回された 1 年であった。しかし，当たり前の生活がいかにかけがえのないものであったかを再認識させられた，などの声も多い。それぞれが納得できる日常生活を送れることがいかに重要か，障害がある人々が以前から主張してきたことでもある。在宅就労，今でいうテレワーク，このような発想も，もう 30 年以上前から障害分野では実践されてきた。障害がある人々が，「拓いてきた」のである。

厳しい体験をした 1 年を，むしろ「力」にして，「新しい地平を拓く」ために，社会福祉の立場からどのように歩みを進めるか，この書物がもつ意味は大きいと考える。

【学習課題】

1．ほめられたり，認めてもらったことで，大きな力を発揮できたとか，成功体験を味わえた，などの経験を振り返り，ストレングス・モデルについて考えてみよう。

2．障害がある人が地域で果たしている役割について，今，どのような活動があるか，これからどんなことがやれるか，などについて考えてみよう。

参考文献

・日浦美智江（1997）『朋はみんなの青春ステージ』ぶどう社

・小澤温監修（2015）『相談支援専門員のためのストレングスモデルに基づく障害者ケアマネジメントマニュアル』中央法規

・立岩真也・杉田俊介（2017）『相模原障害者殺傷事件　優生思想とヘイトクライム』青土社

・鈴木文治（2018）『障害を抱きしめて　もう１つの生き方の原理：インクルージョン』ぷねうま社

・高崎明（2019）『ぷかぷかな物語　障がいのある人と一緒に今日もせっせと街を耕して』現代書館

・千葉紀和・上東麻子（2020）『ルポ「命の選別」誰が弱者を切り捨てるのか？』文藝春秋

12 社会福祉とジェンダー

今井小の実

《ねらい》 多様性が認められ，誰もが自分らしく生きられる社会をめざすことが求められている現代において，ジェンダー規範を内在しデザインされた福祉国家は，却って人々の生きづらさを助長している。本章では，男性，女性，そして性的マイノリティとされてきた人たちの，性に起因した生きづらさが歴史的に作られてきたものであるという理解を深め，社会福祉の果たすべき役割を考える。

《キーワード》 性暴力，性的搾取，DV，セクハラ，LGBTQ，近代家族，男性学，女性学

1．社会福祉とジェンダー問題

「ジェンダー」とは，社会的文化的につくられた性差であり，その男女二分法がもたらす規範がさまざまな問題をもたらしてきた。たとえば「男らしさ」「女らしさ」のジェンダー規範を体現した「男は仕事，女は家事・育児」という性別役割分業は，個人の自由な生き方を制限し，「生きづらさ」を生み出している。

社会福祉の対象である生活問題に引き寄せて，この状況を考えてみよう。たとえば現在，日本では少子問題との抱き合わせで，晩婚化・未婚化の問題がクローズアップされている。そこには女性が結婚後も仕事を続け，共稼ぎ世帯が一般的になってきた現在でさえ，家事・育児の負担が女性に重くのしかかっている現実がある。そして男性の側からみれば，非正規雇用が若い男性の間にも蔓延している社会で，経済力というプレ

ッシャーが結婚にブレーキをかけているという状況があるのである。

また性別役割分業における女性＝家族世話係（ケアラー）という位置づけが，女性を家計補助的な立場にとどめ，介護の現場の担い手を女性に偏らせ，その労働条件を貶めてきた（第 15 章参照）。そして一般的にも女性の労働条件を劣位に置き，女性の貧困化をもたらしている。母子世帯の経済的窮状はその集約された結果である。さらに女性の経済的自立が困難という状況下，夫に暴力を受けても逃げ出せないような状況を招き，「売春」（性的搾取）[1]を余儀なくされる女性も生み出しているのである。またこのような女性の状況が災害時にはいっそう深刻化することは，コロナ禍の日本でも経験したことである。すなわち非日常生活のなかで増える家事負担の女性への偏重，経済危機のなかで女性の職業や職種，雇用形態などの条件がもたらす苦境や窮状などである。

一方，男性＝稼ぎ手，つまり「一家の大黒柱」という男性の役割は，生産労働の場における過度なプレッシャーを招き，心身ともに男性を追いつめる。心臓・脳疾患，精神疾患の発症は働きざかりの男性に多く，自殺の割合は圧倒的に男性が高い。そのストレスのはけ口を女性に求め，暴力を増殖させているケースもめずらしくない。家族を養えなくなった男性の行き先がホームレスという話も耳にする。これら男性の置かれている状況がコロナ禍でさらに強烈に作用したのは，女性と同じである。

このような男女の「らしさ」とその役割が刻印される社会のなかで，生まれてきた“性”や異性愛規範に違和感を抱く人たちは，セクシュアルマイノリティとされ，社会で周縁化されてきた。そして社会のまなざしだけでなく，制度や政策から排除され，そのために生きづらい生活を余儀なくされている。

本章では，社会福祉の最も重要な価値である人権尊重の立場から，誰もが自分らしく生きるためには，社会的なジェンダー規範の呪縛から解

1） 現在では「性的搾取」と表現するほうが適切かもしれないが，本章では売春防止法の対象と重なる意味で使用する場合は「売春」と表記する。

放される必要があるという問題意識に立ち，その課題と解決の道筋を示したい。

ただ世界経済フォーラムが，毎年，発表しているジェンダー・ギャップ指数（Gender Gap Index：GGI）のランキングからも明らかなように，日本の男女格差は大きく，女性は社会的にきわめて不平等な状況に置かれている。すなわち2021年現在，日本のGGIは156か国中120位であり，なかでも政治（147位），経済（117位）面での男女格差が顕著である。ジェンダーは男女問わず個人の自由な生き方の障壁となるが，特に日本の場合，女性を政治や経済から不当に排除している。

そのため，まずは日本社会において女性は歴史的にどのように位置づけられ，それが現在の問題をいかに生成しているのか，確認することからはじめたい。ジェンダーとは社会的文化的な性差，すなわち歴史的につくられた性差だからである。

2. どのように「女性」はつくられてきたのか

私たちが，性別役割分業を生み出す要因として，男性との違いでまず思い浮かべるのは「母性」であろう。この生物学的な母性は，転じて母親には生来，子どもを産み育てる能力が備わっており，そのため，育児，家事を引き受けるのが自然だというジェンダー規範を生み出している。しかしもしそうであるなら，実母による児童虐待は特異なケースでなければならないが，現実は異なる。

この現実に目をそむけ，育児は古来より母親が担ってきたではないかと，異議を唱える人もいるかもしれない。しかし歴史的にみても，母親が育児に専従してきた期間はそう長くはない。渡辺（1999）は，昭和初期の調査データを用いて，当時，育児はむしろ祖母の役目であり，母親は主に農作業という生産労働に携わっていたことを明らかにしている[2)]。ジェンダーはまさに歴史的につくられた性差なのである。女性史の知見をもとに，歴史がいかに現在の女性の状況をつくりだしてきたのか，概観しておこう。

（1） 近代国家と女性

18世紀末，フランスの「人権宣言」で謳われた「人間」のなかに女性は含まれていなかった。革命によって成立した国家の示す国民とは，財産と妻子を有した男性市民であり，近代国家はむしろ女性の地位を貶め，積極的に女性を家庭の領域に閉じ込めたのである。

欧米にならい，近代国家の形成をめざした明治政府も，国民の範疇から女性を排除し，その権利を家族のなかに封じ込め，男性の従属物とするシステムを構築していく。1890（明治23）年には国会が開設し男性に政治参加の扉が開かれていく一方で，同年に出された「集会及び政社法」によって女性は政治活動に参加する権利を奪われた。同法は1900年の治安警察法に継承され，1925年の普通選挙法は男性のみに適用された。

また1898年の明治民法では，家長（戸主）を頂点とした家父長的「家」制度が強化され，女性はさまざまな局面で男性の劣位に置かれていく。特に既婚女性は，「妻の無能力規定」，「夫婦財産制における夫の優位」，「離婚原因における姦通の取り扱いの不平等」など，夫である男性に従属する義務を強いられた。近代市民法は男尊女卑の思想を内包していたためヨーロッパの家族法にも同様の規定がみられたが，日本の女性の場合はそこに「家」制度が加わったため，一層，深刻な状況に置かれたのであった。

離婚原因における不平等規定は，封建時代から続く一夫多妻制を政府が容認したことの現れでもあった。すでに1870年に明治政府が制定した「新律綱領」にも，妻妾ともに二親等とみなし，両者に夫以外の男と

2） 渡辺秀樹（1999）「戦後日本の親子関係—養育期の親子関係の変遷—」目黒依子・渡辺秀樹編『講座社会学2　家族』東京大学出版会

の性交（姦通）を禁じた項目がみられる。このような家父長的「家」制度と性に対する男女のダブルスダンダードは，1907年の刑法の「強姦罪」にも反映され，被害者であるはずの女性の側に「家」の血統，「貞操」を守るために必死で抵抗する義務を課し，強い暴行・脅迫に抵抗できなかった場合にのみ，犯罪が成立する仕組みとなっている。

このような「姦通」に対する男女の不平等な扱いは，性的所有物・性的隷属者という，当時の女性に対する男性意識の現れでもあった。その最たるものが売春制度であり，日本の公娼制度は明治政府により近代的に再編されている。1876年の太政官布告により，警察に売買春を統制する権能が与えられ，性病検診・徴税を軸とした公娼の統制・管理体制が確立したのであった。この制度は，「家」制度とともに，男性には放縦な性交の自由を許し，女性にはその性を規制した。すなわち女性は，「家」制度下，嫁として家督相続人を産む役を負うか，公娼制度下，「売春婦」として不特定多数の男性の相手をつとめるか，いずれかに追われることになったのである[3)]。婦人矯風会[4)]が，毎年，一夫一婦制の請願書を政府に提出し，廃娼運動を展開したのは，男性の獣欲を公認する制度を廃止し，家庭における男女の性の平等を求めたからにほかならない。

このように近代国家は，女性を男性と対等な国家の構成員とはみなさなかったにもかかわらず，一方でその維持・発展のために女性に良妻賢母の役割を期待し，女子高等教育が必要とされる論拠にもなった。

(2) 女性の“商品化”と産業革命

遊郭へ売られる少女たちは，戸主を頂点とした「家」制度の犠牲者であった。その多くは疲弊し窮乏化した農家の出身者であり，家族の生存のために売られたからである。公娼制度において自由業とされた娼妓は，

---

3) 森崎和江（1995）「セクシュアリティの歴史」鶴見和子ほか監修／河野信子編『女と男の時空―日本女性史再考Ⅴ　せめぎ合う女と男―近代』藤原書店，p.156

4) 正式には1886年に東京婦人矯風会として誕生，1893年には日本婦人矯風会に発展し，その後日本基督教婦人矯風会と改称するが，本章では便宜上，婦人矯風会とした。

貸座敷業者と対等な関係にあるのではなく，「家」や親のために自らの性を“商品化”し，業者と国家による二重の搾取と監視，統制を受けた，自由とは程遠い存在であった。「籠の鳥」のような娼妓の実態は，キリスト者を中心とした廃娼運動を生み出した。

しかし産業革命の進展とともに，より世間の注目を集めたのは女性の労働力の“商品化”から生じた社会問題であった。近代国家が女性を家庭に留めようとする一方で，機械は女，子どもの細くしなやかな手を好み，資本家は安価な労働力として，女性の労働力を要請したのである。特に繊維業界の発展は女工の犠牲の上にあり，貧しい家庭の少女は身売り同然で，工場に売られた。そして一日 12 時間にも及ぶ長時間労働を強いられながら，粗末な食事しか与えられず，寄宿舎では昼夜勤務の二交代制で同じ布団を使用するという不衛生な環境に置かれたのである。過酷な労働環境のため，結核が蔓延し，女工の死亡率は一般の 2 倍にもなった。

たとえ生き抜いたとしても，幼い少女の心身の酷使は，“産む性”である彼女たちの身体を確実に蝕んでいった。さらに当時の働く既婚女性には，男尊女卑の思想・慣習と家父長的「家」制度のもと，帰宅後も家事という無償労働が待っていた。劣悪な労働条件は，母性破壊や流産・死産のリスクをもたらし，無事に生まれても育児ができる環境もなく，乳幼児の死亡率も深刻であった。しかもこれは女工だけの問題ではなく，働く女性全体の問題でもあった。1911 年の工場法（16 年施行）には産後 5 週間以内の者の就業禁止が規定され，ILO 条約の影響によって，改正された 1923 年の工場法に産前休暇がはじめて認められることとなった。戦後の労働基準法にある「女子保護」規定には，このように深刻な母性破壊の経験から，国際動向や運動によって徐々に整備されていった歴史がある。

農村や貧困家庭の女子の身売りは，「家」制度が家族の扶養システムとしても機能してきたことを意味している。しかし一方で，産業革命期には農村部から都市への人口移動がはげしくなり，長男を除く男子が都市で雇用労働者として世帯をもつことが大勢となり，大正時代には夫婦と子どもから構成される核家族が増えていく。なかには新中間層として比較的安定した生活を送ることができる階層も出現し，家事・育児に専念する，いわゆる専業の「主婦」が登場したのがこの時期である。一方，一般の労働者家族の生活基盤は弱く，夫婦共働きによってようやく家計を維持できるのが現実であり，その大衆化は戦後まで待たなければならない。

(3) 専業主婦の大衆化

敗戦後，日本の男女平等は，新憲法のもと，民主化を推進する連合国側の要請によって急速に進んだ。戦前の女性が置かれてきた状況にもメスが入れられ，たとえばGHQから日本政府に「公娼廃止に関する覚書」が出され，運動を経て1956年の売春防止法に結実している。しかし戦前の社会を支配してきた男尊女卑の思想は，人々の記憶や慣習，そして世代間継承で残されていく。

なかでも改正民法では，「家」制度は廃止されたものの，戸籍が残され，夫婦同氏の原則がとられた。戸主の名前は消えたが，夫婦のうち自らの氏を選択したほうが戸籍の筆頭者とされ，そのほとんどは夫である男性であった。戸籍の存在は戦前の「家」意識の一部を戦後へ引き継ぎ，家族のなかの特に女性に葛藤をもたらすことになる。

敗戦まもなく，戦地から帰還した男性の存在もありベビーブームが起こるが，食料難の時代にあって，政府は1948年優生保護法を制定して人口抑制に成功している。そしてこの政策が，急速に夫婦と二人の子どもという家族の画一化を促し，続く高度経済成長期に家事と育児に専念する専業主婦の定着化を加速させたのである。

すなわち高度産業化の進行は，現在と未来の労働力である夫と子どもに対するケア機能を妻や母親に求める。夫が十分働けるように身の回りの世話をし，将来，高度な産業社会に適応できる学力優秀な子どもを育てる教育熱心な女性が求められたのである。産業構造の変化と都市化は中間層を増大させ，家族の世話に専念できる存在，つまり専業主婦を生み出す条件を整え，夫婦と子ども二人という家族数は家計上もそれを可能にした。こうして専業主婦が大衆化する時代を迎え，日本ではこの時期に「夫は仕事，妻は家事・育児」という性別役割分業が実質的に完成する。

他方で夫婦単位の小家族の増加は消費単位の細分化を意味し，大きな経済効果をもたらした。次々と開発される消費財が家族の購買意欲を刺激し，豊かな生活，あるいは子どもの教育費のために主婦は働きに出ざるをえない。また産業界でも高度成長を支える流動的な労働力が必要であった。

専業主婦と労働力の必要，この2つの矛盾を解決するために日本型のパートタイマーが生み出される。低賃金で保障も不要な日本のパートタイマーは，経済界には歓迎すべき存在であり，家族の世話係を放棄しない程度に働ける労働は女性にとっても好都合のように思われた。しかもある一定の育児期間，家庭に留まれるこのシステムは，政府にとって，当時，働く女性の間で高まっていたがコストの高いゼロ歳児保育所の要求を回避できる格好の政策でもあった。この政策の後押しのために，パートタイマーを専業主婦層に組み込み，彼女たちをサラリーマンの内助の功として評価し，税制上で優遇する配偶者控除の制度が1961年に創設された。すなわち妻の収入が103万円以内なら，夫は所得税や住民税で配偶者控除が受けられ，妻自身にも所得税がかからないという仕組みである。夫の扶養家族のままで社会保険料も免除される同制度は，既婚女性をパートタイマーに留める誘因となり，「103万円の壁」とよばれることになった。

(4) その後の動向

1973 年オイルショックによって，日本の高度経済成長期は終焉を迎えた。減速する経済成長のもとで，政府は社会福祉の担い手として，家族，なかでも女性を含み資産として活用する「日本型福祉社会」を構想する。そして「家庭基盤の充実」を図るために，専業主婦の身分の安定化，強化のための政策が相次いで打ち出された。なかでも 1985 年に成立した国民年金法一部改正法は，主婦の年金権を基礎年金として確立するものであり，いわゆるサラリーマンの妻（控除範囲内の収入をもつ妻も含む）を第三号被保険者とする，専業主婦優遇政策であった。その後も，専業主婦層への手厚い保護は続き，87 年には所得税における配偶者特別控除も新設された。

しかし現実には，政府が前提とした家族は社会から消えつつあった。60 年代の主婦にはきょうだい数の多さに支えられた強力な親族ネットワークがあったが，4 人家族が標準化したこの時期には頼れるのは親だけであった。しかも親は近い将来に介護を必要とする存在で，晩婚化の傾向もあり，ダブルケアの問題が浮上するのは必至であった。

一方で，女性の社会進出も止められない流れであり，また加速する少子高齢社会への危機意識もあり，政府も社会福祉の基礎構造改革を軸に諸政策を推進する方向へと舵を切った。男女雇用機会均等法（1985 年）や男女共同参画社会基本法（1999 年）も制定され，阻害要因である性別役割分業の克服のために国が一定のリーダーシップをとっている。しかし依然，従来の価値観が滞留し，女性の生き方を制約し続けていることはみてきたとおりである。

3. 女性問題と社会福祉の対応

前節で確認したように，現在の男女格差をもたらしている源流は，男尊女卑の思想とそれに支えられた「家」制度のもとで，歴史的につくられたジェンダー規範とそれを反映した制度・政策にあった。政治からの排除と家内領域への封じこめ，そして男女で異なる性の二重規範が，戦後も人々の記憶や社会的慣習，あるいは構造的に継承された結果，女性に不利な状況をもたらしてきたのである。ここでは，社会福祉の問題に引き寄せて，より生活と直接に結びついた女性問題をあげ，それに対する社会福祉の対応をみてみよう。

(1) 女性の貧困化と社会的対応

戦前，戦後を通して形成・完成された「男は仕事，女は家事・育児」という性別役割分業が支持されてきたのは，女性には「母性」があり，必然的に育児や介護，家族の世話係として，つまりケアラーとして女性が適しているという認識からであった。そしてこの価値観はいまなお，一定の支持を集め（図 12－1），女性に家事・育児労働の不当な負担を課している（図 12－2）。また出産後は「一定期間，育児に専念するために仕事をやめる」という生き方が選択され，20 代後半から 30 代前半に労働市場から撤退し，その後再び，就労するという，いわゆる M 字型就労を維持してきた（図 12－3）。こうしていったん家庭に入れば，女性には賃金の発生しない「家事」すなわち無償労働（アンペイドワーク）が待っている。

その生き方を支えてきたのが，日本の専業主婦優遇政策であった。すなわち前節でみてきたように，夫の扶養家族となることで加入できる医療保険や年金制度などの社会保険制度，また配偶者控除など税制上の優遇が図られ，既婚女性を家族の世話に影響しない程度に働ける非正規雇

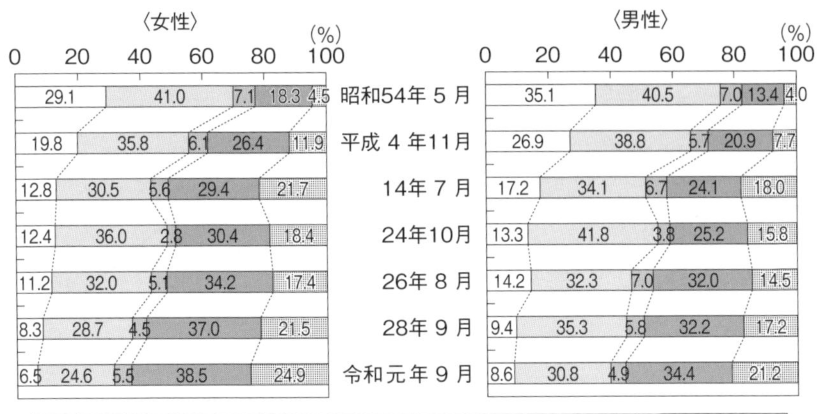

（備考）1. 総理府「婦人に関する世論調査」（昭和 54 年），「男女平等に関する世論調査」（平成 4 年），内閣府「男女共同参画社会に関する世論調査」（平成 14 年，24 年，28 年，令和元年）及び「女性の活躍推進に関する世論調査」（平成 26 年）より作成。
2. 平成 26 年以前の調査は 20 歳以上の者が対象。28 年の調査は，18 歳以上の者が対象。

出所：男女共同参画局「男女共同参画白書　令和３年版」

図 12－1　「夫は外で働き，妻は家庭を守るべきである」という考え方に関する意識の変化

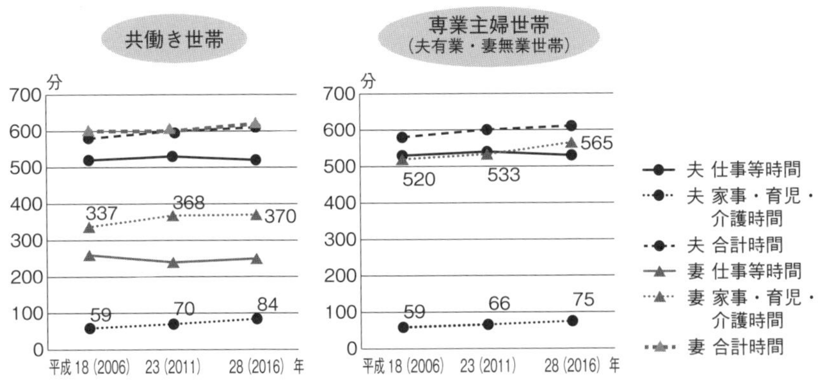

（参考）うち６歳未満の子をもつ夫婦（週全体平均）（共働きか否か別，平成 18 年→平成 28 年）

出所：男女共同参画局「男女共同参画白書　令和２年版〔概要版〕」

図 12－2　夫婦の家事・育児・介護時間と仕事等時間の推移

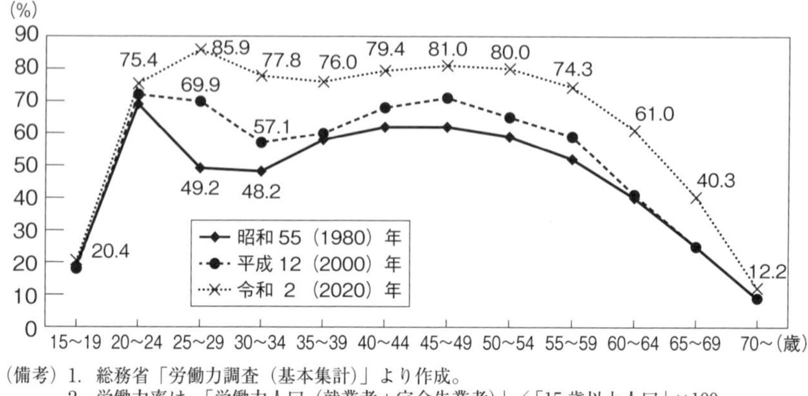

（備考）1. 総務省「労働力調査（基本集計）」より作成。
2. 労働力率は，「労働力人口（就業者＋完全失業者）」／「15 歳以上人口」×100。

出所：男女共同参画局「男女共同参画白書　令和 3 年版」

図 12－3　女性の年齢階級別労働力率の推移

用の労働にいざなってきたのである。

女性の賃金は，このような働き方，就労形態に加え，男性が一家の稼ぎ手という役割分業を支えるために家計補助的なものとしてみなされ，男性より常に低く抑えられてきた。現在でも女性の賃金は，平均で男性の 7 割程度しかなく，職種や形態によってはその差はもっと開く[5)]。一方で男性には家父長的な労務管理がなされ，「一家の大黒柱」たる資格を維持できるような給与体制がとられてきた。このような差別的な労働条件は，女性の経済的自立を阻み，暴力にさらされても男性から逃れられない，そして男性もその弱みにつけこんで，暴力を繰り返すという負のスパイラルをつくりだしてきたのである。また一般家庭の平均所得の 5 ～ 6 割という母子家庭の経済的窮状をもたらしている（図 12－4）。

このような女性の貧困化を解決するためには，その誘因となっている性別役割分業観からの解放と，労働の場における不平等な状況からの脱却が必要である。1979 年に国連で採決された「女子差別撤廃条約」は，

5)「男女間所定内給与格差の推移」『男女共同参画白書令和 2 年版』

男女の「伝統的な役割」が差別を生み出しているとの認識から，その変更が男女の「完全な平等の達成に必要」と前文で謳っている。この条約を批准するために，日本では1985年男女雇用機会均等法が制定された。同法は雇用の場における募集，採用，配置，昇進の男女差別を禁じ，改正を重ねるたびに実効性を高め，ポジティブアクションやセクシュアルハラスメントについての規定も追加してきた。しかし同時に，改正ごとに労働基準法の「女子保護」規定を後退，ついには撤廃させ，産む性である母性を脅かしている。先の「女子差別撤廃条約」でも，母性の社会的重要性を認め，「出産における女子の役割が差別の根拠」となるべきではないとしている。母性を守る「女子保護」規定は，深刻な母性破壊への対応から生まれたという歴史的経緯の重みを改めて思い返す必要がある。

また育児休業法のジェンダー平等化政策（1992年～，95年からは介護も含む），休業期間の賃金保障の充実に向けた政策も推進されてきた。1999年には男女共同参画社会基本法が制定され，性別にかかわりなく，その個性と能力を十分に発揮することができる男女共同参画社会の実現をめざすとして，5年ごとに計画も策定されている。

しかしこのような政策の成果に限界があることは，女性の賃金や管理職の少なさ，そしてGGIの順位が物語っている。育児休業についても

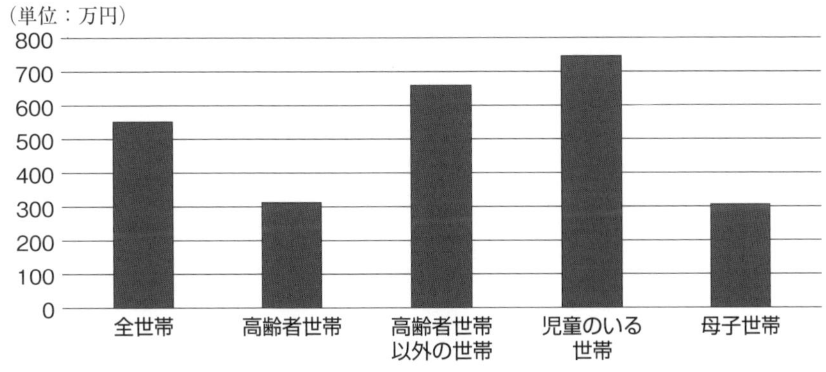

出所：厚生労働省「2019年国民正確基礎調査の概況」

図12－4　「2018年各種世帯の所得の種類別1世帯あたりの平均所得金額」

男性の取得率の相対的な低さは，制度の発足をみて四半世紀たつ現在も変わらない。その背景に，今なお性別役割分業に代表されるジェンダー規範がある。

(2) 暴力・性暴力・性的搾取の被害者としての女性

1) 女性と売春防止法

貧困から脱却するために，性産業に従事する女性もいる。新型コロナが世界を震撼させた2020年，その歓迎すべき影響として，経済的苦境に立たされた女性が性産業の場に入って来るという趣旨の発言が世間の非難の的になった。しかしその発言は，女性が性的搾取を受ける背景には貧困問題があり，それを容認する社会があることを示している。すなわち歴史的に創られた女性の“性”を商品化した公娼制度とそれを支える男女で異なる性の二重規範が，形を変えつつも現在まで継承されてきたからである。

これに対して1956年に売春防止法が制定されている。この法律は，第1条にあるように「売春が人としての尊厳を害し，性道徳に反し，社会の善良の風俗をみだすものであることにかんがみ，売春を助長する行為等を処罰するとともに，性行又は環境に照して売春を行うおそれのある女子に対する補導処分及び保護更生の措置を講ずることによって，売春の防止を図ることを目的」として誕生した。相談機関として都道府県には婦人相談所の設置が義務づけられ，婦人相談員を置くことができる。また婦人保護施設の設置も求めている。

同法の制定には，戦前からの廃娼運動，戦後の女性運動が貢献している。しかし背景に貧困があり，「要保護女子」のなかには相当数の未成年者が含まれ，彼女たちを買春する男性の存在があるにもかかわらず[6)]，法律は売春する女性を「転落」女性とみなし，その非を全面的に女性に負わせるものであった。批判を受けて，近年，厚生労働省では今

---

6) 「売春関係事犯検挙件数，要保護女子総数及び未成年者の割合の推移」『男女共同参画白書令和2年版』

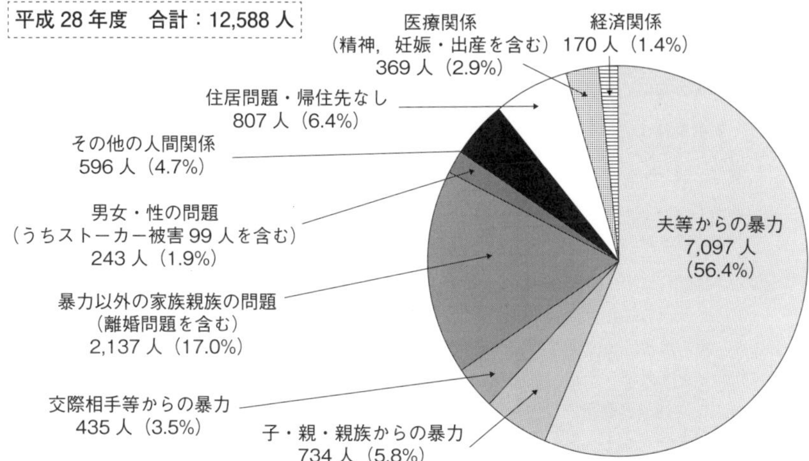

出所：厚生労働省「第1回困難な問題を抱える女性への支援のあり方に関する検討会」資料6−1平成30年7月30日

図12−5　婦人相談所が受付けた来所相談の内容

後の婦人保護事業についての議論にこの問題も俎上にのせている。つまり婦人相談員が関わるのは処罰ではなく支援の対象であり，売春女性は犯罪者ではなく被害者だという点，条文から被害女性を転落女性とみるなどの差別的な表現を削除して，性の侵害を受けた女性の人権を擁護する法律となるように，議論をはじめている[7)]。

また厚生労働省が婦人保護事業について検討を開始した背景には，婦人相談所，婦人保護施設がDV防止法（次頁参照）の対応を兼務して，実にその4割から5割以上がDV関連で利用されており，「売春」への対応は年々減少している現実もある（図12−5・12−6）。

7)　厚生労働省「第6回　困難な問題を抱える女性への支援のあり方に関する検討会」資料1平成31年2月

○「夫等からの暴力」を理由とする入所者が全体の 42.9% となっている。
○「夫等」「子・親・親族」「交際相手等」の 3 つの暴力被害による入所者が全体の 58.5% を占めている。
※なお，在所者 850 人のほかに，同伴家族 377 人（うち同伴児童 373 人）が入所している。

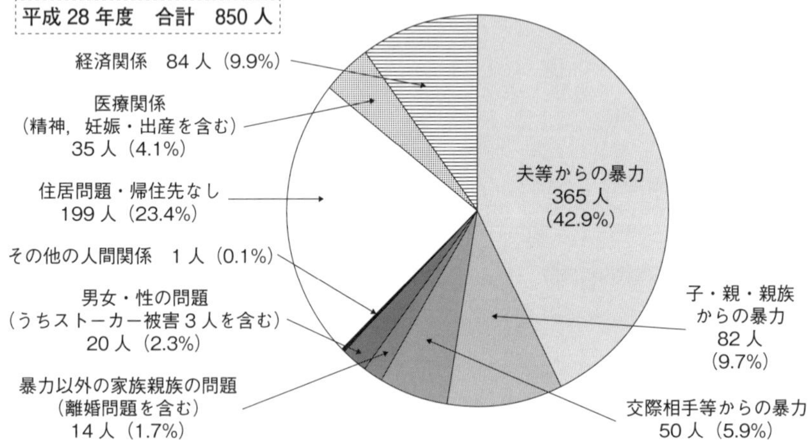

出所：厚生労働省「第 1 回困難な問題を抱える女性への支援のあり方に関する検討会」資料 6－1 平成 30 年 7 月 30 日

図 12－6　婦人保護施設における在所者の入所理由

2） 性犯罪，DV（ドメスティック・バイオレンス）に対する対応

女性に対する性犯罪や DV にも，その出発点には「家」制度のなかに埋め込まれた男尊女卑の思想と男性優位の社会において，経済的自立がままならず，女性が男性に従属させられる社会的構造が，今なお，制度や慣習のなかに残っているという背景がある。

前節でみたように 1907 年に性の二重規範と「家」制度の価値観のなかでつくられた刑法の「強姦罪」は，実に 100 年以上，維持され，2017 年にようやく大幅な改正をみた。それさえ，依然，性犯罪に「被害者の抗拒を不能とするほどの強い暴行・脅迫」などのジェンダー差別的な要件が残され，その問題点が指摘されている。また警察のセカンドレイプや周囲の眼が怖くて，泣き寝入りする女性も多いといわれる。

家庭内の暴力については，2001年，配偶者からの暴力防止及び被害者の保護に関する法律（通称DV防止法）が制定された。その背景には，女性たちが親密で個人的関係にある男性からの暴力を男性支配の社会構造的な性差別として再発見し，DVとジェンダーが密接な関係にあることを告発した1970年代以降の欧米の運動がある。

日本でも80年代以降,「女性に対する暴力」への問題意識が高まるが，具体的な取り組みへの契機は1993年国連総会で採択された「女性に対する暴力の撤廃に関する宣言」であった。同宣言で「女性に対する暴力」は明確に「ジェンダーに基づく暴力」と定義され，私的な関係における暴力撤廃に対しても国家に責任があると明示されたのである。このような動向を踏まえ，これまで宗教団体や民間が個別に行ってきた支援に対し，DV防止法が成立し，私的領域とされてきたDVに国による法的介入が行われることになったのであった（図12－7)。2004年の改正では身体に対する暴力から，性的・心理的暴力を含む幅広い定義に拡大するなど，より実態にあった内容に変更されている。

その第3条では配偶者暴力相談支援センターが規定されたが，先述のようにその相談は5割以上が婦人相談所で対応し，母子生活支援施設とともに婦人保護施設がシェルターとして重要な役割を担っている。最近では内閣府でも24時間対応の電話やSNSでの相談窓口を設けるなどの取り組みをはじめているが，生命の危険にさえ晒される女性あるいは母子が安全かつ迅速に避難できる場所，そしてその再出発のための支援機関の充実など課題は多い。NPO法人や宗教団体など民間の先駆的な実践[8)]に学び，現実に即した実効的な対策が求められる。

8）たとえば，NPO法人「性暴力支援センター・東京」や「千葉性暴力被害支援センターちさと」などの事業。

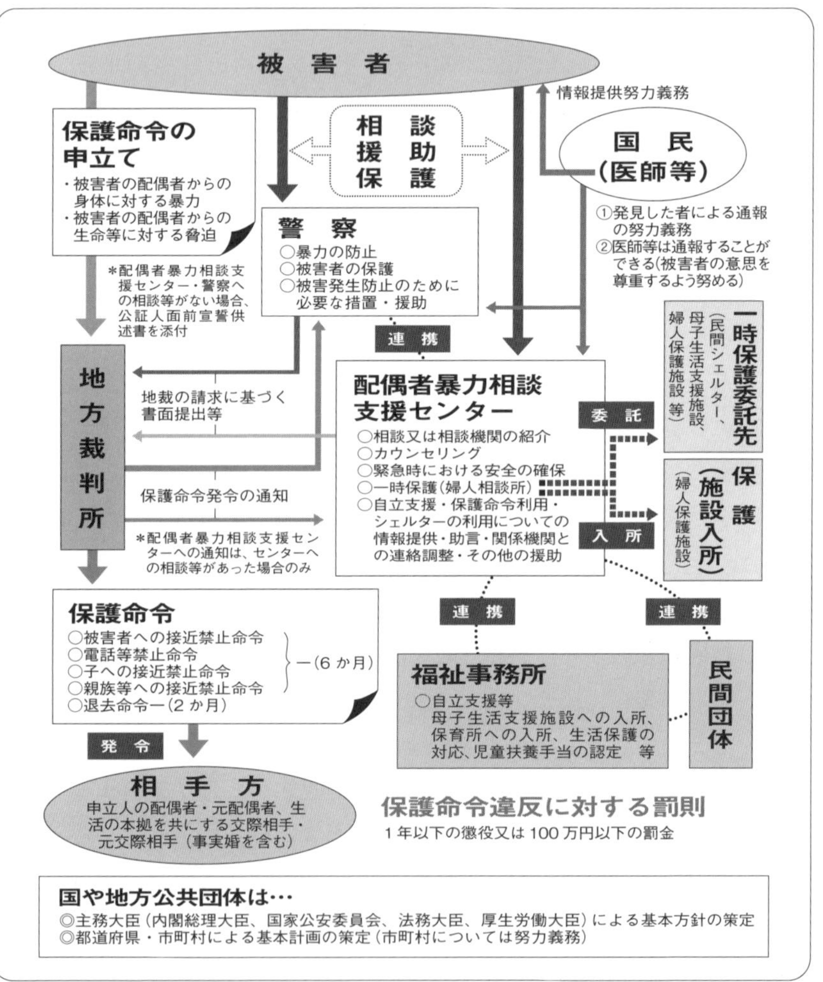

出所：男女共同参画局パンフレット

図 12－7　配偶者暴力防止法の概要（チャート）

4. 男性問題

女性が「女」として歴史的に創られてきたように，男性もまた「男らしさ」あるいは「男性性」（masculinity）を身に着けた，社会的な意味での「男」に仕立て上げられてきた。フェミニスト研究は，男性を普遍的人間として一律に受け止めてきたけれども，男性学・男性性研究が明らかにしたのは，男性もまた「ジェンダー化された存在」であり，「ヘゲモニック（覇権的）な男性性」とは異なる男性の存在であった。

そして「男らしさ」ゆえに背負う生きづらさ，またそのトラックから脱線したために抱え込む生きづらさを明らかにしてきたのである。たとえば，稼ぎ手モデルとしての男性像が，男性を高い経済力をもつように追い詰め，学歴競争，職場での過度なストレスをもたらす。その結果，自殺率，また過労死等に係る労災認定事案では脳・心疾患，精神障害の発症率が女性に比べて際立って高い状況を生み出す[9]。また「男らしさ」を達成できなかった男性には，学歴社会，企業社会でなじめず，引きこもりになったり，就業しても失職，ホームレスという未来が待っているかもしれない。さらに稼ぎ手としての男性像が，彼らから育児や家事の時間を奪い，生活の場面から遠ざけているという側面もある。

「男らしさ」が社会福祉の問題を生成するという立場からみれば，つくられた男性性の呪縛がもたらす「甘えられない」，「頼れない」という特性，暴力を許容する男性社会がもたらす問題は深刻である。「男らしさ」の規範は，男性を暴力や犯罪の加害者にもさせるのである。DVを行う男性の言動の背後にあるのは，しみついた家父長制の理念とそれに付着した女性蔑視，何よりも暴力を許容してきた男性社会のあり方である。男性によるセクシュアルハラスメント（セクハラ），ストーカー，レイプなどの性犯罪も後を絶たない[10]。その要因として，歴史的につく

9）「自殺者数の推移」厚生労働省『令和２年版自殺対策白書』，「性別・年齢階層別の事案数」同『令和２年版過労死等防止対策白書』

10）「第６章女性に対する暴力」男女共同参画局『令和２年版男女共同参画白書』

られてきた男女で異なる性の二重規範の影響を認めるのはたやすい。

また加害者に男性が多いのは，「男らしさ」の規範が暴力を肯定する男性の意識をつくるからである。今でこそ露骨な表現はないものの，ひと昔前にはアニメやドラマ，映画，小説などを通して，スポーツの世界，男同士の友情，父子関係，戦争といった場面で，暴力を肯定，あるいは賛美さえする男性社会が描かれてきた。脱暴力の臨床社会学者として実践研究を行ってきた中村正は，加害男性は「男らしさ」の意識をパーソナリティや行動上の特性として内在化させており，自分なりの意味づけをしていたという[11)]。彼らの共通点として，相手を束縛すること，被害者にも落ち度があり，性暴力やセクハラなどには「合意」や相手側の「誘惑」を主張し，自分は正しいという意識に支えられた他罰性の意識をもっていることが指摘されている[12)]。

さらにこのような「男らしさ」の規範は，息子を介護殺人にまで追い詰めるような事態をもたらすことがある。厚生労働省による調査によれば，高齢者虐待をする家族のなかで夫・息子が占める割合は61.5％にものぼり，妻・娘の占める24.3％を大きく上回っている[13)]。その背景に何があるのか，一つの事例をみておこう。

認知症の母親の介護によって職を辞めざるを得ない状況に追い込まれ，最終的には食に窮するほど生活困難に陥り，ついに母親を絞殺してしまった息子の例である。その裁判の判決は，母親の承諾も得て自らも死のうとしたこと，またそれまでの被告の献身的な介護を考慮した「温情な判決」となった。裁判官は，判決理由を述べるなかで，被告が介護と両立できる職を探していた経緯に触れ，福祉事務所も訪れたが生活保護が認められず，さらに被告を追いつめたことを指摘している。

11）中村正（2019）「暴力の遍在と偏在―その男の暴力なのか，それとも男たちの暴力性なのか―」『現代思想』2019年2月号，p.72

12）前掲中村論文，p.73

13）「非虐待高齢者からみた虐待者の続柄」厚生労働省『令和元年度高齢者虐待の防止，高齢者の養護者に対する支援等に関する法律に基づく対応状況等に関する調査結果』

この事例からは，「甘えられない」，「頼れない」といった「男らしさ」の規範が被告を追い込んでいったことも推察できるし，実際，世間にはそのような見方もあった。だが裁判官が指摘したように，この事件で問われるべきはやはり生活保護行政のあり方であろう。そしてそこにジェンダー規範が影響している。つまり被告が労働可能な50代，そして男性であったことが，介護をしていたにもかかわらず，福祉事務所をよりいっそう「就労」に固執させたと考えられるからである。

たとえば，これが母子家庭のケースであった場合，あるいはこの介護者が女性であったら，比較的容易に生活保護の申請が受け入れられたのではないだろうか。「就労」の規範が押しつけられない，女性のケアラーとしての存在が制度に内面化されているからである。それはながらく母子世帯のみに付与されてきた児童扶養手当，専業主婦を優遇する税制度・年金制度などからみても明らかである。このようにジェンダー規範が内蔵された福祉国家の社会保障制度・福祉政策は，女性の経済的自立を阻む一方で，その規範から逸脱した男性をも追い詰めるように機能する。

5. 新たな社会福祉の射程

みてきたように「女らしさ」「男らしさ」が男女それぞれの生きづらさをつくりだし，その人らしい生き方を奪ってきたのなら，ジェンダー規範からの解放は，社会福祉の射程になろう。ジェンダー規範が性別役割分業を固定化させ，女性の経済的自立を阻み，男性には過重労働を強い，男女を暴力の加害者被害者にもさせることは本章で明らかになったとおりである。そして社会福祉とは，誰もが主体的に人間らしく幸福に生きられる社会の実現をめざすための社会的対応だからである[14)]。

14) 一番ヶ瀬康子（1994）社会福祉著作集第一巻『社会福祉とはなにか』労働旬報社

けれども福祉国家は，もともとジェンダー規範を埋め込み，デザインされている。すなわち男性＝稼ぎ手，女性＝家族の世話係を体現した家族を標準として，社会政策，社会保障，そして社会福祉の制度・サービスを整備してきたのである。しかし本章でみてきたように，このような家族のあり方は古来からずっと続いてきたものではない。近代国家の形成とともに，その基礎単位となる家族として，国家の意思によりつくられたのである。男女を二分したジェンダー規範もまた，その時代の社会や国家の要請によってつくられてきた。にもかかわらず，日々の生活のなかで生きづらさをもたらすジェンダーの問題に，社会福祉の教育は正面から向き合ってこなかった。そのため先の介護殺人事例にみられるようなジェンダーバイアスをもった実践が続けられてきたともいえる。

現在，セクシュアルマイノリティとされているLGBTQ（Lesbian，Gay，Bisexual，Transgender，Queer あるいは Questioning）の問題は，その解消に向けて徐々に歩を進めているかのようにみえる。しかし日本においては，依然，偏見が強く，国会議員さえ侮蔑的な発言をする社会がある。そのような状況にあって，たとえば同性婚の制度化は未だ国全体の議論として成熟にいたらない。その背景に，夫婦別姓の制度化さえ実現しないような，強固な家父長制と家族に対する，ひいては男女の役割に対する幻想がある。男性が圧倒的優位にある政治の場から変える必要がある。

同時にLGBTQの問題は，社会的に強制されるジェンダー規範がなくなれば，その大方のものは解消するのではないか，という筆者の考えはあまりにも楽観的であろうか。もちろん身体的な違和感があるケースは別にして，という前提つきだが，ただその感覚さえも生物学的性差が文化的構築物に過ぎないと捉えたJ.バトラーから学べば，身体に染みついたジェンダー規範への嫌悪の現れなのかもしれないのである。

社会福祉は，個人の尊厳を守ることを価値とした学問であり実践である。そうであるなら，ジェンダー福祉は社会福祉の亜流ではなく，メインストリームとしてその主張を展開していくべきである。その先にあるのは，人間が性や障害，属性にかかわらず，その人らしく生きられる社会であり，多様性を認める社会であることはいうまでもない。

【学習課題】

1．ジェンダーがもたらす女性，男性，それぞれの生きづらさについて，その背景になにがあるのか，印刷教材をよく読んで理解を深めよう。
2．性別を問わず，誰もが自分らしく生きられる社会を実現するためには，どうしたらよいか，自分の考えをまとめてみよう。

参考文献

・今井小の実（2004）「社会福祉と女性史」林千代編『女性福祉とは何か』ミネルヴァ書房
・今井小の実（2005）「家族政策の沿革と今日的展開」得津慎子『家族支援論』相川書房
・落合恵美子（1997）『21 世紀家族へ（新版）』有斐閣
・橋本宏子（1996）『女性福祉を学ぶ』ミネルヴァ書房
・杉本貴代栄編（2000）『ジェンダー・エシックスと社会福祉』ミネルヴァ書房
・西川裕子（2000）『近代国家と家族モデル』吉川弘文館

13 西洋の福祉の歴史

今井小の実

《ねらい》 日本が福祉国家として出発した際にモデルとしたイギリス（救貧制度），ドイツ（社会保険），アメリカ（ソーシャルワーク）の歴史を，主に近代から現代に至るまでの時代を中心に概観する。

《キーワード》 キリスト教，慈善事業，救貧法，社会保険，ソーシャルワーク，イギリス，ドイツ，アメリカ

1．イギリス―福祉国家までの道のり

イギリスは，ヨーロッパのなかでもかなり早い時期に貧民の救済に国が関与する救貧法を成立させ，20 世紀半ばには国民のナショナル・ミニマム（最低生活保障）を実現する国家体制を完成，当時の日本をはじめ世界の範となった。本節では，その出発点となった中世末期から 20 世紀半ばまでの歴史を概観する。

（1） 救貧法誕生の背景

ヨーロッパは，キリスト教圏という観点からみれば，古代から近世に至るまで一つの統一体であった。イエス・キリストは，神と隣人に対する無償の愛（ラテン語ではカリタス）を説き，それがヨーロッパの慈善救済事業の発展に大きく影響を与えた。キリストは貧しい民を天国に最も近い者と教え，彼らはいわば「神の貧民」として，信者たちの慈善の対象となったのである。しかしキリスト教の国教化，身分制の進行など

によって，慈善は天国に遠い富者の来世の救いを得るための手段と化していく。そしてキリスト教会が慈善救済事業の中心となったのである。

そのようななかで救貧法が誕生をみたのは，これまで慈善の担い手としてキリスト教会に全面的に依存してきた貧民の救済を，限界はあるものの，国が引き受けた点で画期的なことだった。そしてイギリスの救貧法のルーツは，ペストの大流行がもたらした人口の急減と労働力不足により，国が労働者規制に乗り出した14世紀半ばまで遡る。

ペストの上陸によって人口のほぼ5分の1を失ったイギリスでは，深刻な労働力不足に見舞われ，交渉力を高めた賃金労働者がより条件の良い職場へ移る傾向を生み出した。これを受け1349年エドワード3世が出した労働者条例は，強制就労，職場放棄の禁止，賃金・価格の規定をして労働者を規制する一方で，喜捨禁止条項を設け，乞食，浮浪を禁じて違反者を処罰し，人口急減による労働力不足を解決しようとした。つまりこの勅令は，強制就労の障壁となり得る慈善への国による介入であり，救貧法のルーツともいえるものであった。同勅令に端を発した労働者規制法は改訂を重ね，1388年法では，初めて「労働不能の乞食」と「たくましい乞食」を区別し，前者には鑑札を与えて乞食を許可し，近隣による救済の義務化を萌芽的に見せ「救貧法の創始」と評価される[1)]。

やがて15世紀から16世紀に毛織物工業の発展によって，農民を土地から追い出す「囲い込み」がはじまり，生産手段と土地を奪われた人々は生活の糧を求めて浮浪化する。また賃金労働者が増大し，より良い雇用条件を求め労働者が流入する都市では貧困問題が顕在化する。こうして従来の救済では対応できない大量の浮浪者や乞食，そして貧民が発生した。

しかし当時のヨーロッパでは，封建社会の衰退に加え，宗教改革によりカトリック教会も弱体化しており，修道院や教会の救済システムでは

1）高島進著（1995）『社会福祉の歴史』ミネルヴァ書房，p.29

対処できなくなりつつあった。加えてイギリスでは，ヘンリー8世が離婚問題を機にローマ教会から分離し国教会を樹立，修道院の解散（1536年，39年），膨大な教会領の没収，宗教ギルドの禁止など，キリスト教慈善思想に支えられた，貧民のセイフティネットである中間団体を解体していった[2)]。

そこで国に残された唯一の道は，自らが救貧事業をリードすることであった。時は絶対王政が確立された16世紀中葉，すでに14世紀半ばペストの危機に際して労働者規制法という形で救貧問題に介入して以来，蓄積してきた実績がある。そして修道院の解散に乗り出した時期に出された1536年法は教区で自発的な拠出金を集めることを可能にし，「労働不能」な貧民に対する救貧事業を教区が担っていく体制整備の一歩となった。以降，救貧の費用を住民から収集する仕組みは徐々に強化され，エリザベス1世の治世下には救貧税（一種の固定資産税）として完成し，教区で救貧行政を担う財政基盤と体制を固めた。このように救貧法は，ヘンリー8世の治世以後，改訂を重ね骨格が築かれ，エリザベス1世の治世下で最終形態をとったとされる。その特徴は救済が常に抑圧とセットだったことで，労働能力のある乞食や浮浪者は厳罰に処された。それは「神の貧民」として慈善の対象であった貧民が，“社会のお荷物”，あるいは犯罪者とみなされ，抑圧と取り締まりの対象となったことを意味した。

(2) エリザベス救貧法と改正までの道のり

こうして1601年に誕生したエリザベス救貧法では，貧民監督官（2～4名）が教区委員と協力して救貧税を徴収し事務を遂行し，教区がその運営にあたった。指揮監督は治安判事が担い，彼らを通して枢密院が業務を掌握したが，貧民監督官も治安判事も無給の名誉職であった。労

2) 長谷川貴彦（2014）『イギリス福祉国家の歴史的源流—近世・近代転換期の中間団体—』東京大学出版会，p.21

働能力の有無を基準に貧民を「労働可能な貧民」,「労働不能な貧民」,「児童」に分類し,「労働可能な貧民」に対しては，麻，亜麻，羊毛，糸，鉄などの材料と道具を用意し労働を強制し，拒否した者は懲治院か一般の監獄に送られた。「労働不能な貧民」と「児童」については祖父母から孫までの直系親族が扶養義務者とされ，それが不可能な場合のみ，前者については救貧院収容あるいは居宅保護が行われ，後者は男子24歳，女子は20歳または結婚まで徒弟奉公に出された。

ところで，国家主導で救貧税を集め，救貧行政を行うことは国が個人の慈善のあり方に介入することでもあったが，慈善に来世での救済を求めてきた国民が，このような動きを手放しで受け容れたわけでない。たとえば1601年のチャリタブル・ユース法は，慈善のために信託された遺産の適正な運用を規定したもので，私的慈善を救貧財源に利用したい政府側の思惑に対する民の抵抗として成立したものであった[3)]。

さてエリザベス救貧法は，1834年の新救貧法まで実に2世紀以上，存続した。そのため社会の変化に応じ何度か対応を迫られる。たとえば17世紀中葉に起こったピューリタン革命は絶対王政をゆるがし，救貧法は教区の自治に委ねられることになる。それは教区にとって重い負担となり，1662年には貧しい移住者の居住権獲得を規制した居住地法（定住法）が制定されている。

しかし最も大きな社会の変化は，資本主義の発展により，産業構造が第1次産業から第2次産業へと転換したことであり，資本家の利害が救貧行政に影響を与えるようになったことである。1722年のナッチブル法（労役場テスト法）は,「貧民の有利な雇用」の議論と実践の経験を背景に，厳しい労働と非人間的な処遇を行う労役場への収容が救済の条件とされ，膨らむ救貧行政の救援抑制をねらったものであった。その結果，労役場は「恐怖の家」と恐れられるようになるが，持続的な救貧費

3) 松山毅（2002）「Statute of Charitable Uses（1601）に関する一考察―概要と論点整理を中心に」『社会福祉学』42巻2号，pp.18-19

の抑制にはつながらず，あらゆる貧民が無差別に収容される一般混合労役場と化した。しかも安上がりとされた院内救済も経営費が高くつく上に，産業革命，農業革命による大量の失業者，貧民を前に対応が困難となる。そこで1782年には就労斡旋期間中の院外救済を認めたギルバート法が出され，労役場は事実上，「労働不能な貧民」の施設となった。しかし同法だけでは資本主義の発展に伴う矛盾には対応しきれず，1795年には家族の数とパンの価格をもとに最低生活基準を算定し，それに満たない労働者にはその差額を，また失業者には全額を救貧税から手当として支給する賃金補助制度＝スピーナムランド制度が導入された。

救貧法を補完する諸制度の登場は，賃金労働者の数が飛躍的に増大し労働者階級が形成され，救貧法では彼らの貧困に対応できなかったことを意味している。元来，救貧法は労働能力のある貧民には労働を強制することで成り立ってきた制度であったが，資本主義が抱える構造的な矛盾は労働意欲があっても働いていても，生活に窮する国民を生み出したのである。

さらに機械の導入は，児童や女性を過酷な工場労働へと押し出し，社会改良運動の気運とともに，児童の労働時間の制限，教育を義務づけた工場法も徐々に整備されていった。一方で全般的な労働環境改善の機運にはまだ遠く，失業や低所得など資本主義の矛盾が生み出す貧困問題については救貧法が対応せざるを得なかった。スピーナムランド制度は，膨大な救貧費用と労働の生産性の低下を招き，救貧法への批判は日増しに強まっていった。

（3） 新救貧法とその限界

その結果，王立救貧法調査委員会が設置され，その報告を受け1834年新救貧法（改正救貧法）が制定された。当時は，深刻な貧困問題に対

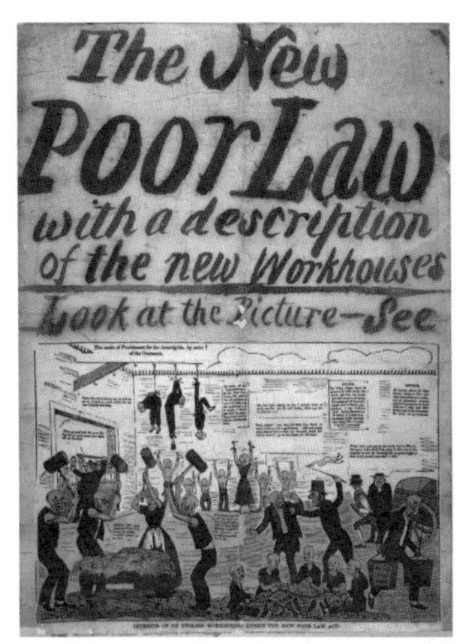

出所：ユニフォトプレス

図 13－1　1834 年の新救貧法による懲治院の実態を批判するパンフレット

して, 国は自由放任主義の立場で静観し, 社会には貧困を個人の責任と捉え，公的救済を否定したマルサス主義が影響を与えていた時代であった。そして救貧法改正の目的の一つは救貧税を増大させるスピーナムランド制度の廃止にあったから，法律は対象から労働者を切り離し，再び労役場以外での救済を禁止した。多すぎる教区を連合し救済基準の全国統一を図ったが，その基準は救済を最下層の労働者以下の状態にとどめる「劣等処遇の原則」に基づくものであった。しかしあまりにも厳しい内容で時代に逆行した同法は，反対運動が広がり完全な実施はのぞめなかった4)。

救貧制度の限界を前に，労働者階級の間でも協同組合や友愛組合，労働組合が創られ，生活のさまざまな面で互助の精神を発揮する。特に友愛組合では，疾病手当，老齢年金，死亡時の給付などの仕組みが整備されたが，その恩恵にあやかれたのは一部の熟練労働者だけであり，圧倒的多数を占める不熟練労働者の生活不安の受け皿となったのは簡易保険会社であった。

また大都市にはスラムが出現，社会問題が深刻化するなか，民間の慈善事業も活発化する。1869 年設立とされるロンドンの慈善組織協会（COS）は，戸別訪問の記録を集め，従来バラバラで行われてきた慈善団体の連絡・調整・協力の組織化をめざした。しかし COS は貧困の原因を個人の道徳的頽廃に求めたため，援助には限界があった。一方，新

4)　新救貧法反対運動は，文学者・思想家など知識階級まで巻き込んだ広がりを見せ，たとえばチャールズ・ディケンズが『オリヴァー・ツイスト』で痛烈な新救貧法批判を行ったことは有名である。

たに登場したセツルメント運動は，貧困を社会の問題として捉え，大学教員や学生など知識人たちがスラムで生活することで相互理解を深め，教育により住民の主体的な力を育て貧困の解決を図る，一種の社会改良運動であった。エドワード・デニスンの思想の影響を受け，1884年ロンドンのイーストエンドにサミュエル・バーネットの指導のもと設立されたトインビー・ホールが世界のセツルメント運動の先駆けとなった。

1873年にはじまった世界的大不況はイギリスの資本主義にも深刻な影響を与え，大量の不熟練労働者と失業者の増大によって，貧困問題は一層，大衆の身近な存在となる。そのようななか，人々の貧困観を変える契機が訪れた。チャールズ・ブースが1886年から1902年にかけてロンドンで行った調査では市民の約3分の1が貧困状態であることが明らかにされ，シーボーム・ラウントリーが1899年ヨークで行った調査でも同様の結果が出た。前者の調査は貧困が個人の道徳的責任ではなく，低賃金や失業など雇用上の問題，さらに老齢，疾病，虚弱，多子などの原因によること，また後者の調査ではライフサイクルによって貧困の状況が変わることを明確にし，自助の限界を明白にした。そして貧困の原因が個人によるものでないなら，その解決には社会的対応が必要との認識が人々に受け容れられるようになっていった。

（4） 福祉国家への道

1905年12月に設立された王立救貧法委員会には，救貧法の存廃を中心に救貧行政への新たな提言が期待される。また労働者階級の協力を得て圧勝した自由党政権は，彼らに配慮した積極的な社会改良政策を展開していく。なかでも1911年に制定された国民保険法は，1909年の王立救貧法委員会報告を受け，政府が採った政策であった。委員会は，救貧法制度の維持を主張した多数派報告書と，制度の廃止とナショナル・ミニマム（＝国家が国民に対し保障すべき必要最低限度の生活水準）の実現を求めたビアトリス・ウェッブによる少数派報告書を提出したが，政府は救貧法制度の存続と社会保険の導入という，第三の道を選択したのである。

法律成立に尽力したロイド・ジョージは，ドイツでビスマルクの社会保険制度に学び，国民保険法は第 1 部の健康保険と第 2 部の失業保険から構成された。それは疾病者と労働能力のある貧民の救貧法体制からの離脱を意味した。すでに 1870 年初等教育法，続く 20 世紀初頭の児童に関する諸立法により救貧法制下の児童の処遇は変化しており，高齢者は 1908 年の無拠出制の老齢年金法により救貧法から分離していた。なお同法は 25 年には寡婦と遺児にも適用された拠出制の年金法に変わる。さらに 34 年失業法によって失業保険の再建と失業扶助が制度化され，救貧法は再び「労働不能な貧民」だけを対象とした救貧制度に戻ることになった。

社会保険の破綻と経済の悪化が顕著となった第 2 次世界大戦下には，「社会保険および関連サービスに関する関係各省委員会」が設置され，1942 年通称「ベヴァリッジ報告」が出される。委員長のウィリアム・ベヴァリッジは，窮乏，疾病，無知，不潔，無為を「五つの巨人」として，その解消のために所得保障，保健，教育，住宅，雇用を位置づけ，社会保険を中心にした社会保障制度を設計した。ナショナル・ミニマムの実現をめざした彼の提言は，1945 年より政策化され，労働党内閣において完成をみる。1945 年には家族手当法，翌年に国民保険法と国民保健サービス法（医療の無料化），48 年には児童法，そして国民扶助法が制定され，これをもって救貧法は名実ともに廃止され，長かった救貧法体制は幕を閉じた。「ゆりかごから墓場まで」の生活を保障した福祉国家への道を歩み出したのである。しかし多くの課題を残した出発であり，その後の展開を想起すれば，この状況を無邪気に喜ぶわけにはいかない。ただ戦後の日本が，この時期のイギリスを目標に出発した事実は変わらない[5)]。

2. ドイツ―社会保険制度創設のパイオニア

前節でみたように，イギリスは社会保険制度導入の際にドイツに学び，日本も同様であった。それはドイツが世界初の体系的な労働者の社会保険制度を創設した国だったからである。本節では，その成立と背景，発展過程に対象を限定し，ドイツの歴史を概観する。

(1) プロイセン王国と救貧行政

中世から近世に至るまでキリスト教圏として一つの統一体だったヨーロッパだが，世界に先駆けドイツ地域で社会保険制度が誕生したのはそれなりの特徴があったからである。なかでも注目すべきは，市政への参加によってゲマインデ（都市共同体）と結びついたツンフト（Zunft：手工業ギルド）による共済制度であった。ツンフトの目的は経済的な利益とともに組合員と家族の生活扶助システムの構築にあり，市政に参加することによって市民生活にまで影響を及ぼした。その発生起源は12世紀まで遡ることができる。

宗教改革後のプロテスタント地域では，マルティン・ルターの提案した共同金庫による「規則正しい貧民救済」が救済の原理となり，いかに教会中心の慈善事業から市町村の救貧事業に移行していくかが課題となった。またその実現のためには，これまで慈善を個人の魂の救済のために行ってきた市民の参加が不可欠であった。したがって市当局が市民の寄附や施し物を集める共同金庫を設け，それによる救貧救済に乗り出したことは，市当局による慈善救済が教会（聖）の手を離れ世俗化される

5） 1950年社会保障制度審議会「社会保障制度の勧告」の冒頭の文章を参照のこと。

ことを意味したのである。そして市参事会がツンフト，ギルドの多数の代表者で占められ，彼らが都市共同体の自治を担っていたことを想起すれば，ツンフトが市民全体の生活に与えた影響の大きさが想像できよう。

しかし社会の変化に伴い，親方層の分化や貧富の差が生じ，ツンフト内部の統制が弱体化すると，金庫制度の運用にも支障が出はじめ，生活保障的側面が弱まってくる。それに対して，プロイセン帝国は 1731 年ツンフト条令を出し内部の救済規定を示した。

さらに社会変動は続き，ツンフト内部の崩壊が進むなか，18 世紀末にはその生活安定機能を行政内に取り込み，再編を試みる法律が出される。1794 年のプロイセン一般ラント法は，救済義務や労働機会の提供，労働の強制など救貧制度に関する国の責任を明らかにしたものだが，同時に「ツンフトの崩壊の中で，団体主義を生活扶助のシステムとして抽出」し，それらを維持する試みでもあった[6)]。すなわち同法では，救済義務は家族，団体，ツンフト，さらに領主とゲマインデという順に規定され，それらに該当しない場合のみ，地区，州，国という順序で救貧協会を設立し，そこで救済を実施することとしたのである[7)]。

(2)　ドイツ帝国と社会保険制度

1871 年，ついに連邦制のドイツ帝国が誕生した。プロイセン王ヴィルヘルム 1 世が初代皇帝につき，軍備拡張で統一に貢献したビスマルクが帝国宰相を兼務した。さまざまな課題を抱えての出発であったが，なかでも資本主義経済が発達し労働者運動が高まりを迎えたこの時期，社会問題への対応は重要かつ喫緊の課題であった。ビスマルクは，アメとムチの政策でこの難局を乗り切ろうとした。すなわち社会主義者鎮圧法（1878 年）を制定し大弾圧を行う一方で，社会保険を立法化し労働者の生活の安定化をめざしたのある。

6)　栃本一三郎（1983）「プロイセン近代化と社会行政」小山路男編『福祉国家の生成と変容』光生館，p.119

7)　同上，p.117

写真 13－1　ホーエンツォレルン城　プロイセン王家の発祥の地。(著者撮影)

その結果，まず1883年に疾病保険法が制定される。その仕組みは，労働者3分の2，雇用者が3分の1を拠出する疾病金庫によって，疾病，傷害のため収入のなくなった労働者に無料の医療を提供し，生活のための疾病手当を，また死亡時には死亡手当を支給するものであった。同法は，大不況によって各共済機関が維持困難となり，任意の共済金庫の設置も進まないなか，国がやむなく組織化に乗り出した結果でもあり，地域，業種，企業によって異なる多様な保険機関が存在した。

翌1884年には労災保険法が成立し，業務災害に関する事業主の全面的責任の原則に基づく強制保険制度が確立された。すなわち事業主が拠出の全額を負担し，経営内で発生した事故による傷害，疾病，死亡に対応し給付を行った。

さらに1889年には廃疾・老齢保険法が成立し，全業種の16歳以上の労働者を強制加入させ，70歳に達した労働者に老齢年金を支給し，障害により労働能力を失った労働者には障害年金を支給することになった。この保険には，前身となる機関がなかったため地方別に組織された保険公団が保険者の任にあたった[8)]。また老齢年金には公費が投入され，拠出は賃金等級に応じ一定額を事業主・被保険者で払い込む労使折半方式で行われた。

これらビスマルクの社会保険三法は，意図された社会主義への防波堤としての役割は果たさなかったが，労働者の生活と社会秩序の安定に貢献し，世界初の近代的な社会保険を成立させることに成功したのである。

1890年ビスマルクは若い皇帝ヴィルヘルム2世のもとで，退陣を余

8）福澤直樹（2012）『ドイツ社会保険史』名古屋大学出版，p.46

儀なくされる。新皇帝は政治にも積極的に介入したが，帝国議会は権威を強め，もはや無視できない存在になっていた。特に社会主義者鎮圧法の廃止（1890 年）以降，社会主義系の政党が勢力を伸ばし，社会保険制度も一定の進展をみせる。

そして 1911 年には，ライヒ保険法が成立した。これは長年，労働者の保険給付の分断が問題視されていた社会保険三法を単一の法体系にまとめたもので，包括範囲の拡張や給付の一定の改善が行われ，寡婦・遺児に対する遺族年金も加わっている。また同年には職員保険法も制定され，事務・その他の職員のための独自の老齢年金保険制度が確立されたが，給付額も保険料も労働者の廃疾・老齢年金に比べ高い水準のものとなった。

（3） ワイマール共和国の終焉と社会保障制度の崩壊

第 1 次世界大戦中に起こった 11 月革命によってヴィルヘルム 2 世は亡命し，ドイツ帝国は革命と敗戦の混乱の状況下で崩壊する。1919 年 1 月普通選挙によって社会民主党が第一党となり連合政権を樹立，ワイマール共和国が誕生した。

ワイマール時代には，社会保障制度が大きく伸展し，1920 年には新たに戦争犠牲者の援護法，27 年には失業保険法も制定され，この時期に社会保険，援護，公的扶助の体制が整った。しかしその伸展には経済的裏づけが乏しく，失業保険は予想以上の失業者の急増により，成立後すぐに財政逼迫の事態を迎えた。さらに 29 年以降は世界大恐慌の影響で，他の社会保険財政も危機的状況に陥り，その機能を失っていく。

そして社会保険制度は，ワイマール体制の終焉とともに事実上，崩壊したのであった。1933 年ナチスが政権を握りヒトラーが首相に就任するが，人権を蹂躙し生命まで奪う独裁政権の下では福祉政策の発展は望むべくもなかったからである。社会保険は指導者の原理に合わせ改定され，その伝統的な自治制度は葬られた。このような末路をたどった戦前ドイツの社会保険制度だが，日本が導入に際し学んだのは揺るがない事実である。

3. アメリカ―社会福祉専門職の確立

アメリカは，社会福祉の専門職ソーシャルワークを確立した国として，戦前戦後と日本の福祉の専門職化に大きな貢献をしている。そのため本節では特にソーシャルワークの成立，発展に焦点をあててその歴史を概観する。

（1） 背景

アメリカ合衆国には中世以前の歴史は存在しない。その歴史は17世紀初頭，宗教的政治的自由を求め移住してきたヨーロッパ人によって刻まれたが，圧倒的にイギリスからの移住が多く，建国の象徴となったのはピューリタンであった。救貧制度も当初，母国のエリザベス救貧法が適用されたが，開拓が進むにつれ，各植民地の状況に応じた法制度が創られるようになった。また本国と異なり，広大な土地があり封建制社会の制約も無いため，労働能力がある限り自立が可能であり，ピューリタンの美徳である勤労・節約という自助精神がそれを支えた。このように17世紀のアメリカでは差し迫った救貧院の必要はなく，一般的には居宅救済の方法が採られ，西部への移動（西漸運動）が救済を回避する効果をもたらしたのである。

1776年アメリカは独立宣言を行い，東部13州からなる連邦国家として新たに出発する。しかし救貧体制の流れを大きく変えたのは1810年代から20年代にかけて起こった不況であり，公的救済費の急騰が地方庁の負担を増大させ，救貧制度は本格的な見直しを迫られることになった。契機となったのは1821年マサチューセッツ州の「クインシー・レポート」，24年ニューヨーク州の「イエーツレポート」であったといわれる。両レポートの共通点は，実態調査に基づいて院外救済の弊害を指摘し，院内救済を推奨した点であり，これより救貧院での救済が一般的になる。また労働能力のある貧民には，労役場（ワークハウス）の管理が強められ，救済の抑制を図った。他方，この頃よりさまざまな民間慈善団体が現われはじめる。

(2) 慈善事業の発展とソーシャルワークの確立

アメリカの産業革命は1860年代までにはほぼ完了し，南北戦争の北部の勝利により資本主義の発展は加速する。急速な産業構造の変化によって工場労働者や移民が増加し，特に都市部では従来の相互扶助には期待できなくなった。他方，資本主義社会の矛盾は多民族国家ゆえに人種差別を利用しながら，労働者を劣悪な環境においやり，都市部にはスラムが形成された。さらに不況や恐慌により大量の失業者が出現し，貧富の格差が広がるが，社会ダーウィニズムに彩られた自由放任主義と貧困を個人の責任に帰するマルサス的貧困観が蔓延する社会にあって，また「自由の国」としての建国の精神が公的な対応を遅らせたのである。

政策の不在を補う形で発展したのが民間の慈善事業であり，18世紀から次第に組織化されはじめ，この時期，著しい伸展をみせる。そしてイギリスで誕生した慈善組織協会（COS）が1877年バッファローでの設立を皮切りにアメリカ全土にも広まっていった。COSは，「施与ではなく友愛を」をスローガンに友愛訪問員が家庭を訪問し，道徳的な感化によって貧困からの脱却を促した。協会には有給の専任職員が配置され，メアリー・リッチモンドはバルチモアでの実践経験から，ソーシャルワークの最も基本的な援助技術であるケースワークを体系化した。1917年には『社会診断』を刊行し，ソーシャルワークの科学化，専門化に貢献したのである。リッチモンドは，貧困問題の解決には人格的感化だけでは不十分で，心理学や社会学など社会科学の知識が必要だと主張した。またその援助論の特徴は，個人と社会の関係に焦点をあてたことであった。いずれにしても自助努力を重んじる社会にあって，個人の自立を高めようと試みるケースワークは歓迎すべき専門技術であった。そして第1次世界大戦中の兵士や家族の支援に利用され，国民一般にも受け容れられていく。しかしその後，ケースワークは個人と社会の双方をみる視点から「社会」を欠落させ，精神分析の方法に傾倒し，ワーカーが「小さな精神科医」と皮肉られるような状況を生み出した。

また社会問題の深刻化に伴い，労働運動や社会改良運動が高揚するなか，イギリスからセツルメント運動も波及している。1886年ニューヨークに設立された隣人ギルドが嚆矢とされるが，特に89年，ジェーン・アダムズが友人とともにシカゴに開設したハル・ハウスは，労働問題や児童問題を中心に社会制度の改変に貢献した。セツルメント運動の経験は，ソーシャルワークの専門技術の一つグループワークやコミュニティワークの発展に寄与している。

このようなソーシャルワークに対する期待は専門的な訓練を要請し，1898年にはニューヨークCOSにおいて有給職員に対する夏期訓練が実施され，ニューヨーク慈善事業学校に発展する。その後，専門職養成のための学校が各地で次々と設立された。

出所：ユニフォトプレス

写真13－2　M.リッチモンド

(3) 社会保障法の成立と影響

1929年ウォール街の崩落は世界大恐慌をもたらし，アメリカ経済に打撃を与えたが，時の大統領フーヴァーの姿勢は消極的であった。長期戦を予見させる非常事態に，国内では州政府を越えた連邦政府による救済を要求する声が強まり，33年3月フランクリン・ルーズヴェルト大統領が誕生する。着任早々ルーズヴェルトは，選挙の公約でもあるニューディール政策，すなわちテネシー川流域開発公社法や連邦緊急救済法など矢継ぎ早に立法化し，雇用の場の確保と連邦政府による初の救済法によって危機を乗り切るよう努めた。

特に1935年に制定された社会保障法（Social Security）は，社会保障という用語を採用した世界初のものであり，従来の自由放任主義の方針を転換した法律であった。具体的な内容は，2種類の社会保険（連邦政府による老齢年金制度と州営失業保険）と3種類の特別扶助（各州実施の老人扶助，要扶養児童扶助，盲人扶助），社会福祉事業（州営の母子保健・肢体不自由児・児童福祉サービスなど）への補助であった。同法により公的機関に採用されるソーシャルワーカーが格段に増え，その社会進出が促進された。

その後，第2次世界大戦で勝利したアメリカは，順調に発展を続け世界経済の中心となった。しかし繁栄の影で，黒人に対する人種差別は是正されず，1950年代には公民権運動が展開される。一方白人の間でも貧富の格差が進み，大量の貧困層が形成され，1964年政府は貧困戦争を宣言しその撲滅に乗り出した。貧困対策は，経済機会法を中心に実施され，翌年の社会保障法改正でメディケア（高齢者の医療保険），メディケイド（低所得者の医療扶助）を創設，雇用対策，地域活動事業などの施策はその後の社会福祉の展開にも影響を与えた。また1964年には公民権運動の果実として公民権法が制定されている。貧困戦争は敗北に終わったが，自助の原理に対し国家による生存権，社会保障を要求した福祉権運動が生まれたことは収穫であり，政府のプログラムの拡大はより多くのソーシャルワーカーを輩出した。

改正を重ねてきた社会保障法だが，1975 年社会保障法タイトル XX の制定はソーシャルワークの歴史からみても重要である。この改正で所得保障と社会福祉サービスを分離し，新たに個別的なニーズに対応するパーソナル・ソーシャル・サービスが設定され，ソーシャルワークの専門職としての地位がより確実なものとなったからである。そしてアメリカのソーシャルワークの動向は今なお，日本の社会福祉界に影響を与え続けている。

【学習課題】

1．イギリスで救貧法が誕生した背景には，どのような社会的状況があったのか，整理しよう。
2．アメリカでソーシャルワークは，どのような経緯をたどって確立したのか，整理しよう。

参考文献

・一番ヶ瀬康子・高島進（1981）『講座社会福祉 2　社会福祉の歴史』有斐閣
・今井小の実（2007）「社会福祉の歴史」菊地正治・清水教惠編『基礎からはじめる社会福祉論』ミネルヴァ書房
・右田紀久恵，高澤武司，古川孝順編（2004／1977）『社会福祉の歴史』有斐閣
・金子光一（2005）『社会福祉のあゆみ』有斐閣
・小山路男（1978）『西洋社会事業史論』光生館

14 日本の福祉の歴史

今井小の実

《ねらい》 古代は，アジアのなかの日本という認識にたち，律令制，仏教，儒教など，中国から受けた影響がどのように救済事業に結びついたのか，概観する。中世から近世は為政者の事業，民衆の相互扶助という2つの面から救済システムをたどり，近代以降は欧米の影響を受け福祉国家へと歩む道のりを，戦後の「社会福祉」誕生の時期までみていく。

《キーワード》 日本，賑給，仏教，儒教，慈善事業，社会事業，厚生事業，社会福祉

1．前近代社会における救済

(1) 古代における救済理念と救済事業

古代の律令国家において，為政者による貧民救済事業の原動力となったのは儒教の教えであった。儒教は，紀元前6世紀に古代中国に成立した，国を統治する君主のための政治道徳の思想であったが，日本にも統一国家形成期の5世紀に伝来した。以来，君主による救済事業は，「仁政」の実践として，儒教の政治道徳に基づく慈恵策となったのである。

一方，為政者，民衆双方の貧民救済，相互扶助の実践に影響を与えたのが6世紀に伝来した仏教であった。仏教教義の「慈悲」は，その実践が人々に福祉をもたらすという福田（ふくでん）思想を生み出し，支配層・富裕層，宗教家などによる慈善事業，あるいは民衆の相互扶助の推進力となり，飢饉，災害，疾病の流行などによって脅かされる人々の生活を守った。

西洋の福祉実践の理念がキリスト教によるカリタスに求められるなら，日本の場合は仏教による「慈悲」がそれにあたるといえよう。

実際の救済制度にはどのようなものがあったのだろうか。為政者の仁政の例としては，免租や減租が行われる他に，賑給あるいは賑恤があった。すなわち「鰥寡孤独」とされる高齢者・幼少者・廃疾者（障害者）にして他に依るすべのない「無告」の「窮民」を対象とし，米麦・綿布・塩などの生活必需品を，天皇の恩賜として支給した。また民に対しては共同体内の相互扶助による救済を求め，飢饉に備える義倉，穀類の価格調整を兼ねた常平倉が設置された。

仏教の慈悲の実践の具体例もあげておこう。593年聖徳太子は四天王寺を建立した際に,「四箇院の制」をとったとされる。すなわち「敬田院」は寺院であるが，薬草の栽培と施与を行う「施薬院」，無縁病者のための施療機関「療病院」，病者や障害者，身寄りのない老人などのための収容機関「悲田院」が救済施設として機能したのであった。また8世紀前半には，光明皇后も同様の施設を設立し，貧者や癩病者（ハンセン病者）の救済を試みた伝説が残されている。同時代に，僧行基により行われた貧しい民への布教と慈善活動も宗教家の実践例としてよく知られる。行基は，調・庸などの運搬者や行旅病者などのための宿泊施設「布施屋」の設置や，架橋や灌漑設備，道路の造営などによって，人々の生活を守る福祉的な実践を行い，民衆から支持された。

(2) 中世の救貧救済事業

封建社会になると，慈恵の担い手は国家統一を成し遂げた武家へ移行した。武家は，集権的な天皇権力の存続によって，安定した政治の担い手となることができたのである。鎌倉幕府，室町幕府の為政者たちは，天下の統治者として救貧政策を推進し，民衆の評価にさらされた。

民衆の間では共同体内の相互扶助に加え，無尽講などの互助組合的な組織が出現した。寺院や荘園，農民たちを中心とした自治的な組織「惣」「惣村」も徐々に輪郭を現し，その結合によって相互扶助的な生活を送った。また鎌倉時代には，戦乱によって荒廃した社会と不安定な生活のなかで，人々の救済を課題に新しい仏教を説く宗教家が現れた。そして新・旧仏教各宗派による慈善活動が進展した。たとえば，忍性は，奈良に癩病者などの救済施設「北山十八間戸」を建てている。

戦国時代には，内乱と社会不安，生活困窮のなか，民衆にとって宗教が救いとなった。当時，宗教改革の渦中にあったヨーロッパではカトリック側がアジアでの布教に力を入れたこともあり，キリスト教も選択肢の一つとなった。伝道のため来日したイエズス会の宣教師は，大名や民衆に教えを広め，宣教師自ら，あるいは信者が信仰によって救済事業を行った。たとえば，九州の豊後府内では，キリシタン大名大友宗麟の支援を受けて，現在でいう病院や育児院の機能をもった施設が開設されている。同様の施設は，工業の栄えた町やキリシタンの多い地域にもつくられ，キリスト教徒の共同組織が生み出されていった。しかしそれらの事業と組織は，鎖国とキリスト教禁止政策のなかで姿を消していった。

(3) 近世の救済事業

江戸時代になると幕府に関わる儒学者が，慈恵的救済を君主あるいは官府の任務と説くようになる。また幕藩体制は幕府と藩による二重統治であったが，身分と差別の秩序が強化される社会にあって，貧民の救済を支えたのは儒教と仏教による救済思想，さらに家と村を基盤とした共同体の相互扶助であった。

5 代将軍綱吉は，儒学に基づいた仁政の実践に努め，仏教も深く信仰し，「生類憐みの令」を出して捨子の保護も命じている。また 8 代将軍吉宗の時代には，目安箱の意見を取り入れ，幕府の薬園内に小石川養生所が設立された。さらに老中松平定信による寛政の改革では，江戸の石川島に一種の授産施設「人足寄場」を設け，軽犯罪人や無宿人を収容した。同改革では，七分積金制度（七分積金）とよばれた制度も創設され，町入用（町費）の節約分の7割を江戸町会所（1792年に設置）に積立てて，その運用で低利融資や貧民救済が行われた。

各藩でも地方の特性に応じた救済制度があり，たとえば江戸の町では，大火や飢饉などの災害等に際し被災民救済のために「御救小屋」を建てたが，これは他藩でもみられる。地方においては，生産と治安などの連帯責任のシステム五人組制度を中心とする共同体の相互扶助のほかに，凶作や災害時に備えた備荒制度や，藩独自の救済対策が採られていた。

また民衆間の救済策としては，「講」がある。たとえば，豊後の三浦梅園による慈悲無尽講はよく知られる。それは西日本の大雨洪水や九州の凶作・飢饉に際し創設された，相互扶助的な共済を目的とする経済的な組織であった。また那波祐生による秋田感恩講も，平時における貧民救済や凶作時の救助を目的とする救済組織として評価されている。

18世紀以降，生活に瀕した民衆によって都市部では打ちこわしが多発する。一揆を未然に防ぐために，農村部の荒廃に対しては農村・農業改善の動きがみられ，関東周辺では大名の財政改革と結びつき，二宮尊徳が中心となった改革が行われている。なおこの尊徳の経済と道徳を融和した実践思想は，明治以降も報徳思想として地方改良，農村の更生事業などに利用されていくことになる。

このあと日本は，ペリー来航にはじまる西洋の圧倒的な軍事力を前に動乱の時代を迎え，幕府は崩壊することになった。皮肉なことに近代日本の慈善事業の推進力となったのは，江戸時代の鎖国と弾圧によって追放されたキリスト教であった。

2. 近代国家と慈善救済事業

(1) 明治政府の課題

1868年に誕生した明治政府は，王政復古を唱え，五箇条の誓文によって天皇親政を強調した。形式的には律令制を復活させたが，維新に貢献した旧藩の出身者が政府の実権を握り，富国強兵，殖産興業を推進し，欧米的な政治の体裁を整備した近代国家の形成をめざした。そのため新政府の救貧事業は，天皇の仁政の一環である「慈恵」を強調しつつも，社会的な政策として展開される。急激な近代化の推進は逆に封建的諸制度や思想を温存させたが，政府はそれを利用して，救貧政策を制限的抑制的に行っている。

新政府にとって喫緊の課題は，幕藩体制の崩壊により出現した貧困層への対策であった。秩禄処分や土地制度・税制の改革といった近代化への過程は，士族や農民の生活を破壊し，都市へ流入した窮民の救済も大きな問題となった。農村部では従来の共同体の相互扶助が一定機能したが，都市部の事態は深刻であった。そのため大都市では救貧施設が創られる。たとえば東京には江戸町会所の積金を原資とした東京（府）養育院が設立され，院長は渋沢栄一が務めている。また士族には授産政策を打ち出し，国民には1871年窮民一時救助規則や棄児養育米給与方などを出した。特に同年の行旅病人取扱規則，また82年行旅死亡人取扱規則は，旅稼ぎなどの途上での困窮者の病気および死亡時の対応を府県費用で行うことを規定したもので，救貧政策の穴埋めをする存在となった。

しかし社会構造の変化に伴う貧困には応急的弥縫的な対処だけでは乗り切れず，1874（明治7）年に太政官達として恤救（じゅっきゅう）規則が出される。同規則は，1932年の救護法実施まで半世紀以上，存続した日本の中核的な救貧制度であった。実施主体は内務省，対象は極貧の独身者，70歳以上の重病あるいは老衰者，障害者，病者，13歳以下の児童を対象に米代金を支給する制度だったが，他に依るすべのない「無告の窮民」で労働能力のない場合に限定されていた。天皇の仁政が強調されたものの，親族扶養と隣保相扶前提の「人民相互ノ情誼」に期待した，きわめて制限的なものだった。そのため第1回帝国議会には窮民救助法案が政府より提出されるが，公費負担への反発，惰民養成の危惧などを理由に不成立に終わった。その後も恤救規則の改正は何度か試みられている。

一方，富国強兵策のもと，軍人とその家族，官吏に対する生活保障は比較的優遇された。罹災時や伝染病などへの対応や，部落解放令や芸娼妓解放令のような，一定の人権保護令も出された。また医療面では，西南の役を機に1877年博愛社（のち日本赤十字社）が創設され，80年代に慈恵的な病院が東京や大阪に開設された。限界ある救貧政策のもと，篤志家，宗教家を中心に先駆的な慈善施設も誕生した。特に明治初期には，来日したキリスト教宣教師の活躍，児童保護の実践が目立つ。

(2) 産業革命と社会問題の発生

自由民権運動の高まりを受け，政府は1889年に大日本帝国憲法，翌年には帝国議会を開設し，近代国家の基盤整備を進める一方で弾圧と懐柔策で運動の弱体化を図った。日清・日露戦争を好機に産業革命を加速させ，19世紀末から20世紀初頭にかけて目覚ましい経済発展を遂げる。しかし資本主義が進展するなかで，多くの社会問題が生まれた。農村では，農民層の分解が進み寄生地主制が確立し，小作人は職を求め都市に流れていった。都市では，労働者人口が急増し，劣悪で不安定な条件に置かれた不熟練労働者らにより下層社会が形成されていく。この期の先駆的な社会調査として，2つのルポルタージュを紹介しておきたい。

松原岩五郎は，最下層社会に潜伏し，その様子を1893年刊行の『最暗黒之東京』にまとめた。その住環境の悲惨さを，九尺の板囲いの「周囲は実に眼も当られぬほど大破に及びたるものにして，その床は低く柱は才かに覆らんとする屋根を支え，畳は縁を切して角々藁をばらしたる上に膝を容れて家内数人の団欒を採る」（p.25）と伝え，残飯にも群がり飢餓をしのぐ住人の窮状を報じた。いわゆるスラムに住む彼らは，近代化に取り残され，都市の片隅に滞留した日雇労働者，手工人，職人，車夫などであった。

また産業革命期の「社会問題」として，その実態に迫ったのは横山源之助であった。彼が1899年に刊行した『日本之下層社会』では，東京の貧民の実態に加え，近代化で衰退した産業や，児童や女性を含む工場労働者の問題，農村の小作人の状況をデータから克明に紹介した。

書名からも明らかなように，松原のルポはウィリアム・ブースの『最暗黒の英国とその出路』（コラム参照）より刺激を受けた一種の社会調査だが，横山も同様で，特に横山の場合はチャールズ・ブースのロンドンの調査にも比肩するものだと推薦者の一人は評価している。またサン＝シモンやカール・マルクスなどの名もあがり，欧州の社会主義思想に影響を受けている。

このように知識人の間では社会問題と社会主義への関心が高まり，労働運動も黎明期を迎えた。政府は治安警察法（1900年）によってこれを抑圧する一方で，窮民の実態把握にも乗り出した。しかしこの期の恤救規則の救済率は非常に低く，政府は基本的には親族や隣保相扶に頼る姿勢を崩していない。

（3）社会問題への対応

一般国民の生活問題への対応は限定的だった一方で，欧米列強国と並ぶことを最優先してきた日本は，徴兵制を敷き，兵士とその家族の救済については比較的迅速な対応をとっている。1904年には下士兵卒家族救助令を出し，日露戦争に召集された下士兵卒の困窮した家族への救済を行い，1906年の廃兵院法によって，戦傷で生活能力を失った軍人を収容する廃兵院が設立された。

また監獄が「犯罪の学校」になっているとの認識から，感化事業への期待が集まる。監獄の教誨師だった留岡幸助や内務官僚の小河滋次郎らが，非行や犯罪少年には適切な教育と保護を行う更生施設，すなわち感化院が必要だと主張した。実際，留岡は1899年東京巣鴨に家庭学校を設立している。このような動向を受け，1900年感化法が制定された。だが公立感化院が広がるのは設置が義務づけられた1908年の法改正後のことであった。

公的救済の不在を補ったのはキリスト者を中心にした宗教家や篤志家であった。明治初期の慈善事業には外国人宣教師の貢献が顕著だったが，明治後半には日本人による事業が増えている。

この時期の慈善事業の中心は児童保護であり，有名なのは1887（明治20）年石井十次が岡山に設立した岡山孤児院である。石井は，「乞食主義」に陥らない経営，人格主義的な処遇をめざし，労働と教育を柱に孤児の養育に努めた。彼を支えたのはキリスト教の信仰と同志であり，その実践は多くの人に共感と影響を与えた。たとえば90年小橋勝之助が設立した博愛社（兵庫県赤穂から大阪に移転），92年宮内文作らによって設立された上毛孤児院などがあげられる。

そのほか保育事業としては，1900年野口幽香らにより東京に開設された二葉幼稚園（のち二葉保育園）がよく知られる。また障害児施設としては石井亮一の先駆的な取り組みがある。

出所：社会福祉法人石井記念友愛社

写真 14－1　岡山孤児院と石井十次

これは1891年濃尾震災の際，孤児養育のために東京に創設した孤女学院（のち滝乃川学園）のなかに知的障害児がいたことからはじまった実践であった。のちにその処遇に学び脇田良吉が京都に白川学園を設立している。

民間の慈善事業にはキリスト者の活躍が目立つが，その組織的な動き

◎コラム◎　救世軍と日本

「救世軍」（The Salvation Army）のはじまりは，1865年イギリスのメソジスト派の牧師ウィリアム・ブースによって開始された伝道活動にある。彼は，ロンドン東部にある貧困地区，イーストエンドの人々のために働くよう，神の召命（コーリング）を受けたと伝えられる。妻キャサリンとともに当初は貧しい労働者へ伝道活動を行うために超教派の組織を創始したが，やがて社会問題に取り組むために組織や規律のあり方を軍隊の慣例に学び，「われわれはボランティアアーミーではなく，サルベーションアーミー（救いの軍隊）である」という言葉を生み出した。そしてそれが組織名「救世軍」の誕生につながったのである。また1890年には『最暗黒の英国とその出路』を出版し，社会改良のための事業資金を公募し，大規模な福祉事業に着手した。その後，イギリスで政府に次ぐ規模の社会福祉団体に発展し，現在も世界中で事業を展開している。

ブースの著書はかなり早くから日本に紹介され，多くの日本人に感銘や影響を与えている。そして1895（明治28）年，イギリス人の「救世軍」士官が横浜に上陸し活動を開始したことを契機に，日本にも「救世軍」が組織されることになる。日本で初めての士官は山室軍平であり，廃娼運動や，労働者・貧困者・児童のための福祉や医療に関わる事業が展開された。社会福祉や医療事業は現在にも引き継がれ，災害時などには他国の救世軍とも連携し支援活動を行っている。

出所：救世軍本営
山室軍平

も活性化する。特にイギリスに本部を置く軍隊流に組織された救世軍（山室軍平：コラム参照）やアメリカの活動を契機に設立された基督教婦人矯風会による廃娼運動や婦人保護事業などの活動が有名である。さらに都市へ流入した労働者のための無料宿泊所や職業紹介事業も開始された。

官僚や学者，実践家による研究会や学会も出現し，海外の動向・知識を積極的に吸収し，貧困をはじめとした社会問題への解決の道を探った。

3. 20 世紀初頭の日本と感化救済事業

（1） 感化救済事業

日露戦争の勝利によって，日本の重工業は著しく発展し貿易も伸張したが，一般国民の生活は戦後の不況と増税により苦しくなった。農民は，商品経済の流入や小作人の増加，凶作など自然災害の影響も加わり疲弊した農村で，赤貧生活を強いられた。工場に働く不熟練労働者や前近代的職業につく下層労働者は，過酷な労働環境に置かれた。自衛手段として小作争議や労働運動が盛んになり，社会主義運動も高まりをみせる。

このような状況のなかで，社会運動に対する防波堤としての役割と，国家を支える善良な国民づくりの手段として展開されたのが感化救済事業であった。それは社会問題を事前に予防するための社会改良策であったが，感化という道徳的教化に重点を置く，きわめて日本に特異なものであった。事業の指導的役割を担ったのは，井上友一を中心とした内務省官僚であり，政府は民間の慈善事業に国家の代替的役割を期待し，その統制下に置いたのである。

1908（明治 41）年内務省は，地方局通牒，いわゆる「国費救助ノ濫給矯正方ノ件」を出し，恤救規則による国庫支出の削減を断行する一方で，その一部を民間の事業の奨励金に充てた。従事者養成にも乗り出し，同年第 1 回感化救済事業講習会を開催するが，その席でも救済事業は精神的防貧に矮小化され，事業の目的自体にも善良有力な国民づくりが強調された。こうして奨励助成金と講習会によって，政府の救貧行政の手薄さを代替する民間人（事業）の育成を果たしたのであった。

このように感化救済事業とよばれる時期には，国民の道徳的教化に重点が置かれ，国の良民を育成，そして民間の慈善事業を国に取り込んでいくレールが敷かれた。そのレールを強固にしたのが天皇制であった。すなわち 1908 年，国力増強のために勤労と倹約を訴えた「戊辰詔書」が渙発され，その実現のために翌年より内務省の井上を中心に地方改良運動が開始される。そして疲弊に苦しむ農村に対して，上からの地方自治，良民づくりが進められた。農村部立て直しのための思想的基盤を担ったのが二宮尊徳の報徳思想であり，報徳会が大きな役割を果たした。

さらに天皇制は社会運動を封じ込めるためにも利用された。政府は 1911 年大逆事件に対する暗黒裁判を断行し，社会主義者・無政府主義者を弾圧し，いわゆる「冬の時代」をもたらしたが，同時に「済世勅語」（施薬救療の勅語）を発して，恩賜金と集めた寄附金をもとに恩賜財団済生会を創設，各地に病院を設立し，天皇の慈恵を国民にアピールしたのであった。

（2） 民間事業の動向

感化救済事業のもとで展開された特徴的な事業としては，宿泊・職業紹介，セツルメントなどの防貧事業がある。たとえば当時，東洋のマンチェスターとよばれ工業都市として発展，仕事を求めて地方から人が大量に流入してきた大阪では，公私による職業紹介所が設立された。また宗教家による労働者の宿泊施設などを備えたセツルメント事業もみられる。さらに働く女性のために乳幼児保育所もつくられた。

民間事業の発展のなか，感化救済事業講習会を機にこれまで進められてきた慈善事業の全国組織化が実現をみている。1908 年に発足した中央慈善協会は，中央社会事業協会へと発展していく，欧米の慈善組織協会（COS）に相当する組織であった。実際，創立委員のなかには，COS について知識をもっている者もいたが，会長には渋沢栄一，顧問には清浦圭吾を戴き，民間性の乏しさが指摘されている。

このように官主導で民間慈善事業を取り込み，政策的には見るべきものがないのがこの時期の特徴であるが，1911 年にきわめて不十分ながらも日本初の工場法（16 年施行）が制定されている。実は政府は 1880 年代後半には児童労働の保護を目的とした職工条令案，90 年代後半には工場法案の起草にも取りかかっていたが，資本家側の猛烈な反対などにあって実現できなかった。だが産業革命を経て資本主義が進展するこの時期，工場労働者，特に女子労働者の労働環境の問題は，深刻であった。労働運動や社会主義運動が勢いづくが，政府は弾圧を強めつつ，社会政策的配慮として，その緩和をはかったのである。

ところで産業の発展を支えた繊維工業の女工たちが劣悪な労働条件にあっても堪えなければならなかった（第 12 章第 2 節参照）のは，貨幣経済に巻き込まれた農村部の疲弊と，親や家族の窮乏を救うため，身売り同然に売られていったからである。感化救済事業と地方改良運動は，そのような農村の実情とそこから流入していく都市労働者の生活問題を家父長制度と隣保相扶，精神論によって乗り切ろうとしたのである。

4. 社会事業の時代

(1) 社会事業の成立

第 1 次世界大戦は，日本の経済界に未曾有の繁栄をもたらした。しかし大戦後の恐慌は大量の失業者を生み出し，国民生活に深刻な影響を与え，大きな社会問題となった。労働者団体や農民組合の発達を背景に労働争議や小作争議が頻発し，社会主義運動が再び息を吹き返した。そして 1918（大正 7）年に起こった米騒動は，ロシア革命の影響を恐れる政府を震撼させたのである。そのために政府は 25 年には（男子）普通選挙法と同時に治安維持法を制定し，国民への監視と弾圧を強化すると同時に，社会的事業によって国民生活の安定化を試みたのであった。

日本の社会事業は，一般にこのような大正中期に成立したといわれる。その指標には社会化・組織化・専門化・科学化・予防化があげられ，民間慈善事業の経験が基盤となり，人道主義や社会連帯の思想が事業を支えた。この時期，行政と実践両面ともに救済事業から社会事業へと用語が置き換えられる。背景には，大正デモクラシーのもと，人々が大量に創出された貧困に対して関心を抱き，それを個人の責任ではなく社会的な問題だと受け止めつつあった状況がある。

特に内務官僚の田子一民や嘱託の生江孝之らによる社会連帯思想の導入は，日本風にアレンジされ，社会事業の成立と理論化に大きく貢献した。本来の思想は，20 世紀初頭のフランスで社会政策を生み出した概念であり，富者の富を制限し，貧者を保護する社会制度を権利・義務関係から論じたもので，代表的な理論家に急進社会党のレオン・ブルジョアがいた。しかし日本の場合は，連帯が社会有機体説に基づき論じられたため，「社会連帯」は，「労資協調」とともに，直接の政策には結びつかない曖昧なスローガン的概念として定着していくのである。

(2) 社会事業行政の体系化・組織化

社会事業を実施する行政機構として，1917 年軍事救護法の成立に伴って内務省に救護課が設置される。軍事救護法は，傷病兵とその家族，遺族，または下士兵卒の家族，遺族を救護することを定めたもので，一部の兵士とその家族に限定したとはいえ，生活困窮者の救護に対する国の義務を認めたものであった。救護課は19年には社会課と改称，20年には社会局として独立し，22年には内務省の外局として位置づけられた。調査審議機関としては，1918年内務省に救済事業調査会が内務大臣の諮問機関として誕生し，21年には社会事業調査会と改称したが一時廃止となり，26年に再設置，改組されている。これら行政の整備によって，社会事業には科学的な対象理解のもと，より体系的な事業の展開が期待されるようになった。

さらに公私の社会事業の組織化が行政主導で行われる。1919年には労資協調を図ることをめざした協調会が誕生している。また中央慈善協会も21年中央社会事業協会と改称し，機関誌も『慈善』から『社会と救済』を経て，『社会事業』と改称された。

当時の社会事業の体系を知るには，『本邦社会事業概要(大正15年版)』の構成が参考になる。それによると，①社会事業の統制並に助成，②救護施設，③経済的改善施設，④労働保護施設，⑤保健施設，⑥児童保護，⑦社会教化，一般的施設とされている。冒頭で「皇室と社会事業」について語られるのは，この段階においてもなお，天皇の仁政の一環という立場が維持されていることを示すものであろう。

(3) 社会事業の政策，実践

社会事業では防貧が重視され，失業，低所得層に焦点をあてた経済保護事業に力が注がれた。たとえば住宅事業としては，廉価の賃貸住宅の整備と中産階級向けの持ち家対策が行われ，生活必需品が安価に購入できる公設市場，また独身労働者のために共同宿泊所が設置され，そこには簡易食堂が付設される場合が多かった。さらに職業紹介事業，公営浴場や公益質屋も防貧事業として設置された。児童保護事業としては，非行・犯罪については1919年国立感化院武蔵野学院が開設，また22年には18歳未満の犯罪少年，虞犯少年を対象とした保護処分と刑事処分から構成される少年法が制定され，保護処分のために少年審判所が設置された。これに関連して同年，矯正院法が制定され，矯正院は少年審判所からの送致先となった。貧困児童の保護，児童相談所や小児保健所の設置，乳幼児・妊産婦保護などの予防的活動もみられるようになった。

出所：大阪市・大阪市民生委員児童委員連盟（2008）『民生委員制度創設90周年記念誌』，大阪府立中央図書館所蔵

写真14－2　大阪府西野田第一方面事務所の風景（昭和10年7月）

現在でいう地域福祉事業も重視され，1918年大阪府に，林市蔵知事の指示を受けた小河滋次郎により方面委員制度が誕生した。ドイツのエルバーフェルト制度にも学んだこの制度は，校区を基準に地域を方面に分け，方面事務所を拠点に貧困世帯を第一種・第二種カードに分けて把握し，行政と連携し，困窮した住民を諸制度につなぐ仕組みをもった。すなわち地域の中間層のなかから名誉職として委嘱された委員は，生活相談を受け，医療機関や保育所などへの橋渡し，戸籍整理や金品給与などを行った。なお制度を支えた資金は，米騒動の対策として大阪市内の篤志家の寄附金で開始された米廉売運営資金の残金であった[1)]。やがて全国へ広まり，社会事業の政策を支え，32年救護法施行に際しては補助機関としての役割を担った。

1）この資金の残金は大阪市と府で折半され，市では北市民館の設立とそのセツルメント事業に，府では林知事が方面委員後援会を組織し方面事業の運営資金に充当することになったのである（柴田善守〔1977〕『方面事業の精神―主として林市蔵先生と方面委員―』全国民生委員児童委員大会大阪実行委員会，p.9，p.75）。

セツルメントが活気づくのもこの期であった。宗教家による民間セツルメント，また知識人を中心とした大学セツルメントも盛んになり全国各地で事業が展開された。なかでも東京帝国大学の実践では託児所や法律相談の他に救療診療も重視され，あとに続く大学のモデルにもなった。労働者教育に重点を置き，教員や学生らによって運営されるスタイルは，起源であるイギリスのトインビー・ホールに最も近いものだったが，社会改良運動としての性格が弾圧を招き，後に解散を余儀なくされた。また日本独自の形として，公立セツルメントが登場し，大阪市立北市民館はその代表格であった。

社会事業が成立したこの時期，社会保険制度も創設される。ドイツの社会保険の土台となったのはツンフトなどによる「金庫」であったが，日本でも江戸時代から同業者組織として株仲間などの共済的な組織が形成されていた。しかし明治期には継承されず，経営者側や政府によって労務管理の組織として共済組合が作られる。そのようななかで，ドイツに学び構想されながらも日の目をみなかった医療保険制度が，社会的政治的気運を背景に，ようやく1922年の健康保険法によって実現した。

このような社会事業行政の体制強化と民間事業の発展に伴って，専門職の養成・教育，研究も進展をみせる。武蔵野学院感化救済事業職員養成所が社会事業職員養成所となり，学校教育としても大学に社会事業関係の研究室や学科，学部が登場する。民間の調査や研究も進展と広がりをみせ，大原社会問題研究所の設立はその代表的な例である。

このような傾向は，社会事業理論の形成と軌を一にしている。長谷川良信『社会事業とは何ぞや』（1919年），田子一民『社会事業』（22年），生江孝之『社会事業綱要』（23年），小河滋次郎『社会事業と方面委員制度』（24年）などの本が相次いで出版され，アメリカなど海外の動向に学びつつ，日本の社会事業に理論を提供した。

(4) 救護法の制定

大正中期より昭和初期にかけて相次いだ恐慌は，国民生活に大打撃を与えた。失業者と要救護者層が増大し，農村部へ深刻な影響を与え，娘の身売り，母子心中などが社会問題となった。そのような背景を受けて，恤救規則改正の機運が高まった。

1926 年 7 月浜口雄幸内務大臣は，社会事業調査会に「社会事業体系ニ関スル件」を諮問し，翌 27 年 6 月から 29 年 6 月にかけて 7 つの答申を受けている。そのなかで恤救規則の無力化を批判された社会局は，本格的に救貧制度改正に着手する。貧困問題を間近にみてきた社会事業関係者の動きも後押しとなった。たとえば方面委員たちは全国的に組織される過程のなかで救護法制定促進運動を開始し，制定後は早期実施を訴えた運動も行っている。

そして 1929（昭和 4）年救護法が制定される。対象は貧困のため生活できない 65 歳以上の老衰者, 13 歳以下の幼者, 妊産婦, 病者や障害者で，その内容は生活・医療・助産・生業扶助であり，居宅救護を基本に収容保護も認めた。市町村を実施機関とし，名誉職の委員（事実上は方面委員）を補助機関とした。費用は，市町村が行う救護には国が 2 分の 1，道府県が 4 分の 1 を補助し，道府県が行う救護には国が 2 分の 1 を補助した。建前上は公的救助義務主義をとったが，親族扶養が原則で，救済の権利を認めたものではなく公民権も否定した。このようにきわめて制限的な制度だったが，他に頼るすべのない困窮者の命綱となったことは確かだろう。その目的には思想動揺の防止という一面もあった。

5. 戦時下の厚生事業

「この世界の片隅に」というアニメ映画がある。戦争がはじまっても，一般の国民は空襲が烈しくなるまで，比較的ふつうに過ごしていたことが分かる。だがその穏やかにみえる日常生活に，刻一刻と戦争の暗い影が忍び寄っていたのである。日本は1931年の満州事変，37年からの日中戦争によって戦時体制に入っていくが，戦争が本格化していく道のりでゆっくりと，しかし確実に国民を総力戦体制へと組み込んでいったのであった。そして社会事業もその例外ではなかった。

たとえば1937年の軍事扶助法には，軍事救護法を改正し適用範囲の拡大，資格条件の緩和を行い，戦意発揚のためにも一般の救護法との違いを明確化する意図があった。また同年には母子保護法も制定されたが，これは児童・母性保護の立場から進められた運動の成果と同時に，頻発した母子心中が追い風となり，最終的には戦時体制への同調姿勢によって成立をみたものであった。

1938年1月には内務省社会局と衛生局が統合され，「国民の体力向上」「国民福祉の増進」という目標のもとに厚生省が誕生した。同年4月には国家総動員法が制定され，統制は個人の生活にまで及ぶようになる。厚生事業の関心は戦力となる国民の育成に向けられ，国民生活の掌握と安定，人的資源の確保という側面から，その対象には一定の拡大と進展がみられる。

1922年に制定された健康保険法は，34年には改正され適用範囲を拡大し，39年には家族給付を認めた法改正を行っている。また同39年には職員健康保険法が公布され，事務職や第三次産業部門への医療保険制度が確立した。さらに42年には健康保険法が改正され，職員健康保険法が統合されることとなった。

疲弊した農村部においては医療費の負担は深刻な問題であり，1938年には地域単位の国民健康保険法が公布される。保険者は市町村単位で組織された，世帯主を任意加入の組合員とする普通国民健康保険組合であった。国庫補助も行われ，42年には強制加入方式へと改正された。

また年金保険制度も整備が進められる。1939年には船員保険法が制定され，41年には労働者年金保険法が公布される。戦争が激化した44年には，臨時の労働者や女子労働者が増大する状況を受け，適用拡大した厚生年金保険法が制定された。

限界はあるものの，このように社会保険を一挙に成立させることができたのは，戦費調達という側面と同時に，戦時の労働力を動員するために国民生活の維持が必要だったからでもある。そして1941年には医療保護法，翌年には戦時災害保護法も制定され，軍事援護事業は積極的に拡大された。

人的資源という面から「積極的」と位置づけられた分野が活発になる一方で，「消極的」とみなされた高齢者，重度の障害者・病者などを対象とした分野は厳しい状況に追い込まれた。昭和恐慌による寄附金の減少を受け，深刻な経営難を打開すべく，民間社会事業団体は1931年全日本私設社会事業連盟を発足させていたが，戦時期，その状況はさらに厳しくなった。連盟は運動を続け，その成果として38年には社会福祉事業法が制定される。しかしそれはわずかな補助金と引き換えに，管理，指導の側面が強化される装置となり，次第に民間社会事業家としての自由な実践，言論は封じ込められるようになった。

そして自ら厚生事業へ傾倒していき，戦争に協力していく実践家も少なくなく，従来行われていた活動も変質していく。それを支えたのは，これまで構築してきた社会事業理論を一種の転向によって，戦時の人的資源論に融和的に転換させた戦時厚生理論であった。1936年に法制化された方面委員も，軍事援護，徴用援護を行い，地域組織と関わりを深め，戦時体制の一翼を担っていくことになる。またセツルメント事業は次第に本来の事業から変質した隣保事業という概念に統一され，農村隣保施設や公立隣保館が中心となった地域の教化に重点を置いた事業へと矮小化されていった。

そして日本は，敗戦までの坂道を転がり落ちていったのである。現在の社会福祉は，戦後民主主義のもとで形成されていくことになる。

【学習課題】

1．産業革命がもたらした社会問題とはなにか，理解しよう。

2．1929年に制定された救護法の内容とその意義について，理解を深めよう。

参考文献

・池田敬正・池本美和子（2002）『日本福祉史講義』高菅出版

・今井小の実（2007）「社会福祉の歴史」菊池正治・清水教惠編『基礎からはじめる社会福祉論』ミネルヴァ書房

・菊池正治・清水教惠・田中和男・永岡正己・室田保夫編（2003）『日本社会福祉の歴史』ミネルヴァ書房

・田中和男・石井洗二・倉持史朗編著（2017）『社会福祉の歴史』法律文化

・吉田久一（1995）『日本社会事業の歴史』勁草書房

15 社会福祉の境界を越える，新しい地平を拓く

山田知子

《ねらい》 最終章では，積み残した課題として福祉人材と社会福祉供給主体の多様化について取り上げる。持続可能な社会構築のため，社会福祉はどのような役割を果たすべきなのだろうか。

《キーワード》 福祉人材，保育士，介護職員，福祉事務所，民生委員，NPO，協同組合，社会的企業，持続可能な社会，SDGs，緑の復興（Green Recovery），ソーシャル・イノベーション

1．コロナのショックと社会の脆弱性

1982年，第二次臨調基本答申は，「自助自立」「官から民へ（規制緩和）」「国から地方へ（地方分権）」を盛り込んだ。現在でも基本的にこの流れは変わっていない。その間，男女雇用機会均等法，労働基準法，労働者派遣法などが誕生，改正され，女性の社会進出は進んだ。パート労働など「多様な働き方」が推奨された。特に，労働者派遣法が施行されたことは大きい。当時は「自由な働き方ができる」と歓迎される向きもあった。が，よいことばかりではなかった。企業側は契約期間終了で「雇い止め」にでき，派遣労働者は「雇用の調整弁」のツールとなった。

1989年の人口動態統計において，合計特殊出生率が過去最低の1.57に低下し，とりわけ経済界は危機感を募らせ将来の労働力不足を補うため高齢者や女性の労働にますます期待するようになった。しかし，1991

年，バブルが崩壊，1994 年には「就職氷河期」が流行語になったことは記憶に新しい。正規労働者として就職がかなわなかった若者の多くが非正規労働者となった。同年，わが国の高齢化率は 14%に達した。このことは予想を上回る速さで高齢化が進んでいることを示すものだった。就職氷河期で非正規化したいわゆる若年労働者層を社会の底に抱えながら，わが国は少子化と高齢化という 2 つのイッシューを追求することになったのである。さらに追い打ちをかけたのが，2008 年秋のリーマンショックであった。派遣切りによって非正規労働者の多くが失業し，仕事だけでなく，社会的関係をも失い居場所を失ってしまう人々も発生した。非正規化はますます進行，1990 年には非正規労働者率は 2 割程度であったが 2020 年には 4 割に達した。これに連動するように子どもの貧困率も上がっている。1985 年は 10.9%であったが 2018 年の子どもの貧困率（17 歳以下）は 14.0%である。ひとり親世帯の 50%近くが相対的貧困の状態である[1)]。最近の傾向はひとり親世帯のみならず二人親の世帯の貧困率も 11.2%と上昇傾向にある。社会の底で深く貧困が進んでいる。

2020 年の新型コロナウイルスの感染拡大に伴う雇い止め等は非正規労働者に打撃を与えた。2021 年秋になっても依然生活不安は払拭されていない。コロナ以前にあった経済的不安定性を基底にした生活の不安定性がコロナ危機によって暴露されたともいえる。とりわけ感染拡大の影響を大きく受けているのは飲食業や観光業，宿泊業，航空会社，アパレルなどの業種であり，これらは女性比率が高いことが特徴である。こういった業種で働く，単身やひとり親世帯などの女性たちが失業した場合，その経済的困窮は深刻である。わずかな年金で暮らす高齢者世帯等も含めると感染拡大のなかで生活困難に直面する人々は相当数に上っていることが推測される。

1）2020 年 7 月 17 日厚生労働省「2019 年 国民生活基礎調査」結果

2. 福祉分野で働く人々

(1) 社会福祉関連施設

2019年秋にはじまる新型コロナウイルスの登場は世界の社会システムに大きな変更をもたらした。感染の急激な拡大により多くの国が緊急事態を宣言，国民は自粛生活を余儀なくされ，企業も学校もリモートワークが推奨された。しかし，そんな時でも休まず働き続ける人々がいる。エッセンシャルワーカーである。主に医療や保健，福祉，農業，小売・販売，通信，公共交通機関など，社会生活を支える仕事をしている人である。福祉人材は医療や保健と並んで我々の日々の暮らしを支え社会の核となる存在である。

厚生労働省「社会福祉施設等調査報告」(2015）によれば，社会福祉施設等（保育所等を除く）で働く従事者（児童福祉施設や障害者支援施設等で施設長や生活相談員，保育士[2)]，介護職員，調理員や事務員，医師，看護師等を含む）は常勤，非常勤合わせて約37万人である。また，保育所や幼保連携認定こども園などに従事している人は約51万人，さらに介護サービス施設・事業所関連に従事する人は，訪問介護や通所介護，介護老人福祉施設や保健施設等で300万人である。ざっと合わせると約400万人に迫る。400万人の人々が緊急事態であっても職場を離れることなく入居者や通所者の生命と生活を支えているということである。しかし，彼ら彼女らの処遇はそれほど良くはない。

表15－1は保育士，看護師，福祉施設介護員，ホームヘルパー等の賃金を全職種と比較したものである。

まず，全職種をみてみよう。平均年齢43.1年，勤続年数12.4年，男性比率は65.1％，「きまって支給する現金給与額」（以下，給与額）は33万8,000円である。男性の給与額は37万4,900円，女性は26万9,000

2) 1947年，児童福祉法制定時，保育に従事するものは保母とよばれ，女子に限定されていた。1977年，男子にも拡大された。1999年，法改正が行われ，男女共通の名称として保育士となった。

円で男性100に対し72であり，相変わらず男女の賃金格差は著しい。ちなみに全職種の女性比率は約35%程度である。

次に看護や福祉等の賃金をみてみよう。看護師の給与は男女ともに全職種と肩を並べるレベルであるが，他方，保育士，福祉施設介護員などは全職種の給与額を下回っていて7割程度にとどまる。これらの領域では，逆に男女の賃金格差は僅少である。とは言え，全職種を100とするとこれらの職種はみな7割程度にダウンする（ただし，看護師は全職種と同等のレベルである）。女性職であることが賃金格差を生んでいるの

表15－1　福祉人材の賃金（保育，介護等）　月収換算

	男女計				男				女			
	構成比	平均年齢	勤続年数	きまって支給する現金給与額	構成比	平均年齢	勤続年数	きまって支給する現金給与額	構成比	平均年齢	勤続年数	きまって支給する現金給与額
全職種	100.0%	43.1年	12.4年	338.0千円	65.1%	43.8年	13.8年	374.9千円	34.9%	41.8年	9.8年	269.0千円
保育士	100.0%	36.7年	7.8年	244.5千円	5.1%	31.9年	6.2年	263.9千円	94.9%	37.0年	7.9年	243.5千円
幼稚園教諭	100.0%	34.3年	8.2年	244.1千円	4.4%	39.2年	11.5年	324.4千円	95.6%	34.1年	8.0年	240.5千円
看護師	100.0%	39.5年	8.2年	334.4千円	10.5%	36.0年	7.2年	343.7千円	89.5%	39.9年	8.3年	333.3千円
福祉施設介護員	100.0%	42.6年	7.1年	244.5千円	36.7%	39.5年	6.8年	260.6千円	63.3%	44.4年	7.3年	235.1千円
ホームヘルパー	100.0%	48.9年	7.3年	240.8千円	21.6%	41.1年	6.2年	273.8千円	78.4%	51.0年	7.7年	231.7千円

（出典）令和元年賃金構造基本統計調査

（※）「年収換算」：令和元年賃金構造基本統計調査における「きまって支給する現金給与額」に12を乗じ，「年間賞与その他特別給与額」を足した額

（※）「月収換算」：「年収換算」を12で割った額

（※）「きまって支給する現金給与額」とは，労働協約又は就業規則などにあらかじめ定められている支給条件，算定方法によって6月分として支給される現金給与額のこと。手取額でなく，税込み額である。
現金給与額には，基本給，職務手当，精皆勤手当，家族手当が含まれるほか，時間外勤務，休日出勤等超過労働給与も含まれる。

出所：厚生労働省『保育の現場・職業の魅力向上検討会（第5回）』参考資料1より，2020年8月
https://www.mhlw.go.jp/content/11907000/000661531.pdf
令和元年賃金構造基本統計調査を基に作成
http://www.naka-h.ibk.ed.jp/?action=common_download_main&upload_id=2390

である。さらに，保育士，介護員は女性の勤続年数のほうが長いにもかかわらず男性より給与額は低い。高齢者等の社会的介護や保育を担う社会のコアな労働にもかかわらず，全職種に比較して低位であり，正当に評価されていない。

男女の比率をみると，幼稚園教諭，保育士，看護師の女性比率はきわめて高く，90％かそれを超える比率である。福祉施設介護職員やホームヘルパーも 63.3％，78.4％と女性の比率が全職種に比して高い。これらの職種は，女性の独壇場ともいえる領域である。

これらの職種は退職率が高いことが特徴である。とりわけ介護と保育はその傾向が強い。保育士が退職した理由をみてみよう。「職場の人間関係」33.5％，「給料が安い」29.2％，「仕事量が多い」27.7％，「労働時間が長い」24.9％，「妊娠出産」22.3％（複数回答）である[3)]。女性が多い職場であるから，妊娠出産は特別なことではないが，にもかかわらず「妊娠出産」で退職していくのはなんとも残念である。長時間労働で仕事が多く，加えて給料が低いのでやりがいを喪失し，仮に妊娠してもそもそもぎりぎりで回っているため「職場に迷惑がかかる」と退職していく保育士の姿が見えてくる。この傾向は介護職などにも共通している。

また，問題なのは，資格を有しているものが全員，従事しているわけではないということである。せっかく資格をもっていてもそれを生かし生涯の仕事としてキャリアを積んでいくことが困難である。保育士の有資格者登録者数は約 154 万人である。が，そのなかで常勤非常勤合わせて実際に従事している保育士は約 59 万人で，有資格者の 38％にすぎない[4)]。いったん離職をすると再び復帰するには相当なエネルギーがいる。女性が多い職場として，賃金，労働時間など無理せずに働き続けるための労働環境の整備が必要である。より多くの男性の参入も望まれる。女

3)　東京都福祉保健局『東京都保育士実態調査報告書』（令和元年 5 月）では職場の人間関係 33.5％，給料が安い 29.2％，仕事量が多い 27.7％，労働時間が長い 24.9％，妊娠出産 22.3％（複数回答）である。

4)　2019 年の厚生労働省子ども家庭局保育課調べおよび「社会福祉施設等調査」による。

性職であることが低賃金と直結しているというのが現実で，そこからいかに脱却するか課題である。離職率を下げるには，男女ともに専門職として生涯従事することができる仕事として社会が認知し待遇の改善を図るしか打つ手はないのではないか。

(2) 超高齢社会と介護人材

人口が高齢化し，医療技術が進み高度化し寿命が延びれば介護を必要とするいわゆる要介護者数は増大する。少子化で家族規模は縮小し，ますます社会的介護のニーズは高まっている。社会のなかにおける介護職の重要性は増している。人口が高齢化している先進諸国ではいかにこの社会的介護の担い手である介護労働者を確保するかが共通の課題となっていてわが国も同様である。

2018 年 5 月に厚生労働省が公表した「第 7 期介護保険事業計画にもとづく介護人材の必要数」によれば，いわゆる団塊の世代が 75 歳になる 2025 年に必要とされる介護職員は 245 万人である。が，実際に供給できるのは 211 万人で，34 万人の不足が予想されている。介護予防にいそしんでどんなに要介護状態を回避しても限界がある。この不足をどのようにして確保するか，緊急かつ深刻な問題であるといわれ続けてきたが抜本的な改革はいまだ打たれていない。

介護現場では特に訪問介護職員の離職率が高く，恒常的な人手不足が続いている。介護労働安定センターの「介護労働実態調査[5)]」によれば，訪問介護員は全体の 8 割の事業所が人手不足を訴えていて，離職率は常に 15％程度である。採用しても離職者のほうが上回っているために常に人手不足に悩まされている状態である。

図 15－1 は「正規職員の賃金および賞与の推移」を表している。正規職員の所定内賃金は決して増えているわけではないが，正規にもかかわ

5) 全国の介護保険サービス事業を実施する事業所のうち 18,000 事業所を無作為抽出しアンケート郵送調査を実施。

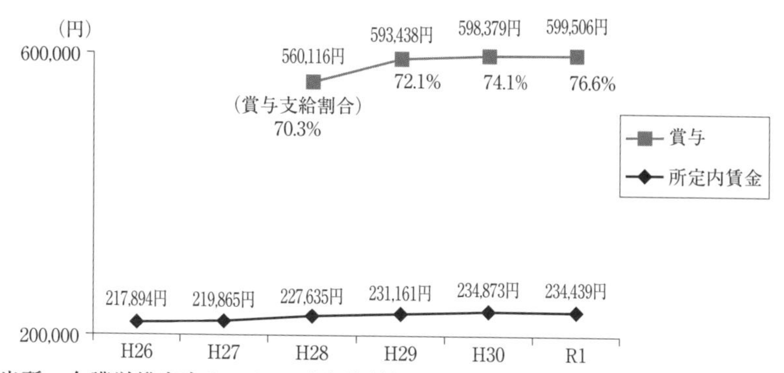

出所：介護労働安定センター「介護労働の現状について―令和元年度 介護労働実態調査の結果と特徴」2020 年 8 月
http://www.kaigo-center.or.jp/report/pdf/2020r02_roudou_genjyou.pdf

図 15－1　所定内賃金，賞与の経年比較〈正規職員，月給の者〉

らず，2 割以上の者が賞与を支給されていない。介護現場においては，多様な雇用形態が存在し，正規職員といっても非正規に近い労働者も多く働いているので，そういうことも背景にあると考えられる。

介護人材を安定的に確保するために生涯働き続けられる専門職として社会が強く認識し，これらの働く人々の待遇と労働環境を改善しなければならないことは前述の保育士が抱える問題と共通している。いかに良い人材を育て確保できるかに我々の未来がかかっている。外国人労働者の受け入れも始まっているが[6)]，飛躍的な受け入れにはつながっていない。2020 年 4 月パートタイム・有期雇用労働法が施行され，雇用形態にかかわらない同一労働同一賃金の「公正な待遇の確保」がめざされて

6）外国人介護人材の受け入れについては，いくつかのルートがある。①経済活動の連携を目的として経済連携協定（EPA）による特例的な受け入れ，②専門的技術的分野での外国人人材を受け入れるための在留資格「介護」の付与，③日本から相手国への技能移転のための技能実習，④就労目的の即戦力の人材を受け入れる特定技能在留資格の付与，などがある。言語や生活習慣，宗教の違い等からくる日本社会との軋轢などへの対応など，一人ひとりの外国人労働者を介護人材としてどのように育てるかという具体的な体制は暗中模索であり，課題は山積している。

いる[7)]。高齢社会を支える大切な労働者として働き続けられる公正で当たり前の待遇を早急に実現すべきであろう。

(3) 福祉事務所と民生委員—社会福祉の最前線

社会福祉関係の中心的機関としてあげられるのは福祉事務所（社会福祉法第14条）である。生活保護法などのいわゆる福祉六法に関する事務をつかさどる第一線の社会福祉行政機関である。全国に1,250か所設置されている（2021年4月現在）。都道府県および市（特別区を含む）は設置が義務づけられている。町村は任意で設置することができる。所長，査察指導員，現業員，身体障害者福祉司，知的障害者福祉司などの職員が配置されている。職員総数は145,025人である[8)]。査察指導員[9)]と現業員（地区担当員，ケースワーカーとよばれる）は社会福祉主事[10)]でなければならないとされている。所員の定数は，地域の実情に応じて条例で定められている。表15－2は査察指導員と現業員の人数である。総数は26,078人である。表15－3は資格取得状況を表している。社会福祉主事の取得率は高いが，社会福祉士や精神保健福祉士の国家資格の取得率はきわめて低い。

市町村設置の福祉事務所に属する現業員は，被保護世帯80世帯に対して1人，都道府県設置の福祉事務所では65世帯に対し1人が配置さ

---

7) 2021年4月からは中小零細企業にも拡大されている。

8) 厚生労働省「福祉事務所現況調査」2009年10月1日現在

9) 査察指導員とは，社会福祉法の規定により福祉事務所に置かれる職員で，生活保護の受給申請者に対して，受給資格があるか調査する。スーパーバイザーともよばれ，現業員（ケースワーカー）に対し，指導監督として専門的助言，指導訓練，業務の進行管理・職員管理などを行う。現業員（ケースワーカー）7名につき1名の査察指導員が設置とされる。ケースワーカーは生活保護の申請を受け付ける。

10) 社会福祉法18条・19条により規定され，福祉事務所等で社会福祉六法等に関わる援護・育成・更生等の措置事務を職務とするために地方公務員から任用される。都道府県，市，および福祉事務所を設置する町村に必置とされ，福祉事務所の査察指導員として指導・監督，更生相談所の職務などにあたる。資格要件は，①大学等で厚生労働大臣の指定する科目を修めて卒業した者，②指定養成機関または講習会の課程を修了した者，③指定社会福祉事業従事者試験に合格した者。

表 15－2　査察指導員・現業員数

（単位　人）　　平成 21（'09）年 10 月 1 日現在

	査察指導員	現業員	
		常　勤	非常勤
総　　数	3 221	19 406	3 451
郡　　部	358	1 455	109
市　　部	2 863	17 951	3 342
生活保護担当	2 596	13 881	655
郡　　部	343	1 246	36
市　　部	2 253	12 635	619

出所：厚生労働省「福祉事務所現況調査」

表 15－3　資格の取得状況

平成 21（'09）年 10 月 1 日現在

	社会福祉主事		社会福祉士		精神保健福祉士	
	査察指導員	現業員	査察指導員	現業員	査察指導員	現業員
総　　数						
資格取得者数（人）	2 246	13 090	104	946	13	201
取　得　率（%）	69.7	67.5	3.2	4.9	0.4	1.0
生 活 保 護 担 当						
資格取得者数（人）	1 937	10 299	80	641	7	66
取　得　率（%）	74.6	74.2	3.1	4.6	0.3	0.5

出所：厚生労働省「福祉事務所現況調査」

れることになっている。

このほか，民生委員・児童委員とよばれる民間のボランティアの人々がいる。地域のさまざまな生活問題の相談にのる。戦前期には方面委員とよばれていた。戦後，民生委員法[11]により民生委員と名称が変わり，法に基づいて住民のなかから選任される委員となった。自治体の人口規模によって定められた配置基準に従って 70 ～ 440 世帯の区域を担当し，

11）1948 年に民生委員法が制定されて以後，行政の協力機関という立場で，行政から依頼される調査や相談・援助等を行うことを活動の中心としていた。2000 年に行われた法改正で，民生委員は住民の立場にたった活動を行うものであるということが明記され，それまであった「名誉職」という規定が削除された。

◎コラム◎　東京市に方面委員制度ができた

大阪府の方面委員制度にならい，大正 9 年 12 月 17 日に東京市初の方面委員が下谷区などに配置，事務が開始された。この時，四方面，合計 54 名が方面委員として市から任命された。東京市嘱託職員としてこの制度の開始から関わった河村舜應は，方面事務所が設置された日のことを次のように記している。「大正 9 年の 12 月 17 日は，東京市の方面委員の誕生日であった。前途多幸なれと祈られ，又期待せられて，呱呱の声をあげ，悦び勇んだ最初の出帆日であった。」[12)] 写真は，当時の方面委員を PR するためのポスターである。職を求めて地方から上京しても必ずしもありつけるわけではなく行倒れになることもあった。そんな人がこのポスターをみて方面委員の助けを借りて一命をとりとめることもあった。今日の民生委員制度は 100 年を超える歴史をもっているのである。

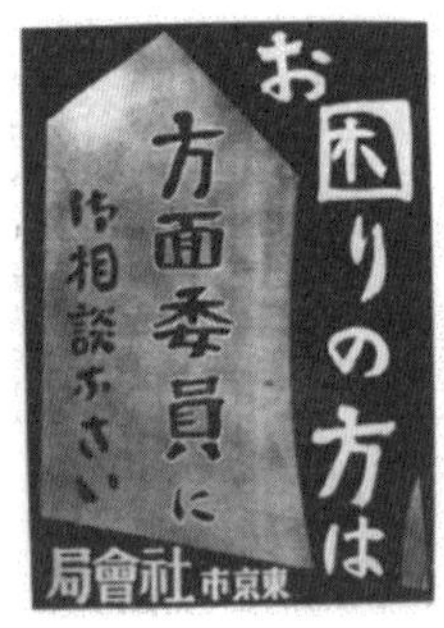

東京市社会局『愛の雫』大正 14 年より＊

＊出所：『写真・絵画集成　日本の福祉』第 1 巻（遠藤興一編集／日本図書センター発行）／国立国会図書館蔵

住民の生活状態の把握，相談・援助，福祉サービスに関する情報の提供，社会福祉事業を行う団体や行政に対する協力・支援などを行っている。3 年の任期で厚生労働大臣が委嘱，給与は支給されない[13)]。また児童福祉法による児童委員を兼ねている。低所得世帯などに対して低利または無利子で資金の貸し付けと相談支援を行う経済支援政策として生活福祉資金貸付制度があるが，資金の貸付を受けようとする人はその世帯を担当する民生委員か市町村社会福祉協議会に申し込むことになっている。2019 年 3 月末現在，民生・児童委員数は，232,241 人（内女性，142,031 人），6 割が女性委員である。

12）河村舜應（昭和 4 年）『社会苦の研究』明和学園，p.188

13）民生委員法第 10 条

3. 社会福祉の現場―多様な組織

（1） サービス事業者としての民間団体

多くの社会福祉関連事業は民間団体が運営，経営している。社会福祉協議会は社会福祉法において，地域福祉の推進役として位置づけられている。ボランティア活動の支援や，心配事相談事業，見守りネットワークづくり，地域福祉活動計画の策定，前述したように生活福祉資金の貸し付けなど多種多様な事業を担っている。

社会福祉法人は社会福祉法（第 22 条）に規定されている民間の社会福祉事業の中心的存在である。①社会福祉法 2 条において規定されている第 1 種社会福祉事業[14)]および第 2 種社会福祉事業[15)]，②公益事業，③収益事業を行っている。きわめて公共性の高い事業を担う役割を担っている。

介護保険法に基づく介護老人福祉施設の 95％は社会福祉法人が経営している。他方，介護老人保健施設の経営主体の 75％が医療法人であり，社会福祉法人は 15％程度である[16)]。

14） 強い規制と監督の必要性の高い社会福祉事業で，社会福祉法 2 条 2 項に規定される。生活保護法の救護施設や児童福祉法に規定する乳児院，母子生活支援施設，児童養護施設，知的障害児施設や肢体不自由児施設，重症心身障害児施設，児童自立支援施設を経営する事業，老人福祉法に規定する養護老人ホーム，特別養護老人ホーム，軽費老人ホームを経営する事業などである。国，地方公共団体，または社会福祉法人が経営することが原則である。

15） 社会福祉法 2 条 3 項に規定されるもの。児童福祉法に規定する児童居宅介護等事業，児童デイサービス事業，児童短期入所事業，障害児相談支援事業，児童自立生活援助事業，放課後児童健全育成事業，子育て短期支援事業，助産施設・保育所・児童厚生施設・児童家庭支援センターを経営する事業等，母子及び寡婦福祉法に規定する母子家庭等日常生活支援事業や父子家庭日常生活支援事業など，老人福祉法に規定する老人居宅介護等事業，老人デイサービス事業等，身体障害者福祉法に規定する身体障害者居宅介護等事業，身体障害者デイサービス事業等，知的障害者福祉法に規定する知的障害者居宅介護等事業，知的障害者デイサービス事業，知的障害者短期入所事業，知的障害者地域生活援助事業等，「精神保健及び精神障害者福祉に関する法律」に規定する精神障害者居宅生活支援事業，精神障害者社会復帰施設を経営する事業等。

16） 令和元年度 10 月 1 日現在，厚労省統計による。③ R01 概況（1 施設・事業所の状況）（mhlw.go.jp）

介護保険制度による介護サービス事業者を経営主体別にみると社会福祉法人や医療法人だけでなく，営利法人やNPO，協同組合なども参入し多彩な団体が関わっている。特に介護サービスの経営で顕著なのは営利法人である。居宅サービス事業所の「訪問介護」の経営主体では，営利法人（67.9%）が圧倒的に多い。次いで，社会福祉法人（16.8%）である。「通所介護」では営利法人（50.9%），次いで社会福祉法人（37.0%）となっている。事業によって異なるが，訪問介護や訪問入浴介護は営利法人の比率がきわめて高い。また，医療の比重が高い訪問リハや介護老人保健施設等は当然ながら医療法人の比率が高いことが特徴である。

介護保険法に基づく事業者は，介護報酬の改定の影響を受けるため報酬額が減じた場合は減収となる。また，地震，水害に見舞われるとか，新型コロナウイルスの感染拡大等で利用者が激減する場合がある。収入減から，事業の経営母体が脆弱である場合は,廃業や倒産の憂き目にあうことになる。

東京商工リサーチの調査によれば，2020年1月から12月2日までの「老人福祉・介護事業」の倒産は118件（前年比6.3%増）で，これまで年間最多だった2017年と2019年の111件を上回った。2020年の「老人福祉・介護事業」休廃業・解散は455件（前年比15.1%増）で，2019

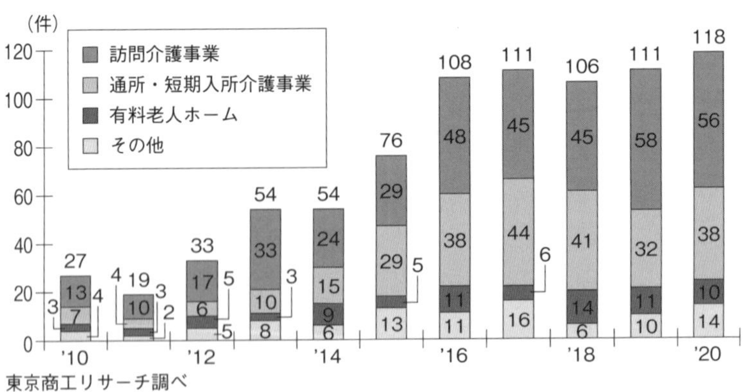

出所：2020年「老人福祉・介護事業」の倒産状況：東京商工リサーチ（tsr-net.co.jp）

図15－2 「老人福祉・介護事業」の倒産件数（年次推移）

年通年（395件，前年同期338件）を上回っている。経営不振や人手不足，新型コロナウイルス感染拡大で事業意欲が消失するなど，経営体力のあるうちに事業を止めるケースが増えている。有料老人ホームなどは市場原理に基づく株式会社などによって経営される場合が多いが，倒産し，その地域から撤退することもある。最悪の場合，入居者は慣れ親しんだ環境を離れ，転居を強いられることもある。医療や福祉が市場原理のみでうまくいくわけではない。入居者が不利益を被らないようにしなければならない。

（2）非営利組織の可能性

1）NPO

国や地方自治体の福祉関連サービスは公費で運営されるため手続きが複雑なことも多く，また，肥大化した官僚組織では小回りが利かず，現実に沿って柔軟に対応することが困難である場合も少なくない。他方，社会福祉を必要とする人々の生活問題は多様であり，また，数もそれほど多くない場合もあるため，市場原理になじまず，利潤を追求する市場メカニズムの対象になりにくく，こぼれてしまいがちである。公的でも市場でもなく柔軟な対応が可能であると期待される組織として，非営利団体NPO（non-profit organization）がある。

1995年の阪神・淡路大地震の際，たくさんの災害ボランティアが全国から集まり，この年は「ボランティア元年」といわれたが，これをきっかけに1998年NPO法（特定非営利活動促進法）が制定された。この法律に基づいて法人格を取得した法人を「特定非営利活動法人（NPO法人）」という。収益を目的とする事業を行うことは認められるが，事業で得た収益は，さまざまな社会貢献活動に充てることになっている。NPO法人の設立や役員変更，定款変更などの各種変更手続は，所轄庁に申請する。この場合の所轄庁とは，主たる事務所のある都道府県である。ただし，主たる事務所所在地が政令指定都市の場合で，その市内のみに事務所があるときは，その市が所轄庁になる。

内閣府の調査（2020 年 3 月末）によれば，認証を受けているのは 51,261 法人である。そのうち最も多いのは「保健，医療または福祉の増進を図る活動」である。そのほか，社会教育やまちづくりの推進，子どもの健全育成や芸術文化などの活動も多い。資金調達が困難で，寄附や会費などでやりくりしている場合も少なくない。専従職員の賃金確保も悩みの種である。魅力的な HP で社会的意義を訴え寄附を募るなど，たゆまぬ努力が行われている。

2）協同組合—消費生活協同組合

協同組合は消費生活協同組合（生協），農業協同組合，漁業協同組合，中小企業等協同組合，労働者協同組合（ワーカーズコープ，労協）などがあり，それぞれ管轄する省庁が異なる[17)]。医療や福祉関連の事業に取り組んでいる。

消費生活協同組合（生協）は消費生活協同組合法（1948 年）に基づいて設立された法人で，同じ地域（都道府県内に限る）に住む人々，または同じ職場に勤務する人々が，生活の安定と生活文化の向上を図るため，相互の助け合いにより自発的に組織する非営利団体である。

近代的な協同組合ができたのは 19 世紀のイギリスにさかのぼる[18)]。

17）生協と労働者協同組合は厚生労働省，農協・漁協は農林水産省，中小企業等協同組合は経産省の中小企業庁である。世界的な同盟組織として国際協同組合同盟（ICA：International Co-operative Alliance）がある。

18）1844 年，イギリスの工業都市マンチェスターの北東ロッチデールという町で，織物工など 28 人の労働者が，自らの手でより良い社会を生み出そうと「ロッチデール公正開拓者組合」*The Rochdale Society of Equitable Pioneers* を設立した。彼らは，1 年がかりで 1 人 1 ポンドを積み立て，同年 12 月，倉庫の 1 階に最初の店を開く。このとき，売場に並んだのは小麦粉，バター，砂糖，オートミールの 4 品だけであったという。同組合は，1. 購買高による剰余金の分配，2. 品質の純良，3. 取引は市価で行う，4. 現金取引，5. 組合員の平等（一人一票制），6. 政治的・宗教的中立の原則，7. 組合員の教育促進，などを運営原則として定めた。これは「ロッチデール原則」とよばれ，その精神は今日の世界の協同組合原則に受け継がれている。わが国では，1921 年の神戸購買組合と灘購買組合，1926 年東京学生消費組合，1927 年東京に江東消費組合などが設立されている。わが国の生協の誕生の中心的役割を担ったのは賀川豊彦で「生協の父」といわれている。

出所：賀川豊彦松沢資料館

写真15－1
生協の父　賀川豊彦

産業革命が起こり，生産が飛躍的に増大した一方，工場労働者たちは低賃金・長時間労働を強いられ，常に失業の不安にさらされていたことはすでに前章で述べたところである。悲惨な生活に耐えかねた人々の間で，お互いに手をつなぎ自らの生活を守ろうと協同組合運動が生まれた。それがはじまりである。

組合数は898組合，組合員数は6,652万人[19)]である。組合が行うことのできる事業は，①生活に必要な物資の供給事業，②医療，食堂などの協同施設の利用事業，③火災，生命，交通災害などの事故に対し，共済金を給付する共済事業，④生活の改善と文化の向上を図る事業，⑤医療，福祉に関する事業，⑥組合事業に関する知識の向上を図る事業などである。2007年，消費生活協同組合法が改正され，医療や福祉の事業が生協の事業として明記された。医療事業や高齢者の介護や日常生活支援，障害者支援，子育て支援等に取り組む組合も多く，地域福祉の推進に一役買っている。

労働者協同組合（労協）のはじまりは，1971年兵庫県西宮市ではじまった高齢者のための高齢者事業団が最初である。その後，全国各地で「失業者・中高年者」の仕事づくりをめざす「事業団」が誕生した。自治体からの委託事業を柱に事業が広がって，1979年には全国から36の事業団が集い，「中高年雇用・福祉事業団全国協議会」が結成された。2015年，「生活困窮者自立支援事業」を全国80の自治体で受託，事業開始。市民参加のフードバンク，子ども食堂などの活動が展開され全国に広がった。2020年12月，「労働者協同組合法」が成立し法的な基盤も確立し，「地域若者サポートステーション」など当事者を中心にした市民の連帯による「仕事おこし」など，精力的に取り組んでいる。

19）厚生労働省『令和元年度消費生活協同組合（連合会）実態調査』2019年6月末

4. 社会連帯と社会変革をめざして

(1) 社会的企業

社会福祉は歴史的には無償の奉仕によってはじまった。戦後は福祉国家建設のもと，国や地方自治体が多くの公的なサービスを税金によって提供している。しかし，長い年月を経て，福祉国家のあり方も変化し，家族や地域社会による相互扶助も困難な地域も多い。また，市場の役割も変化している。たとえば，介護保険制度は社会保険の一つでありきわめて公共性の高い制度であるが，介護事業の供給主体は，必ずしも公的なものとは限らず，社会福祉法人やNPOだけでなく，営利法人による事業所も相当数参入していることはすでに前節で述べたとおりである。

また，営利法人といっても，市場原理に基づき限りなく営利を追求するのではなく，収益を利用者や働く人々に還元しようとする組織も登場してきている。言い換えれば，強欲に営利をむさぼるのではなく，市場経済の脈絡のなかでも，人間らしい働き方と別の形の利潤追求のあり方を模索しようとする動きがある。たとえば，障害があり就労の機会が得られにくい人や，長く引きこもり状態にあったため社会との関係を構築しにくく，既存の社会システムになじむことができにくい人などが我々の社会には存在する。家族もなければ，地域社会のなかで埋もれてしまうこともある。その人たちを社会の文脈に取り込み，潜在的な力を引き出し，一人ひとりにあった「ビジネス」のあり方を追求すること，換言すれば，いわゆる「ビジネス」に無縁だった人々の自立支援の一環として当事者と共感する市民が協働して雇用の機会を創出し利益を追求するというスタイルに期待が集まっている。ソーシャルビジネス[20)]，ソーシャルエンタープライズ，ソーシャルファームなどさまざまな呼称がある。

20) ソーシャルビジネスの代表的な例は，ムハマド・ユヌスが1983年設立したグラマン銀行であろう。銀行が融資しない農村部の貧しい人々を対象に担保なしで少額を貸し出し，自立のための起業を促す取り組みである。慈善活動でもボランティアでもなくビジネスとして採算を確保しながら社会的な課題に取り組むものである。

総称して社会的企業（Social Enterprise）といわれることもある。

社会的企業は，NPOや生協などにも広がり，さまざまな取り組みが林立しているのが現状である。定義することはきわめて困難であるが，とりあえず次のように定義しておきたい。「貧困や失業，教育，地域振興，資源・エネルギーといった社会問題に取り組むことを自らの本業として位置づけ，自らの事業収入によって賄っていこうとする新しい企業の取り組み」である[21)]。企業ミッションが社会問題の解決を中心にしていることと，活動資金や人件費などを自らの事業収入によって賄う独立採算制をめざしていることが特徴である。共通しているのは営利企業ではあるが，協同組合のような組織によって経営され，利益は会員に還元されるということをモットーとしていることである。また，経済的視点から社会的・連帯経済（Social and Solidarity Economy）[22)]と結びつけられることもある。

（2） 社会的包摂としての社会的協同組合

社会的企業のあり方は，およそ2つの流れに分けられる。第1は，アメリカのように営利企業とほぼ同様の形態をとりビジネス的な手法に重きをおくものである。日本の取り組みとしてあげられるのは，たとえば，ベンチャー企業の（株）ミライロがあげられる。ユニバーサルデザインを世界に，バリアバリュー（障害を取り除くのではなく，障害を価値に変える）をミッションにビジネスとして展開し設立6年目で年商2億円の企業に成長させたことで有名である[23)]。

21） 井上義朗（2017）『「新しい働き方」の経済学』現代書館，p.152

22） 富沢賢治「社会的・連帯経済の思想的基盤としてのポランニーとオウエン」『ロバアト・オウエン協会年報』2018年〈43〉2019年3月発行，pp.21-36，120502roudonosyakaika.pdf（sakura.ne.jp）

23） 垣内俊哉（2016）『バリアバリュー――障害を価値に変える』新潮社，垣内氏は立命館大学経営学部在学中の2010年，企業や自治体，教育機関におけるユニバーサルデザインのコンサルティングを手掛ける会社ミライロを設立した。2014年日本を変える100人として日経ビジネス「THW100」に選ばれている。

第2の流れとして，ヨーロッパにあるような社会的排除の解消をめざし包摂をミッションとする運動的要素を内包するような取り組みである。

出所：新日本映画社／エスパース・サロウ

写真 15－2　映画ポスター

イタリアの社会的協同組合の取り組みはヨーロッパの原型とされている。イタリアの社会的協同組合はA型（介護や保育などの社会サービスを提供する）とB型（就労困難者を仕事を通して包摂する）に大別される。1991年イタリア社会的協同組合法（381号）では，第1条に「人間的発達に寄与」「コミュニティの普遍的利益」「それを可能とする諸活動を周辺的な位置付けにある市民の社会的排除のリスクを取り除くもの」として規定されている。

「映画：人生，ここにあり[24)]」は日本でも公開されているので見た人もいるかもしれないが，B型の代表的なものである。

映画の舞台は，1983年のミラノ，いわゆるバザーリア法[25)]によって精神病院が閉鎖されたが，その結果，行き場のない元患者たちは，病院付属の「Cooperativa 180（協同組合180）」に集められていた。そこに，ネッロが赴任してくる。彼は他の組合の仕事でうまくいかず，新しい仕事として「協同組合180」のマネージャーとなったのである。当初，彼ら彼女らの仕事は「施し」のようなもので封筒の切手張りなど退屈なも

24）『人生，ここにあり！』（2008）Si può fare（やれば，できるさ），監督：ジュリオ・マンフレドニア Giulio Manfredonia

25）フランコ・バザーリア（1924-1980）は，人権と精神科病院の間に存在する矛盾を消滅させるために，精神科病院の解体に着手。バザーリアの実践により，1978年には任意および措置検診と治療に関する規定(後に国民保健サービス制度法へ移行)180号法，通称バザーリア法が成立した。イタリアでは精神科病院への新たな入院を禁ずるだけでなく，措置治療に対する厳しい制限を行い，強制的な治療という考え方ではなく，権利としての治療が保障されるようになった。

のであった。ある時，ネッロはある組合員（患者）が張る切手が規則性のある芸術的な仕事であることに気づく。

彼ら彼女らに「金になる仕事をしないか」と組合の会議で切り出す。

「人生，ここにあり」より

ネッロ：本物の仕事をする気はありませんか？ごく普通の仕事を。

（A 案と B 案を黒板に提示する。）

A 案　楽にできるが無意味な補助業務。

B 案　市場参入，骨は折れるが有益で金になるかもしれない。

（多数決で B に決定）

ネッロ：何かアイデアは？

男 A：保安官組合！

男 B：くだらねえ。

ネッロ：そうですか？やればできるよ。保安官組合，いいじゃないですか。

男 C：トラックを買って，タイヤ交換。

女 A：祖父の製材所では木の香りがしていたわ。

ネッロ：木工？やればできる。私も若いころ寄せ木張りをやりました。親方は今の若いものは汗や埃を嫌うと……皆さんはどうですか？

一斉に：やれるさ！

ネッロ：いいぞ！

男 D：俺は反対だね。関心持てないね。

ネッロ：人生何か仕事をしないと。

ネッロ：では，寄木張りに賛成の人は挙手を。

（皆が挙手をする）

（誰かが言う）

男 E：医師の許可をとらなければいけないのでは？

ネッロ：いいえ，組合では医師の許可ではなく，組合員がします。

男 A：組合員って？

ネッロ：組合の持ち主です。つまり皆さんです！

これは実話に基づく映画のワンシーンである。精神的障害をもつ人々が寄木張りという仕事を得て社会的協同組合員のメンバーとして収入を得，失敗を重ねながらも社会のなかで自分の居場所を獲得していく過程を見ることができる。ネッロのような人がいて，生きにくさを抱える人のそれぞれの能力を見出してくれたらどんなにか社会は明るくなるだろう。「組合では医師の許可ではなく，組合員が決定します。つまり皆さんです」というセリフはたとえ精神的な疾病や障害をもっていたとしても人生や仕事の選択は医師ではなく，当事者が決めるということを我々に再認識させる。精神病院を解体してもそのあとの仕事をどう創出するか，彼ら彼女らを社会的に包摂するためのアクションとしての社会的協同組合が社会的企業として成り立つことの意味は限りなく大きい。

EU では社会改革（ソーシャル・イノベーション）の波を起こそうというトレンドが起きている。2008 年のリーマンショック後，失業や住

◎コラム◎　石鹸にセカンドライフを

フランスの NPO である UNISOAP は 2017 年 8 月に設立，環境，人道支援，社会貢献の 3 つをミッションとする活動である。フランスでは約 25 万人のホームレスと 300 万人が基本的な衛生製品にアクセスできない。新興国では，毎年 220 万人の子どもが衛生状態の悪い病気で死亡している。そして，フランスのホテルでは毎年約 5,100 万個の石鹸が捨てられる。ここに着目した。使用済みの石鹸をホテルのスタッフが収集し保管。それを UNISOAP が回収し，リヨンにある工場に集められ選別，洗浄，リサイクルが行われる。この工場では障害のある人々が働いていて彼ら彼女らに雇用の場を創出している。出来上がった石鹸はホームレスの人々や途上国に送られる。衛生状態が悪くて下痢などに悩まされる子どもたちのために使われる。

設立したポーリン・グルーメルさんは PR 会社に勤めていたがやめてこの NPO を立ち上げた。幹部の多くは女性たちである。120 のホテル，43 にまたがる活動に広がっている。彼女は「もっと意味のある仕事がしたかった。今こうして市民団体として働くことができ自分の能力を生かせて幸せです。」という。

ポーリン・グルーメル

宅喪失や移民問題，社会的排除など緊急的に解決すべき社会問題が浮上したがこれらは国家を超えて対応すべきものも多く，一国の力だけでは解決できない複雑なものもある。また，国家財政の悪化に伴い解決のために国家が予算を投入することも困難な場合も多い。近隣や自治体レベルのきめの細かい社会的ニーズへの対応，創造性に満ちた機動力のある民間のパワフルな市民の取り組みに期待が集まっている。慈善事業でもあり，市場原理に基づく営利追求するものでもあるが，問題を生み出す社会の構造，システムに着目し運動として取り組みまさにイノベーションを興す「社会変革」をめざすところに重点が置かれているともいえる。

5. 新しい地平を拓くために

(1) SDGs と世界の潮流

2015 年の 9 月に国連では持続可能な開発目標（SDGs）が採択された。2001 年に策定されたミレニアム開発目標（MDGs Millennium Development Goals）のあとを引き継ぐアジェンダである。タイトルは『我々の世界を変革する：持続可能な開発のための 2030 アジェンダ』（Transforming our world：the 2030 Agenda for Sustainable Development），まさに我々の世界を変革する，ことを目標にしている。17 のゴール・169 のターゲットから構成されていて，地球上の「誰一人取り残さない」（No one will be left behind.）ことをスローガンとしている。貧困の撲滅（ゴール 1）やすべての人に健康と福祉（ゴール 3），ジェンダー平等，とりわけ女性と女児のエンパワーメント（ゴール 5），働きがいのある人間らしい雇用（ディーセント・ワーク）の促進（ゴール 8）など，それぞれが社会福祉に深く関わっていることに気づく。

（2） 緑の復興（Green Recovery）

新型コロナウイルスの感染拡大によってもたらされた危機はもともとあった社会の不平等や格差を可視化させ，それぞれの国の保健医療福祉などの社会保障制度がどれくらい多くの人々の生命と生活を支えているか，その実力を明らかにした。医療にアクセスできない取り残された多くの人々を抱え，感染症以上に社会不安を増幅させてしまった国もある。すべての国にとって保健医療福祉の充実は最重要課題である。加えて，いわゆるコロナショックによる経済的打撃は途上国のみならず先進国においても深刻である。アフターコロナの時代に向けて，いかに雇用を確保し経済を再生させ，社会を安定させていくか，これも同時に大きな課題である。ただ，コロナ以前のように世界規模の苛烈な競争を相変わらず続けるわけにはいかない。新しい形の経済の形がめざされている。感染症の時代に適した我々の生命と生活を守る社会経済システムが追求されなければならない[26)]。

アフターコロナの世界の活路として生態系と生物多様性の保全を図りながら，脱炭素，災害や感染症に強い社会と経済をつくる方策として「緑の復興」（Green Recovery）がめざされている。国際エネルギー機関（International Energy Agency，IEA[27)]）のビロル事務局長は2020年3月の演説で，「コロナ危機からの復興の中心にクリーンエネルギーの拡充と移行を置くことが『歴史的なチャンス』」と述べている。7月にはクリーンエネルギーへの移行に関するサミット（Clean Energy Transitions Summit）が開催された。

EU諸国は，もともと環境に敏感である。経済や生産・消費活動におけるCO_2排出を削減させ，雇用創出とイノベーションを促進する「欧

26）ジャック・アタリ（2020）『命の経済―パンデミック後，新しい世界が始まる』プレジデント社

27）第一次石油危機後の1974年にキッシンジャー米国務長官（当時）の提唱を受けて，OECDの枠内に自律的な機関として設立。事務局所在地はパリ。事務局長は，ファティ・ビロル（Dr. Fatih Birol）。

州グリーン・ディール」（European Green Deal）を表明した。1 兆ユーロ（120 兆円）規模の投資計画を策定している。フォン・デア・ライエン委員長は，「経済や生産・消費活動を地球と調和させ，人々のために機能させることで，温室効果ガス排出量の削減に努める一方，雇用創出とイノベーション促進する」とこのディールがめざすところを強調している。障害のある人や高齢者，社会のなかで生きにくさを抱えた人々を社会に包摂するための社会的企業などもこういった緑の復興に関連した分野で雇用の場の創出ができるのではないか，大きな期待が寄せられている。

(3) おわりに―利他と連帯からはじめる

2019 年秋にはじまった新型コロナウイルスの感染拡大は，世界が新たな感染症の時代に入ったことを示している。感染防止のためにロックダウンをし，国境を閉鎖しても，ウイルスは国境を越え法制度などものともせずにやってきて我々の健康と生活を脅かす。感染の拡大は我々がグローバルな共同体に住んでいることを再認識させる。感染症に立ち向かうためには，富める人も貧しい人も支え合ってウイルスと闘うこと以外に道はない。特効薬もワクチンも公共財として世界の人に行き渡るようにしなければ結局，富める者であっても感染症の危機から完全に解放されることはないのだから。

他者を慮り，人と人とのつながりのなかで生きることが以前にもまして重要になっている。自国のことのみ，自分の小さな利益だけを考えるのでは生きていけない。利他と連帯である。それは社会福祉の精神そのものである。

世界は常に変動しており，我々の生活も大きく影響を受ける。病気や障害，失業などによって個人の努力にかかわらず時に我々の人生は想定を大きく逸れて変更を余儀なくされることもある。そんな時にいつも社会福祉があって支えてくれれば我々は安心してチャレンジすることもできる。社会福祉の多くは税金によって賄われ，制度政策に基づいて行われる社会システムである。よって我々は税金のうちどれくらいがその費用として支出されているか，高齢者の介護や子どもの貧困解消のためにどれくらいが投入されているか，福祉人材にどれくらい支払われているかを常にチェックすることが大切である。もし，十分でなければどのような制度政策の転換が必要でそのために課題はなにかを明確にする必要がある。

社会システムではあるが，社会福祉は冷たいものではない。温かいものである。そしていわゆる「福祉」の枠内だけにとどまるものではない。景気の変動，生活変動によるダメージを少しでも和らげ，それぞれの選択した人生を歩むためには細かい対応が求められるが，既存の制度では対応できないことも多い。生活困難に直面している人を中心にすえ，支えていくためになにが必要かを考えることから社会福祉ははじまる。限られた資源のなかで創意工夫をし，仲間を募り資金を調達し，なんとかしようとする自発的な営みのなかで新たな制度政策が創造されることもある。そういった行動抜きに社会福祉の前進，発展はない。それがソーシャル・イノベーションを興す力になる。

社会福祉は歴史的に社会変革をめざす営みから生まれた。最初に取り組んだ人々は孤立無援，無一文から出発した取り組みも多い。それでも誰かの窮状を見捨てられないと思い立った人が人生をかけ，利他のため仲間と行動を起こし切り開いてきたのである。そういった先人の熱い思いは学ぶべきであり，引き継がれるべきものである。それは狭い「福祉」といった業界の枠内にとどまるものではない。枠外にあるかもしれず，他の領域，すなわち教育や医療や建築，政治や経済，情報，ビジネスと連動，共鳴するものかもしれない。行動を起こす，仲間と議論する，何かをはじめる，社会発信する，社会を変える，そこに新しい社会福祉の地平がきっとあると思うのである。

一人ひとりが社会福祉を拓く原動力になってほしい，この講義を受講したあなたこそが，今日から社会福祉の開拓者なのだ，ということを強調して本講義を終えたい。

【学習課題】

1．保育や介護に従事する人々の働く環境について調べてみよう。

2．あなたの住む地域にある NPO や協同組合などについてどのような福祉活動をしているか調べてみよう。

参考文献

・田中夏子（2005）『イタリア社会的経済の地域展開』日本経済評論社

・藤井・原田・大高編著（2013）『闘う社会的企業―コミュニティ・エンパワーメントの担い手』勁草書房

・ジャック・アタリ（2020）『命の経済～パンデミック後，新しい世界が始まる』（プレジデント社）https://opps.or.jp/information/event/201026/

索引

●配列は五十音順，＊は人名を示す。

●さ　行

●た　行

●な　行

●は　行

●わ 行

●アルファベット順

分担執筆者紹介

（執筆の章順）

木下　武徳（きのした・たけのり）

・執筆章→3・4・5

京都府立大学文学部社会福祉学科卒業
同志社大学大学院文学研究科博士後期課程修了，博士（社会福祉学）

現　在　立教大学コミュニティ福祉学部教授
専　攻　福祉政策，地域福祉，公的扶助
主な著書　アメリカ福祉の民間化（単著　日本経済評論社）
生活保護と貧困対策（共著　有斐閣）
社会福祉の原理と政策（分担執筆　ミネルヴァ書房）
アメリカ・モデルとグローバル化Ⅱ（分担執筆　昭和堂）
地域福祉のオルタナティブ（分担執筆　法律文化社）

森田　明美（もりた・あけみ）

・執筆章→6・7・8

日本女子大学家政学部卒業
東洋大学大学院社会学研究科社会福祉学専攻修士課程修了

現　在　東洋大学社会学部教授・東洋大学社会貢献センター長
専　攻　児童福祉，女性福祉
主な著書　逐条解説　子どもの権利条約（共著　三省堂）
子どもの権利条約から見た日本の子ども（共著　現代人文社）
子どもにやさしいまちづくり（共編著　日本評論社）
子どもにやさしいまちづくり第２集（共編著　日本評論社）
よくわかる女性と福祉（編著　ミネルヴァ書房）
シングルマザーの暮らしと福祉政策―日本・アメリカ・デンマーク・韓国の比較調査（共編著　ミネルヴァ書房）
日米の働く母親たち（共編著　ミネルヴァ書房）
日米のシングルマザーたち（共編著　ミネルヴァ書房）
日米のシングルファーザーたち（共編著　ミネルヴァ書房）

石渡　和実（いしわた・かずみ）

・執筆章→9・10・11

東京教育大学教育学部卒業
筑波大学大学院博士課程心身障害学専攻単位取得満期退学

現　在　東洋英和女学院大学名誉教授
専　攻　障害者福祉論，人権論
主な著書　Q&A　障害者問題の基礎知識（単著　明石書店）
社会生活力プログラム・マニュアル（共編著　中央法規）
「当事者主体」の視点に立つソーシャルワーク　はじめて学ぶ障害者福祉（編著　みらい）
系統看護学講座専門基礎分野　社会保障・社会福祉（分担執筆　医学書院）
生活変動と社会福祉―福祉研究の道標―（分担執筆　放送大学教育振興会）

今井　小の実（いまい・このみ）

・執筆章→12・13・14

関西大学社会学部卒業
同志社大学大学院文学研究科博士後期単位取得

現　在　関西学院大学人間福祉学部教授
専　攻　社会事業史，ジェンダー福祉
主な著書　社会福祉思想としての母性保護論争―“差異”をめぐる運動史―（単著　ドメス出版）
アジアのなかのジェンダー（分担執筆　ミネルヴァ書房）
対論　社会福祉学2　社会福祉政策（分担執筆　中央法規出版）
一番ヶ瀬社会福祉論の再検討―生活権保障の視点とその広がり―（分担執筆　ミネルヴァ書房）
福祉にとっての歴史　歴史にとっての福祉―人物で見る福祉の思想―（分担執筆　ミネルヴァ書房）
女たちの翼（分担執筆　ナカニシヤ出版）
吉田久一とその時代―仏教史と社会事業史の探求―（分担執筆　法蔵館）

編著者紹介

山田　知子（やまだ・ともこ）

・執筆章→1・2・15

日本女子大学文学部社会福祉学科卒業
日本女子大学大学院文学研究科博士課程前期社会福祉学専攻修了
北九州市立大学大学院社会システム研究科博士課程早期終了，博士（学術），2006年3月

現　在　放送大学教授
専　攻　高齢者福祉，女性福祉，貧困・生活問題論

主な著書　大都市高齢者の貧困・生活問題の創出過程（単著　学術出版社）
高齢期の貧困はいかにしてつくられるのか（単著　ワールドプランニング）
生活問題の創出過程と生活支援の在り方をめぐって（単著　生活経営学研究 No.51）
生活変動と社会福祉―福祉研究の道標（編著　放送大学教育振興会）
高齢期の生活と福祉（編著　放送大学教育振興会）
高齢期の生活変動と社会的方策（編著　放送大学教育振興会）
救済委員および方面委員はどのように生活に接近したか―大正期から昭和初期における生活調査を検討する（単著　東京都社会福祉協議会）

放送大学教材　1710192-1-2211（テレビ）

社会福祉―新しい地平を拓く

発　行　　2022 年 3 月 20 日　第 1 刷
編著者　　山田知子
発行所　　一般財団法人　放送大学教育振興会
〒 105-0001　東京都港区虎ノ門 1-14-1　郵政福祉琴平ビル
電話　03（3502）2750

市販用は放送大学教材と同じ内容です。定価はカバーに表示してあります。
落丁本・乱丁本はお取り替えいたします。

Printed in Japan　ISBN978-4-595-32332-4　C1336